Heiner Müller-Merbach

Philosophie-Splitter für das Management

16 praktische Handreichungen für Führungskräfte

DIE-VERLAG
H. Schäfer GmbH

Die Deutsche Bibliothek – CIP-Einheitsaufnahme

Müller-Merbach, Heiner:
Philosophie-Splitter für das Management:
16 praktische Handreichungen für Führungskräfte /
Heiner Müller-Merbach. 2. Aufl. – Bad Homburg v.d.H.:
DIE-Verl. Schäfer, 1992

ISBN 3-920826-08-6

Grafik: Ruth Ullenboom

Druck: Beltz, Hemsbach

(Die Bilder auf dem Umschlag zeigen Hesse, Kant und Aristoteles, das Bild innen den Philosophen Platon.)

Inhalt

Zur Einstimmung

Aus philosophischer Weisheit praktischen Nutzen ziehen

In den westlichen Industrienationen wird eine unglaubliche Verschwendung betrieben: eine *Verschwendung an Ideenkapital.*

Die Schätze an Weisheit, von Philosophen in zweieinhalb Jahrtausenden für uns angehäuft, lassen wir ungenutzt verkümmern. Wir haben sie den philosophischen Fakultäten zur Ahnenpflege anvertraut und in den Bibliotheken dem Bücherstaub anheimgegeben. Warum ziehen wir keinen praktischen Nutzen aus dem Ideenkapital philosophischer Erkenntnisse?

Die philosophischen Lehren sind voller praktischer Anleitungen. Sie können uns auch heute ungemindert bei der Bewältigung praktischer Aufgaben im Beruf und im Privatleben helfen. Sie sind reich an grundlegenden Leitbildern, methodischen Anregungen und hilfreichen Verhaltensempfehlungen.

Aus der vielfältigen Fülle philosophischer Lehren wird hier eine kleine Auswahl von sechzehn Philosophie-Splittern zu *Handreichungen für Führungskräfte* aufbereitet. In jeder der sechzehn Handreichungen wird je ein Gedanke aus der Philosophie aufgenommen, diskutiert und zu Empfehlungen für das Verständnis und die Lösung von Problemen in der heutigen Welt umgearbeitet.

Die Auswahl der philosophischen *Paten* für die sechzehn Philosophie-Splitter ist willkürlich. Die sechzehn Splitter knüpfen an Lehren aus 2.500 Jahren an und beginnen – in historischer Reihenfolge – mit dem *Vorsokratiker* Heraklit, gehen über die drei *griechischen Klassiker* Sokrates, Platon und Aristoteles, berühren die *Stoiker* als *Nachklassiker,* springen dann in die *philosophische Neuzeit* mit Hobbes, Berkeley, Kant, Hegel, Schopenhauer und enden schließlich mit Hermann Hesse und Hans Jonas – ergänzt um zwei eher zeitlose Beiträge über Yin und Yang als *asiatische* Harmonielehre und eine an die griechische Mythologie anknüpfende *abendländische* Harmonielehre.

Dieses Buch hat einen Zwillingsbruder: Parallel zu dieser Sammlung habe ich die Führungslehre „DER STOISCHE MANAGER" geschrieben, die fast gleichzeitig im Beck-Verlag, München, erscheint. Eine Kurzfassung davon enthält dieser Band in seiner Elften Handreichung.

Sechzehn Handreichungen in sechs Themengruppen

Die 16 Handreichungen dieses Buches sind nach *Themen* geordnet, nicht aber nach einer historischen Reihenfolge, und zu sechs Gruppen zusammengefaßt. Jede der sechs Themengruppen beginnt mit einführenden *Vorgedanken.*

- *Themengruppe A:* Zwei Beiträge dienen dem *Grundverständnis* von dieser Welt, dem *Weltbild.* Heraklit (Erste Handreichung) vermittelt uns die Sicht der *dynamischen Veränderung* in dieser Welt, die Idee des *ständigen Wandels,* der die Welt vorantreibt. Thomas Hobbes (Zweite Handreichung) gibt uns eine Einsicht in die notwendige *Vernunft,* den *Urzustand* der Welt als *Krieg aller gegen alle* zu überwinden. Ist nicht auch unsere *Soziale Marktwirtschaft* ein durch Vernunft gebändigter Kampf, an dem *alle gegen alle* antreten, aber auch *alle mit allen* zusammenwirken?
- *Themengruppe B:* Zur Bewältigung von *Führungsaufgaben* benötigt man *ganzheitliche* Konzepte. Drei davon, die sich gegenseitig ergänzen und harmonisch kombinieren lassen, werden vorgestellt. In Anlehnung an Platon (Dritte Handreichung) wird ein Verständnis von *Interdisziplinarität* entworfen, eine Anleitung, die Dinge aus *unterschiedlichen* Denkkulturen heraus zu verstehen. Aristoteles (Vierte Handreichung) empfiehlt uns, die Welt und ihre vielen Miniwelten als *Ganzheiten* zu verstehen, denn das Ganze sei mehr als die *Summe seiner Teile.* Kant (Fünfte Handreichung) lehrt uns eine Dreiteilung praktischen Handelns: den Umgang mit *Dingen,* mit *Menschen* und mit *ethischen Werten,* eine Basis für Ausbildungskonzepte und für die Führungspraxis.
- *Themengruppe C:* Drei Handreichungen richten sich darauf, die eigene *Einstellung* zu dieser Welt und zu

ihren Teilen selbst zu lenken. Hermann Hesse (Sechste Handreichung) empfiehlt, hinter allen *Gegensätzen* die *Einheit*, das *Gemeinsame*, zu sehen. Ähnlich vermittelt uns die asiatische *Yin-Yang-Lehre* (Siebte Handreichung) ein Gefühl für die *harmonische Polarität* und den dynamischen Wechsel zwischen gegensätzlichen Erscheinungen. Davon unterscheidet sich die *abendländische*, an die griechische Mythologie anknüpfende Harmonielehre (Achte Handreichung) in ihren *Wegen*, aber nicht in ihrem *Ziel*. Alle drei Handreichungen machen deutlich: Es ist unsere *eigene persönliche Entscheidung*, ob wir uns mit unserer Umgebung in einer harmonischen Übereinstimmung fühlen oder in einem konfliktdominanten Gegensatz.

- *Themengruppe D:* Drei Handreichungen betreffen – über die eigene *Einstellung* hinaus – das eigene *Verhalten*, dem Weg „von der Selbstführung zur Führung anderer" folgend. Kant (Neunte Handreichung) empfiehlt, sich selbst um *eigene Urteilskraft* zu bemühen und das bequeme *Denkenlassen* abzulösen durch aufgeklärtes *Selbstdenken*. Ebenfalls ist es Kant (Zehnte Handreichung) mit einer Empfehlung zum Umgang mit anderen: auch in deren *Irrtum* nach *Wahrheit* zu suchen – eine reiche Quelle für kreative Problemlösungen und ein wirkungsvolles Fundament für den gepflegten Umgang mit Andersdenkenden. Eine kurzgefaßte Lehre *stoischer Führungskultur* (Elfte Handreichung) vermittelt zwölf Regeln zum Umgang mit *Dingen,* mit *Menschen* und mit *sich selbst,* ein Extrakt aus meinem Buch „Der Stoische Manager".

- *Themengruppe E:* Weitere drei Handreichungen vermitteln handfeste *methodische Hilfsmittel* zum *praktischen Problemlösen.* In Anlehnung an Aristoteles und Schopenhauer (Zwölfte Handreichung) geht es um systematisches Ordnen von Gedanken als Basis für systematisches Denken, Sprechen und Schreiben. Hegels dreiteilige Dialektik von *These, Antithese* und *Synthese* (Dreizehnte Handreichung) führt zu einer reichhaltigeren Kreativität des Problemlösens und zu einer potentiellen Überlegenheit bei der Überwindung von Zwietracht. Nach Berkeley (Vierzehnte Handreichung) existiert nur das, was wir wahrnehmen oder denken. Daran wird angeknüpft: *Was nicht bewußt wird, ist nicht passiert* – eine Wurzel für *höhere Problemsensibilität* und eine Quelle für *schöpferische Fernkreativität.*
- *Themengruppe F:* Zwei Handreichungen betreffen die Einstellung zur *modernen Technik.* In einem platonischen Dialog (Fünfzehnte Handreichung) wird vor einer naiven Auffassung von Expertensystemen gewarnt; erst das *tandemhafte* Zusammenwirken von *menschlicher Ganzheitssicht* und *maschineller Detailuntersuchung* wird zu einer höheren *intellektuellen Leistungsfähigkeit* führen. Schließlich werden die Mahnungen von Hans Jonas (Sechzehnte Handreichung) vor einer *unreflektierten* Entwickung und Nutzung von Technik aufgegriffen, ein Aufruf zur *Fernethik.*

Leseempfehlung

Trotz zahlreicher Querverweise setzt das Verständnis keiner der sechzehn Handreichungen die Lektüre anderer Handreichungen voraus; die Beiträge können in beliebiger Reihenfolge und Auswahl gelesen werden. Empfehlenswert ist jedoch jeweils die vorherige Lektüre der betreffenden *Vorgedanken* als Einleitung zu den Themengruppen A bis F.

technologie & management

Alle sechzehn Handreichungen wurden zuerst in der Zeitschrift *technologie & management* (ISSN 0932-2558, DIE-Verlag, Bad Homburg) veröffentlicht; sie sind dort seit dem Heft 1/87 in der Rubrik *Philosophie-Splitter für das Management* erschienen. Einige Beiträge wurden leicht überarbeitet. Ferner wurden sie hier um eine Literaturempfehlung und ein gemeinsames Quellenverzeichnis (am Ende des Buches) ergänzt.

Die Zeitschrift *technologie & management* wird vom *Verband Deutscher Wirtschaftsingenieure e.V.* (VWI) herausgegeben. Ihr Inhalt orientiert sich an dem fachübergreifenden Konzept des Wirtschaftsingenieur-Studiums, und zwar an dem Wirkungsverbund von *technischem Fortschritt, wirtschaftlichem Wachstum* und *gesellschaftlichem Wandel*. Dieses Konzept war der Anlaß für die Rubrik *Philosophie-Splitter für das Manage-*

ment, die auch in Zukunft fortgesetzt wird, denn das Verständnis jenes *Wirkungsverbundes* baut auf philosophischen Grundweisheiten auf.

Danksagung

Am Entstehen dieses Buches haben viele mitgewirkt, denen ich Dank schulde,

- *meiner Frau, Soziologin und Pädagogin, für viele inhaltliche und didaktische Anregungen, auch für Verzicht auf gemeinsame Freizeit, und unseren Kindern Jens und Mareile, ebenfalls für Verzicht auf gemeinsame Freizeit,*
- *vielen Kollegen für anregende Fachgespräche, insbesondere meinem Freund Hartmut Wedekind, Professor an der Universität Erlangen-Nürnberg, für lange und tiefe Diskussionen,*
- *meinen früheren Mitarbeitern, die die ersten „Philosophie-Splitter für das Management" kritisch begleitet haben, insbesondere Herrn Dipl.-Wirtsch.-Ing. Klaus-Peter Hess, jetzt AEG, Frau Dr. Birgit Leonhardt-Weber, jetzt Ministerium für Wirtschaft und Verkehr von Rheinland-Pfalz, und Herrn Dr. Erwin Schmietow, jetzt Nixdorf,*
- *meinen jetzigen Mitarbeitern, die das gesamte Buch kritisch durchgesehen, durch Anregungen bereichert und schließlich auf drucktechnische Fehler sorgfältig durchgesehen haben, Herrn Dipl.-Wirtsch.-Ing. Thomas Bekker, Herrn Dipl.-Math. oec. Roland Hanebeck, Frau*

Dipl.-Kfm. Birgid Kränzle, Herrn Dipl.-Wirtsch.-Ing. Guido Krupinski, Herrn Dipl.-Wirtsch.-Ing. Martin Möhrle und Herrn Dipl.-Wirtsch.-Ing. Christian Momm,

- *dem DIE-Verlag und seinem Leiter, Herrn Dipl.-Wirtsch.-Ing. Peter Vollrath-Kühne, für die Sorgfalt der Textbearbeitung und die liebevolle Ästhetik in der Gestaltung des Buches,*
- *zahlreichen studentischen Hilfskräften meines Lehrstuhls für vielfältige technische und organisatorische Hilfen und*
- *ganz besonders meinen Sekretärinnen, Frau Gretel Runge und Frau Vera Wolf, für ihre umsichtige Sorgfalt, ihren unermüdlichen Fleiß und ihre hilfsbereite Geduld beim Schreiben und Korrigieren.*

Darmstadt und Kaiserslautern, im Januar 1991

Heiner Müller-Merbach

Zur 2. Auflage

Rasch war die 1. Auflage vergriffen. Ich danke den Lesern für ihr Interesse, ganz besonders denen, die mich auf Fehler aufmerksam gemacht und inhaltliche Anregungen gegeben haben. Bei der Überarbeitung habe ich mich auf die Beseitigung der Fehler beschränkt.

Darmstadt und Kaiserslautern, im Februar 1992
Heiner Müller-Merbach

Themenbereich A

Weltbilder entwickeln

Vorgedanken zur Ersten und Zweiten Handreichung

Zahlreiche Philosophen haben ein ausgeprägtes und charakteristisches *Grundverständnis* von der Welt, eine spezifische *Weltanschauung*, ein eigenes *Weltbild*, entwickelt, welches sie unverwechselbar macht. Häufig wurde ihr *Weltbild* von ihren Schülern weitergeführt, gepflegt und in der Wirkung verstärkt.

Ihr Grundverständnis von dieser Welt war häufig prägend für das gesamte Werk der einzelnen Philosophen. Es war der Ausdruck ihrer Persönlichkeit und bildete den festen Sockel für ihr Wirken.

Genau diese Funktion kann das Grundverständnis der Welt für *Führungskräfte von heute* darstellen. Nur wer ein festes (gleichwohl nicht starres) *Weltbild* besitzt, wer nach *Grundprinzipien* handelt, wer *Leitlinien* für sein Wahrnehmen und Denken besitzt, wird große Aufgaben meistern und Sozialsysteme leiten können.

Von der Vielfalt der Grundverständnisse der Welt haben mich zwei besonders fasziniert und zu zwei Handreichungen angeregt, die *Dynamik allen Werdens* von Heraklit und der *Krieg aller gegen alle* als gesellschaftlicher Naturzustand von Thomas Hobbes. Das Grundverständnis der Welt dieser beiden im Alter über 2.100 Jahre auseinanderliegenden Philosophen wird in den ersten zwei Handreichungen betrachtet und auf unsere heutige Welt übertragen.

Heraklit: Die Dynamik allen Werdens

In Heraklits Grundverständnis der Welt steht die *Dynamik allen Werdens*, die *Veränderung*, der *Wandel* im Vordergrund. Dabei sah Heraklit die Welt als eine Einheit, in der Unterschiede und Gegensätze in einem umfassenden Kräftespiel miteinander ringen und eine *Harmonie des Kontrastes* bilden.

Die Lehren von Heraklit enthalten interessante Parallelen zu den *asiatischen* Harmonielehren und werden in der Sechsten und Siebten Handreichung wieder aufgegriffen. Gleichzeitig hat Heraklit die philosophische Harmoniekultur des Abendlandes entscheidend mitgeprägt, was in der Achten Handreichung zum Ausdruck kommt.

Die Lehre Heraklits läßt sich unmittelbar in eine *Heraklitische Unternehmungskultur* übertragen. Ein *Heraklitischer Manager* (vgl. dazu den Epilog) versteht die Welt als *Einheit von Gegensätzen*, nutzt die *Kraftpotentiale zwischen den Gegensätzen*, orientiert sich dabei an *natürlichen und gesellschaftlichen Gesetzmäßigkeiten* und richtet seine Gestaltungskraft auf die *dynamischen Prozesse kontinuierlichen Werdens und Vergehens.*

Thomas Hobbes: Marktwirtschaft – Ein Krieg aller gegen alle?

Thomas Hobbes richtete seinen Blick auf etwas anderes als Heraklit: auf die Sozialsysteme. Im *gesellschaftlichen* (nicht *historischen*) *Urzustand* habe jeder Mensch, da es kein Eigentum und keine Eigentumsgesetze gebe, einen *natürlichen Anspruch auf alles*. Kommen sich dabei mehrere Menschen in die Quere, wird jeder seinen Anspruch durchzusetzen versuchen, und es entsteht ein *Krieg aller gegen alle*. Erst durch gesellschaftliche Vernunft lassen sich die Anspruchsverhältnisse regeln, und zwar in Form eines *Gesellschaftsvertrages*. Zu dessen Einhaltung bedürfe es allerdings einer mächtigen Leitung, für die Hobbes die biblische Figur des Seeungeheuers *Leviathan* einsetzt.

Ist Marktwirtschaft nicht auch ein *Krieg aller gegen alle*? Empfindet nicht jeder Unternehmer ein Recht auf ungehinderten Zugang zu sämtlichen Beschaffungsmärkten und sämtlichen Absatzmärkten, gar einen Anspruch auf alle Lieferanten und alle Kunden? Allerdings unterliegt das Marktgeschehen gewissen Regeln, die innerhalb eines Landes präzis spezifiziert sein können, denen es aber bei grenzüberschreitenden Geschäften häufig an Präzision und Durchsetzbarkeit gebricht.

Kann das Weltbild von Hobbes ein Vorbild für einen *Hobbesschen Manager* (vgl. dazu den Epilog) sein? Durchaus, differenziert nach drei Idealtypen, der Hegelschen Dialektik von *These – Antithese – Synthese* (Dreizehnte Handreichung) folgend:

- *These:* Der *Urtyp* des Hobbesschen Managers ist der *rücksichtslose Geschäftemacher.* Er handelt nach dem Motto „Erlaubt ist, was mir keiner streitig machen kann" – sei es mangels eines entsprechenden Gesetzes, sei es mangels einer unabhängigen Gerichtsbarkeit, sei es mangels Macht. Er fühlt sich wie im gesellschaftlichen Urzustand und genießt den *Krieg aller gegen alle.* Er geriert sich als *Cleverle* und verachtet alle, die mit Anstand, Fairneß und einem Gefühl der *Verantwortung für das Ganze* ihre Führungsaufgaben erfüllen.
- *Antithese:* Dem Hobbesschen *Urtyp* stünde der *Ehrenfried* gegenüber. Den *Krieg aller gegen alle* empfindet er als einen Alptraum, als eine Horrorvision. Er kämpft für Anstand und Ehrhaftigkeit im Geschäftsleben und verzichtet lieber auf Gewinn als auf *Achtung vor sich selbst.* Er ist der Antityp zum *Urtyp* des Hobbesschen Managers.
- *Synthese:* Über dem *rücksichtslosen Geschäftemacher* als Urtyp und dem *Ehrenfried* als dessen Antityp steht der *wachsame Pragmatiker.* Tritt ihm der *Urtyp* des Hobbesschen Managers entgegen, so begegnet er ihm mit angemessener Härte, Skepsis und Vorsicht – jenem an Rücksichtslosigkeit nicht nachstehend. Trifft er auf den *Ehrenfried,* so respektiert er dessen Verantwortungsbewußtsein und Sittlichkeit, nutzt diese Tugenden aber nicht als Schwäche aus. Gewöhn-

lich wird er mit anderen *wachsamen Pragmatikern* zu tun haben, jeweils nach einem vernünftigen Ausgleich von Eigennutz und Gemeinwohl suchend.

Die Beschäftigung mit Hobbes führt zu einer bewußten Selbstbestimmung des eigenen Weges. Jeder muß selbst entscheiden, ob er den *rücksichtslosen Geschäftemacher* spielen will, den *Ehrenfried* oder den *wachsamen Pragmatiker*.

Erste Handreichung

Heraklit: Die Dynamik allen Werdens*

„M*an kann nicht zweimal in den gleichen Fluß steigen.*“ Man kann auch nicht zweimal auf dem gleichen Hang skilaufen. Ein Unternehmen befindet sich niemals in der gleichen Situation, in der es schon einmal war. Auch eine Volkswirtschaft kann nicht zweimal den gleichen Zustand durchlaufen. Alles verändert sich; alles befindet sich im Wandel, im dynamischen Prozeß kontinuierlichen Werdens.

Das ewige Werden

Diese Dynamik, das ewige Werden, ist eine zentrale Säule der Philosophie von Heraklit (ca. 550 bis 480 v. Chr.) von Ephesos. Daß sein heute am häufigsten zitierter Satz „Alles fließt“ von ihm stamme, ist allerdings umstritten. Aufgrund dieses Satzes hat man ihn in der Logistik als neuzeitlicher Fachdisziplin des Materialflusses zum „Schutzheiligen ehrenhalber“ gekürt. Dabei ist der Satz allerdings fehlinterpretiert worden. Heraklit meinte nicht die Bewegung von Material, sondern den fortgesetzten Wandel der Welt.

Was in Heraklits Lehre neu war, ist die *Dynamik* anstelle der *Statik*, das *Werden* anstelle des *Seins*.

---

* *aus: technologie & management, 36. Jg., 1987, Heft 1, S. 42-43*

Es macht einen Unterschied, ob man die Welt aus ihrem jeweiligen *Zustand* heraus zu verstehen sucht oder aus den *Prozessen* ihrer Entwicklung, und es macht einen Unterschied, ob eine Unternehmensleitung sich darauf konzentriert, *Zustände* zu gestalten oder Entwicklungs*abläufe*. Das eigene Weltbild eines Menschen, sein Verständnis des Weltgeschehens, seine Sicht der Dinge und vor allem sein Bewußtsein von der Gestaltungskraft der eigenen Sicht steuern seine Aktivitäten im praktischen Leben.

Sind Leistungserstellung und Leistungsverwertung im Unternehmen nicht Prozesse des Werdens? Sind die Entwicklung neuer Technologien, neuer Produkte, neuer Produktionsverfahren nicht auch *Prozesse*, jedoch keine statischen *Zustände*? Ist das wirtschaftliche Wohlergehen einer Familie, eines Unternehmens, einer Volkswirtschaft nicht auch vor allem dynamisch zu sehen? Es kommt doch viel weniger darauf an, welche Werte zu einem bestimmten Zeitpunkt vorliegen, sondern vielmehr darauf, wie sich die Werte entwickelt haben und weiterentwickeln werden. Nur wenige Familien, keine Unternehmen und keine Volkswirtschaften können auf längere Sicht von der (statischen) Substanz leben. Vielmehr ist es die (dynamische) Leistungskraft, mit der sie die Entwicklungsabläufe steuern.

In der betriebswirtschaftlichen Theorie und Praxis ist die Fragestellung, ob das *Werden* oder das *Sein* Priorität hat, nicht unbekannt. Beide Grundauffassungen sind aus der Bewertungslehre für Unternehmen wohlvertraut: Ertragswert versus Substanzwert.

Die Welt als Einheit

Heraklit verknüpft seine Lehre vom ewigen Werden mit dem Verständnis dieser Welt als Einheit. Das Gegensätzliche ergänzt sich, geht ineinander über und fließt zusammen. Heraklit: „Verbindungen gehen ein: Ganzes und Nichtganzes, Übereinstimmendes und Verschiedenes, Akkorde und Dissonanzen; und aus Allem wird Eines und aus Einem Alles. Das Entgegengesetzte paßt zusammen, aus dem Verschiedenen ergibt sich die schönste Harmonie und alles entsteht auf dem Wege des Streites. ... Leben und Tod, Wachen und Schlafen, Jugend und Alter ist bei uns ein und dasselbe: denn dieses verwandelt sich in jenes und jenes wiederum in dieses." Das erinnert an den Taoismus Chinas und an Lao-Tse, der etwa zu derselben Zeit wie Heraklit gelebt haben muß, wenn auch dessen genaue Jahreszahlen nicht überliefert sind.

Alles Werdende bestehe darin, daß das Unterschiedliche zusammenfließt, daß Entgegengesetztes ineinander übergeht. Heraklit: „Das Kalte wird warm, das Warme wird kalt, das Feuchte trocken, das Dürre naß." Und: „Krankheit macht die Gesundheit angenehm, Schlimmes das Gute, Hunger die Sättigung, Anstrengung die Ruhe."

Diese Gegensätze bedeuten in Verbindung mit Heraklits „Alles fließt" bzw. „Alles ist in Bewegung, und nichts bleibt stehen", daß das ewige Werden in dieser Welt durch (vermeintliche) Gegensätze gesteuert und vorangetrieben wird. Erfolge und Mißerfolge, Aufstieg und Abstieg, Gewinn und Verlust, Hausse und Baisse stehen im ewigen Wettstreit miteinander, ergänzen sich oder lösen einander ab, bilden aber stets eine Einheit, ein Ganzes. Man kann nicht, ohne das andere zumindest im Grundsatz zu akzeptieren, immer nur das eine haben.

Auch ein Unternehmen kann nicht mit allen Produkten erfolgreich sein, aber es kann aus den Mißerfolgen lernen. Wenn ein Unternehmen seine Marktanteile ausbaut, geht das zu Lasten der Marktanteile der Wettbewerber. Wenn der Außenwert der DM steigt, haben die Auslandstouristik und die Importeure Vorteile, während der Export erschwert wird. Aktienkurse steigen und fallen, zur Freude bzw. zum Unwillen der Besitzer. Chance und Risiko sind untrennbar miteinander verbunden, sie bilden eine Einheit.

Der Vater aller Dinge?

Heraklit hat auch den berühmten Satz geprägt: „Der Krieg ist der Vater aller Dinge, der König aller Dinge: die einen erweist er als Götter, die anderen als Menschen; die einen macht er zu Sklaven, die anderen zu Freien. Man muß wissen, daß der Krieg etwas Allgemeines ist und daß der Streit zu Recht besteht und daß alles durch Streit und Notwendigkeit entsteht.“ Es ist für ihn der Streit, der Konflikt – nicht notwendigerweise der Krieg zwischen Nationen, jedenfalls nicht mit der ihm noch unvorstellbaren modernen Waffentechnik –, der die Entwicklung vorantreibt. Insofern ist Heraklit, obwohl dort nicht zitiert, der Vater von Ralf Dahrendorfs Theorie von der Produktivität des sozialen Konflikts.

Ohne Unternehmen gäbe es keine Gewerkschaften, und ohne gewerkschaftliche Interessenverbände der Arbeitnehmer kann man sich in einer freien Gesellschaft die Existenz von Unternehmen nicht vorstellen. Ein Parlament – im freiheitlich-demokratischen Verständnis – muß beides enthalten, die Regierungsseite und die Opposition. Die Einführung von Neuerungen, von technischen oder gesellschaftlichen Innovationen, findet stets Unterstützer und Gegner. Kunstwerke stoßen bei den einen auf Zustimmung, bei den anderen auf Ablehnung. Damit ist die Plattform zur Auseinandersetzung, zum Konflikt, zum Streit stets vorbereitet.

Heraklit bekennt sich positiv zum Streit: „Mit Unrecht sagt Homer: ‚Möchte doch schwinden der Streit aus der Welt der Götter und Menschen!‘ Dann ginge ja alles zugrunde. Denn es gäbe keine Harmonie, wenn es nicht hohe und tiefe Töne gäbe, und keine lebenden Wesen ohne Weibliches und Männliches, was doch Gegensätze sind.“

Daraus läßt sich Nutzen ziehen. Ein Unternehmen ohne Gegensätze im Inneren, unter den Mitarbeitern? Ein Unternehmen ohne entgegengesetzte Interessen gegenüber Kunden, Lieferanten und Wettbewerbern? Das wäre nicht von dieser Welt. Nein: Gegensätze sind Antriebskräfte und sollten als solche genutzt werden. Sie sind die Löffel, die die Suppe rühren. Man braucht mit den Löffeln ja nicht die Suppe aus dem Topf zu spritzen.

Es ist die Kunst der Führung in Politik, Wirtschaft und Verwaltung, das Aufeinandertreffen von Gegensätzen zu steuern.

Die natürliche Gesetzmäßigkeit

Heraklit verbindet in seiner Lehre die Vorstellung des ewigen Werdens auf der Basis der zu einer Einheit der Welt zusammenfließenden Gegensätze mit einem fundamentalen Glauben an eine *Gesetzmäßigkeit* aller Geschehnisse. Auch die Gegensätze und ihr harmonisches Zusammenfließen unterliegen bei ihm einer grundlegenden Gesetzmäßigkeit der Natur. Es bleibt unklar in seiner Lehre, inwieweit der Mensch dabei eingreifen kann.

In der heutigen Welt mit ihren zahlreichen von Menschen geschaffenen Sozialsystemen müßte der enge Begriff „Gesetzmäßigkeit der Natur“ zweckmäßigerweise erweitert werden auf „Natürliche und gesellschaftliche Gesetzmäßigkeit“ oder ähnlich. Wenn man beispielsweise nicht versteht, daß unterschiedliche Menschen durch unterschiedliche Motive getrieben werden, wird man kein Sozialsystem leiten können. Unter dem großen Vorsitzenden Mao mußten die Chinesen alle eine langweilige Einheitstracht tragen; er hat es nicht zur Kenntnis nehmen wollen, daß sich Menschen gern nach ihrem eigenen Geschmack kleiden und unterscheidbar bleiben wollen. Man kann weder die Natur noch Sozialsysteme auf Dauer *gegen* ihre eigene Gesetzmäßigkeit gestalten.

Das Elitäre

Heraklit hatte eine durch und durch elitäre Gesinnung, einerseits in einem für Unternehmensleitungen vorbildlichen, andererseits in einem für sie abträglichen Sinne.

Ephesos stand unter der Leitung von Hermodor, einem tugendreichen, edlen und intelligenten Führer, mit dem Heraklit befreundet war. Hermodor wurde aus der Stadt verjagt mit der Begründung: „Unter uns soll keiner der Beste sein oder, wenn schon, dann anderswo und bei anderen." Solche Dummheit, die Elite zu vertreiben, brachte Heraklit in Rage: „Die Ephesier sollten sich, so viele ihrer erwachsen sind, insgesamt aufhängen und den noch Unerwachsenen die Stadt überlassen." Er verließ die Stadt und zog sich als Eremit zurück. Sich öffentlich – auch gegen die Mehrheit – zu den Leistungsträgern der Gesellschaft zu bekennen, Dummheitsentscheidungen anzuprangern und persönliche Konsequenzen zu ziehen, hat Vorbildcharakter.

Andererseits pflegte er seine tiefe Verachtung des „einfachen Volkes", des „kleinen Mannes". Er bedachte sie mit Spott und ging ihnen aus dem Wege. Heraklit: „Die meisten Menschen denken nicht nach über solche Dinge, auf die sie (alltäglich) stoßen, noch verstehen sie, was sie erfahren haben; ihnen selbst freilich kommt es so vor. Sie sind weder fähig zu hören noch zu reden." Im Gegensatz zu Heraklits Hochmut sollte man von einer guten Unternehmensleitung eine positive Einstellung zu den Mitarbeitern – auch den kleinsten – erwarten. Diese Einstellung soll den Willen umfassen, alle Mitarbeiter zu führen, ihre Weiterentwicklung zu fördern, sie für die Aufgaben des Unternehmens zu gewinnen und ihre Leistungsfreude positiv zu beeinflussen. Wer seine Mitarbeiter verachtet, wird sie nicht *motivieren*, sondern höchstens *antreiben* können.

Heraklit hat nie Führungsverantwortung innegehabt. Das ihm durch Erbschaft zugefallene königliche Amt eines Opferpriesters legte er nieder, und eine Einladung des Perserkönigs Darius auf eine hochdotierte Stelle an dessen Hof lehnte er ab. Vielmehr trieb ihn der Drang nach Selbsterkenntnis, die Motivation für seine philosophische Lehre: „Eins ist Weisheit: den Geist zu verstehen, der alles durch alles regiert."

Heraklit hinterließ das Buch „Von der Natur", von dem nur noch Fragmente verfügbar sind. Es muß schwer verständlich gewesen sein. Sokrates sagte darüber: „Was ich verstanden habe, ist edel gedacht, und ich glaube, auch das, was ich nicht verstand. Man müßte dazu ein delischer Taucher sein."

Was heute über Heraklits Werk bekannt ist, ist nicht nur edel, sondern vor allem auch ungemein praktisch, sofort umsetzbar und vernunftvoll. Eine „heraklitische Unternehmensführung" würde

- die Welt als Einheit von Gegensätzen verstehen und
- unter Ausnutzung der Kraftpotentiale zwischen den Gegensätzen
- bei Anerkennung natürlicher und gesellschaftlicher Gesetzmäßigkeiten
- die dynamischen Prozesse kontinuierlichen Werdens gestalten.

Literatur zur Vertiefung

Lieber Leser: Wenn Sie mehr über Heraklit wissen wollen, so können Sie unter einer Fülle von Sekundärliteratur auswählen. Kurze Skizzen finden Sie in philosophischen Wörterbüchern; so bei Schischkoff, in *Der Kleine Pauly* und bei Mittelstraß (Band 2, S. 78-80). Ausführlichere Einführungen in sein Werk bieten Nestle (S. 32-36), Störig (S. 135-139), Russell (S. 57-65), De Crescenzo (Vorsokratiker, S. 79-88) und vor allem Röd (Band I: S. 83-106). Gemeinsam mit seinem Antipoden Parmenides wird er dargestellt von Weischedel (S. 21-28) und von Kranz (S. 51-68).

Primärliteratur von Heraklit ist praktisch nicht mehr verfügbar. Erhalten sind nur noch Fragmente seines Buches *„Von der Natur"*. Eine kleine Sammlung von Originalaussagen Heraklits, aus denen auch hier zitiert wurde, sind bei Nestle (S. 103-113) zusammengestellt, vgl. auch Capelle (S. 126-157) und Mansfeld (Band I, S. 231-283).

Zweite Handreichung

Thomas Hobbes: Marktwirtschaft – Ein Krieg aller gegen alle?*

Warum Thomas Hobbes (5.4.1588 bis 4.12.1679) zum 400. Geburtsjahr und nicht Schopenhauer zum 200. Geburtsjahr? Schopenhauers Geburtsjahr ist in der Presse schon so vielfältig gewürdigt worden, daß bereits Überdruß zu spüren ist. Das Jubiläumsjahr von Hobbes fand dagegen weniger Aufmerksamkeit, und gerade seine Gedanken sind zum Verständnis unserer heutigen Gesellschaft von reichhaltigem Wert.

Chaos und Bürgerkrieg

Thomas Hobbes erlebte in seinem englischen Heimatland unruhige Zeiten. Die Krone Jakobs I. (1603 bis 1625) war ständig durch einen Machtkampf mit dem Parlament bedroht, und unter dessen Sohn Karl I. (1625 bis 1649) artete der Machtkampf in einen offenen Bürgerkrieg aus. Das Parlamentsheer unter Oliver Cromwell siegte, und unter Cromwells Regierung (1649 bis 1658), die mehr und mehr einer Militärdiktatur glich, wurden Karl I. hingerichtet, das *Commonwealth of England* gebildet und die Vorherrschaft Englands als Weltmacht begründet.

---

* *aus: technologie & management, 37. Jg., 1988, Heft 4, S. 51-54*

Der königstreue Hobbes floh 1640 nach Paris und kehrte erst 1651 nach England zurück. In Paris – und auch auf Reisen von dort aus nach Italien – traf er mit vielen anderen Großen seiner Zeit zusammen, u.a. mit Descartes, Galilei, den Mathematikern Gassendi und Mersenne.

Ähnlich wie schon 2000 Jahre zuvor Platon über den politischen und gesellschaftlichen Zustand seiner Heimat entsetzt war und in *Der Staat (Politeia)* Grundlegendes über Staatsverfassung und Staatsführung niederschrieb, war auch für Hobbes seine Betroffenheit über die englischen Zustände eine Motivationsquelle für seine Staatsidee, und er schrieb neben *De cive* (1642), *De corpore* (1655), *De homine* (1658) und anderen Arbeiten sein wohl bekanntestes Werk *Leviathan* (1651), die vieldiskutierte Staatslehre.

Im Naturzustand: Krieg aller gegen alle

Hobbes dachte über den Naturzustand der Menschheit nach, nicht (bzw. nicht notwendigerweise) im historischen Rückblick, sondern im Sinne einer gesellschaftlich noch ungeregelten Existenz von Menschen auf der räumlich begrenzten Erde. Hat hier nicht jeder dasselbe *Recht auf alles*? In diesem *Naturzustand* kann es daher kein *Unrecht* geben. Ein Mensch folgt seinem Selbsterhaltungstrieb und trägt nur für das eigene Überleben Verantwortung. Wenn ihm jemand sein Recht streitig machen sollte, wird er es verteidigen – ein jeder gegen einen jeden. Da wird Ovid (43 v. Chr. bis etwa 17 n. Chr.) lebendig mit seinem *homo homini lupus:* Der Mensch ist für den Menschen ein Wolf. Hobbes nennt es *bellum omnium contra omnes*, den *Krieg aller gegen alle*.

Aber läuft der Zustand eines – zumindest latenten – Krieges aller gegen alle nicht dem Selbsterhaltungstrieb der Menschen entgegen? Wird nicht ein Bedürfnis nach Frieden entstehen? Wird nicht daher Vernunft einsetzen und zu einem Verzicht auf Teilansprüche führen?

Verzicht durch Vertrag

Verzicht, so Hobbes, sei nur auf der Basis einer Gegenseitigkeit zu erwarten. Erst wenn alle Vertragspartner Verzicht auf das im Naturzustand *unbegrenzte* Recht zu leisten bereit sind, dann könnte der Krieg aller gegen alle überwunden werden. Die am Selbsterhaltungstrieb orientierte Vernunft würde zu Verträgen führen, und es werde dabei jeder „mit der Freiheit zufrieden sein, die er den übrigen eingeräumt wissen will“ (Leviathan, 14. Kapitel).

Wenn aber nun jemand den Vertrag bricht – eines aktuellen Vorteils wegen? Reicht die Vernunft der Vertragspartner aus, den Nutzen der Vertragseinhaltung durch die anderen als hinreichenden Anreiz zu empfinden, selber den Vertrag einzuhalten? Oder negativ: Ist die Furcht vor den negativen Folgen einer eigenen Vertragsverletzung groß genug, um diese auszuschließen?

Hobbes ist pessimistisch: *„Gesetze und Verträge können an und für sich den Zustand des Krieges aller gegen alle nicht aufheben; denn sie bestehen in Worten, und bloße Worte können keine Furcht erregen“* (17. Kapitel).

Ist das pessimistische Menschenbild von Hobbes nicht unrealistisch? Nein: Man braucht doch nur auf die auseinanderfallenden Kulturen in Nordirland, im Libanon, in Indochina, in Teilen Mittelamerikas etc. zu schauen. Sie liefern reichlich Anschauungsmaterial für den Krieg aller gegen alle. Hobbes: *„Aus jedem Bürgerkriege erhellt, wie das menschliche Leben ohne einen allgemeinen Oberherrn beschaffen wäre“* (13. Kapitel).

Leben nicht auch die Staaten in einer Art Naturzustand miteinander – trotz *Völkerbund* (1920 bis 1946), trotz der *Vereinten Nationen* (UNO, seit 1945), trotz Staatsverträgen, Nichtangriffspakten, Staatengemeinschaften etc.? Der geneigte Leser möge einmal die Anzahl der kriegerischen Auseinandersetzungen schätzen, die nach dem Zweiten Weltkrieg zwischen Ländern stattgefunden haben. Stichwörter: Korea, Indien/Pakistan, Indochina, China/Tibet, UdSSR/China, Nahost, Mittelamerika, Zypern, Iran/Irak, UdSSR/Afghanistan. Hobbes über „Die Könige und die, welche die höchste Gewalt haben“: *„Wie Fechter stehen sie gegeneinander, beobachten sich genau und halten ihre Waffen in Bereitschaft, ihre Festungen und Kriegsheere an den Grenzen und ihre geheimen Kundschafter im Feindeslande“* (13. Kapitel).

Welche Ebene von Sozialstrukturen auch immer betrachtet sei – Einzelpersonen, Familien, Unternehmungen, Staaten, Staatskoalitionen: Das Potential zum Ausbruch von Konflikten ist jederzeit allgegenwärtig, und zwar zwischen allen. Auch Verträge helfen da wenig, wenn nicht höhere Instanzen deren Einhaltung überwachen.

Der Gesellschaftsvertrag und der sterbliche Gott

Um den Krieg aller gegen alle auszuschließen, empfiehlt Hobbes den *Gesellschaftsvertrag* und die Garantie seiner Einhaltung durch einen mächtigen Herrscher. Im Gesellschaftsvertrag übertragen die einzelnen ihre natürlichen Rechte an den Herrscher. Der Herrscher ist bei Hobbes der Staat und gleichzeitig die ihn repräsentierende Person, der *große Leviathan*, ein *sterblicher Gott: „Staat ist eine Person, deren Handlungen eine große Menge Menschen kraft der gegenseitigen Verträge eines jeden mit einem jeden als ihre eigenen ansehen, auf daß diese nach ihrem Gutdünken die Macht aller zum Frieden und zur gemeinschaftlichen Verteidigung anwende"* (17. Kapitel).

Für diese umfassende – und übermenschliche – Aufgabe übernimmt Hobbes aus dem Alten Testament (Hiob 40-41) die Figur des Seeungeheuers *Leviathan: „Auf Erden ist nicht seinesgleichen; er ist ein Geschöpf ohne Furcht"* (Hiob 41, 25). So pessimistisch Hobbes die Menschen generell sieht, so optimistisch ist er bezüglich des Leviathans, den er mit unbegrenzter Macht ausstattet.

Nun könne aber ein Leviathan das in ihn gesetzte Vertrauen und seine Verantwortung gegenüber seinen Untertanen mißbrauchen. Beispiele des Mißbrauchs gibt es ja in Fülle: Napoleon, Stalin, Hitler, Mao, Idi Amin und Hunderte von weiteren Staatsführern der Geschichte und Gegenwart. Dem Argument entgegnet Hobbes, *„daß selbst die größten Unannehmlichkeiten bei jeder Staatsverfassung dann kaum merklich werden, wenn man sie mit dem Elend des Krieges* *vergleicht und dem Naturzustand, in dem man ohne Herren und ohne Gesetze nur vom Raube lebt*" (18. Kapitel).

Das ist zumindest heute nicht mehr überzeugend, seitdem in vielen Ländern Demokratie mit Erfolg praktiziert wird, an deren Funktionieren Hobbes aber noch nicht glauben mochte. Ist die Lehre von Hobbes also überholt?

Naturzustand heute: Recht aller auf die freien Güter und auf die Kollektivgüter

Nein, im Kern sind die Gedanken von Hobbes hochaktuell. Das beginnt mit dem Umgang mit freien Gütern und dem wuchernden Anspruchsdenken gegenüber Kollektivgütern.

- Sind wir es nicht gewohnt, mit *freien* Gütern so umzugehen, als gehörten sie uns allein? Was blasen wir nicht alles in die Luft, unmittelbar durch unsere Heizungen, Autos und Spraydosen und mittelbar durch den Kauf der Produkte, deren Luftbelastung während der Herstellung und der späteren Beseitigung wir zumeist gar nicht abschätzen können. Entsprechendes gilt für das Wasser: Was gießt man nicht alles gedankenlos in den Ausguß! Es gilt für die Umwelt allgemein: die Mengen von Unrat im Wald und in Parks, die Tonnen von achtlos auf den Boden geworfenen Zigarettenkippen auf Straßen, Bahnhöfen, Flughäfen, in öffentlichen Verkehrsmitteln. Jeder nutzt sein vermeintliches Naturrecht – sei es aus Gedankenlosigkeit oder aus Rücksichtslosigkeit oder gar absichtlich.

Jeder vernichtet somit ein wenig die Umweltqualität für alle anderen.

- Es werden aber auch viele Kollektivgüter als *frei* empfunden, die von der Gesellschaft für die Gesellschaft unentgeltlich bereitgestellt werden; und es entwickelt sich ein Anspruchsbewußtsein. Der eine empfindet einen moralischen Anspruch auf kostenfreie Ausbildung, der andere auf kostenfreie Kur, der dritte auf kostenfreie Abtreibung, der vierte auf kostenfreien Rechtsbeistand, der fünfte auf kostenfreie Beförderungsmittel etc. Dahinter steckt immer so etwas wie: *„Habe ich nicht ein Recht darauf, daß andere für mich arbeiten, denn ...?"* Das schließt nicht nur die vermeintlichen Drückeberger, Faulenzer und Leistungsgegner ein. Ist es nicht auch zu einem fröhlichen Wettkampf zwischen den Unternehmungen um die Bonner Fördermitteltöpfe gekommen, beispielsweise bei FuE-Projekten: *„Haben wir nicht einen Anspruch auf Fördermittel, wenn wir zum Wohle künftiger Arbeitsplätze der Bundesrepublik neue Technologien entwickeln und damit die Basis für neue Produkte schaffen?"*

Das ist eine gesittete Form des Krieges gegen alle. Der *Staatsvertrag* nach Hobbes verpflichtet alle zur Steuerzahlung. Man braucht daher nicht mehr *direkt* gegen alle anderen zu kämpfen, sondern kann den bequemen Weg gehen, sich aus dem Gemeinschaftstopf zu bedienen – ein *indirekter* Krieg aller gegen alle, eine zivilisierte Sittlichkeit. Die Kriegsmethode hat sich geändert: nicht mehr *jeder einzelne gegen jeden einzelnen,* sondern *jeder einzelne gegen die*

Gemeinschaft aller einzelnen. Aber hat sich das Motiv geändert, das Bewußtsein, ein *Recht auf alles* zu besitzen und daß es kein Unrecht sei, seinem empfundenen Anspruch Geltung zu verschaffen? Doch führt die Vernunft vieler Beteiligter oft zu Mäßigung im Verteilungskampf.

Unser Staat ist gottlob kein Leviathan, sondern ist davon abhängig, daß seine Mitglieder Vernunft walten lassen im Getümmel des ununterbrochenen Verteilungskampfes. Diese Vernunft auf breiter Basis immer wieder zu reproduzieren, ist eine Daueraufgabe der Gesellschaft, die sie teilweise an die Ausbildungsinstitutionen delegiert hat.

Lehren für das Wirtschaftsleben?

Alle heute praktizierten Gesellschaftssysteme sind durch eine Organisationsform geprägt, die zwischen den beiden Extremen von Hobbes liegt, nämlich zwischen dem *Naturzustand* als Krieg aller gegen alle auf der einen Seite und dem *Leviathan* als uneingeschränkter Machtzentrale auf der anderen. Doch sind die Unterschiede groß. Zentralverwaltungswirtschaften stehen dem Leviathan näher, marktwirtschaftliche Organisationsformen stehen ihm ferner. Jedes Sozialsystem wandert zwischen beiden Extremen, einmal wird es mehr durch zentrale Machtinhaber gelenkt, ein anderes Mal mehr durch dezentrale Machtaufspaltung – im Vertrauen auf die Vernunft der Beteiligten.

Dadurch verliert die Lehre von Hobbes nicht an Aktualität, insbesondere nicht für das Wirtschaftsleben. Das sei an drei Hierarchieebenen einer Sozialen Marktwirtschaft, wie sie in der Bundesrepublik Deutschland praktiziert wird, interpretiert, an

- der *Unternehmung* als mehr oder weniger zentral geführtem Sozialsystem,
- der marktwirtschaftlichen Organisation innerhalb einer *Volks*wirtschaft und
- der regelarmen Struktur der *Welt*wirtschaft.

Hobbes in der Unternehmung

Eine Unternehmung ist ein zielgerichtetes Sozialsystem. Die Ziele und die Wege der Zielerreichung werden durch die Unternehmungsleitung festgelegt. Sie spielt in gewisser, wenn auch in gegenüber Hobbes stark abgeschwächter Weise die Rolle des Leviathans. Abgeschwächt wird die Rolle durch dreierlei:

- durch äußere Bedingungen, Gesetze, Vorschriften, Märkte, Aufsichtsbehörden, Presse, Gewerkschaften etc.,
- durch innere Kontrollorgane: Gesellschafter bzw. Hauptversammlung, Aufsichtsrat, Betriebsrat, Wirtschaftsausschuß etc. und
- durch hierarchische Verteilung der Entscheidungskompetenz.

Innerhalb der Unternehmung wirken Menschen zusammen – mit eigenen Zielen, eigenen Verhaltensweisen und eigenen Einsichten in ihre Rolle. Zwischen ihnen treten Reibungen und Spannungen auf, Interessengegensätze, Meinungsverschiedenheiten, Machtkämpfe, Intrigen, auch Rücksichtslosigkeiten bei der Verfolgung egoistischer Ziele. Nehmen die Spannungen überhand, insbesondere auf den oberen Leitungsebenen, droht der Unternehmung Gefahr: Krieg aller gegen alle kann ausbrechen, evtl. kanalisiert und verstärkt durch Koalitionen.

Es ist die Kunst der Führung, solche Rückfälle in den *Naturzustand* zu verhindern. Je mehr die Unternehmung und ihre Teile durch vernünftiges Miteinander geprägt sind, also durch Kräfte des *Mit*einander zusammengehalten werden, desto mehr Entscheidungsgewalt kann delegiert werden. Je stärker allerdings die Kräfte des *Gegen*einander werden, desto notwendiger wird die Machtkonzentration in Gestalt des Leviathans. Die Vernunft der Mitglieder einer Unternehmung, ihr Wille zur kollektiven Leistungsentfaltung, ihre Einsicht in das zielgerichtete Zusammenwirken schützen vor dem Rückfall in den Naturzustand und bewahren vor der Notwendigkeit des Leviathans – sie sollten es jedenfalls.

Hobbes in der Sozialen Marktwirtschaft

Auch *zwischen* den Unternehmungen ist die Vernunft der Schlüssel zum guten Funktionieren. Doch wird bei marktwirtschaftlich organisierten Volkswirtschaften ein direkt an Hobbes anlehnendes Gestaltungsprinzip eingesetzt, das – zumindest in der Theorie – auch dann noch das Funktionieren garantiert, wenn es den Marktteilnehmern an Vernunft gebricht.

Das drückte Engels („Prinzipienstreiterei", Leitartikel in: Wirtschaftswoche Nr. 50 vom 5.12.1986, S. 168) plastisch aus: „Ein Unternehmer, der nur seinen eigenen Gewinninteressen folgt, dient damit auf funktionsfähigen Märkten gleichzeitig dem Gesamtwohl – ob er es will oder nicht und ob er das weiß oder nicht. Der eigentliche Trick der marktwirtschaftlichen Organisation liegt darin, daß sie den Eigennutz in den Dienst des Gesamtwohls stellt. Deshalb funktioniert diese Ordnung so gut, gleichgültig, ob ihre Unternehmer nun Helden oder Schurken sind."

Ist marktwirtschaftlicher Wettbewerb nicht *Wettkampf aller gegen alle*, und baut die Marktwirtschaft nicht auf dem *Recht auf alles* auf, dem Recht einer jeden Unternehmung, *jedem* potentiellen Kunden ihre Waren anzubieten, von *jedem* potentiellen Lieferanten Waren zu beziehen, von *jedem* potentiellen Finanzier Kapital zu beschaffen, *jeden* potentiellen Mitarbeiter einzustellen, von *jedem* Experten Fachwissen als Dienstleistung einzukaufen etc.? Das ist Hobbes in Reinkultur.

Ein solcher *Wettkampf aller gegen alle* kann leicht in ruinöser Entartung enden, wie es sich Karl Marx als Voraussetzung für den Kommunismus gewünscht hat. Um das zu verhindern, enthalten die heutigen marktwirtschaftlichen Systeme, insbesondere das der Sozialen Marktwirtschaft in der Bundesrepublik, zwei Arten von Einschränkungen:

- Erstens werden die einzelwirtschaftlichen Erfolge im Wettbewerb für das *Gemeinwohl* angezapft: Gewinn- und Einkommensteuern, Umsatzsteuern, Substanzsteuern.
- Zweitens wird durch eine Vielfalt von gesetzlichen Regelungen, Aufsichtsbehörden und Gerichtsbarkeit die

Arena des marktwirtschaftlichen *Wettkampfes aller gegen alle* eingegrenzt.

Dennoch lassen sich in keinem marktwirtschaftlichen System Mißbrauch und Gesetzesverstoß vermeiden. Prominentes Beispiel: Neue Heimat. Solche Fälle ließen sich nur durch einen allgegenwärtigen Leviathan verhindern, eine wenig wünschenswerte Utopie.

Ein marktwirtschaftliches System hängt von der Vernunft seiner Mitglieder ab. Je gesitteter der *Wettkampf aller gegen alle* von der Mehrheit der Mitwirkenden praktiziert wird, desto weniger einschränkende Gesetze sind erforderlich und desto weniger Aufsichtsbehörden müssen unterhalten werden. Die Vernunft ist maßgeblich für das Funktionieren zwischen den Extremen, dem *Naturzustand* auf der einen, dem *Leviathan* auf der anderen Seite.

Hobbes im Welthandel

Auch zwischen den Volkswirtschaften, im Welthandel, kann die Lehre von Hobbes als Aufruf zur Vernunft dienen. Hier herrschen weitgehend die Regeln des *Naturzustandes*, des *Krieges aller gegen alle*. An einen Leviathan im Sinne eines Welthandelslenkers ist nicht zu denken. Zwar gibt es das GATT (General Agreement on Tariffs and Trade), die UNO, die Weltbank, zahlreiche bi- und multilaterale Vereinbarungen, einen internationalen Gerichtshof und gelegentlich einen Weltwirtschaftsgipfel, doch sind das alles bestenfalls blasse Schatten eines durchsetzbaren Gesellschaftsvertrages bzw. eines Leviathans.

Der Welthandel ist stark auf das vernünftige Verhalten der Partner angewiesen. Aber gerade im Weltmaßstab ist Vernunft ein schillernder Begriff. Die wirtschaftliche Vernunft einer leistungsfähigen Industrienation unterscheidet sich deutlich von der eines armen Entwicklungslandes, die einer freiheitlich organisierten Marktwirtschaft deutlich von der einer zentralgesteuerten Planwirtschaft, die einer durch das Christentum geprägten Region deutlich von der einer moslemisch, buddhistisch, taoistisch oder durch andere Glaubensgrundsätze geprägten Region.

Im Welthandel werden Erscheinungen eines *Krieges aller gegen alle* immer wieder deutlich:

Die einen betreiben eine rücksichtslose Preispolitik wie etwa die OPEC-Länder in den siebziger Jahren. Die Lieferländer anderer Rohstoffe leiden machtlos unter Niedrigpreisepochen. Einige Länder zahlen ihre Schulden nicht zurück, teilweise nicht einmal die Zinsen. Einige Länder werden zum Kauf unnützer Dinge animiert. Einige Länder führen andere durch uneingeschränkte Waffenlieferungen in den wirtschaftlichen Ruin. Einige Länder liefern zu Dumping-Preisen und zerstören die Wirtschaftsstruktur anderer Länder. Einige Länder treiben Schabernack mit ihrer Währungspolitik: Aufstieg und Fall des Dollarkurses – von 4,20 DM/$ bis 5. März 1960, herab bis 1,71 DM/$ am 3. Januar 1980, wieder herauf bis 3,47 DM/$ am 26. Februar 1985, dann wieder herab bis unter 1,50 DM/$ im Herbst 1990.

Die meisten solcher Fälle lassen sich rechtfertigen durch die wirtschaftliche Vernunft der einen Seite, widersprechen aber der Vernunft der anderen. Eine einheitliche Vernunft ist nicht in Sicht, ein wirkungsvoller *Gesellschaftsvertrag* auch nicht, erst recht kein Leviathan. Also wird es beim *Krieg aller gegen alle* bleiben, der manchmal nur zu glimmen scheint, dann aber wieder keck auflodert.

Die Staatslehre von Hobbes vermittelt uns ein *Verständnis* dafür. Man kann diese Lehre aber auch als *Anreiz* verstehen, den Freiraum zwischen dem Naturzustand und dem Leviathan durch vernunftgeprägte Zusammenarbeit menschengerecht zu gestalten – und zwar auf allen Ebenen menschlichen Zusammenwirkens.

Literatur zur Vertiefung

Lieber Leser: Hobbes ist ein eindrucksvoller Autor, und vielleicht haben Sie Zeit, einige Abschnitte von seinem *Leviathan* zu lesen, den es in verschiedenen deutschen Ausgaben gibt, teilweise mit ergänzenden Kommentaren.

Zu einer vertiefenden Einführung und Bewertung seines Werkes steht Sekundärliteratur in Fülle zur Verfügung, sowohl in Wörterbüchern wie dem von Schischkoff und dem von Mittelstraß (Band 2, S. 117-118) als auch in Übersichtswerken, wie denen von Störig (S. 293-295), Russell (S. 531-541), Schilling (S. 277-294) und Röd (Band VII, S. 148-173). Die Einbettung seiner Gedanken in die seinerzeitige historische Situation Englands wird in den meisten Quellen besonders hervorgehoben.

Themenbereich B

Die Welt ganzheitlich sehen

Vorgedanken zur Dritten bis Fünften Handreichung

Einige Philosophen haben uns Wege vermittelt, die Welt und ihre Teile *ganzheitlich*, *holistisch* zu sehen. Liegt die Ursache für viele Mißverständnisse, für unproduktive Auseinandersetzungen, für Starrsinn bei Meinungsverschiedenheiten nicht häufig in unserer *engen* und *einseitigen* Sicht der Dinge? Eröffnet nicht die Erweiterung des Blickes eine Basis für ein besseres gegenseitiges Verständnis und für eine erleichterte Kooperation?

Die ganzheitliche Sicht der Welt und das holistische Denken lassen sich – auf der Basis zielgerichteter Anleitungen – einüben. Drei Anleitungen werden gegeben, anknüpfend an drei der bedeutendsten Philosophen des Abendlandes:

- Schmerzhafte Interdisziplinarität – Platons Höhlengleichnis, verfremdet
- Aristoteles & Co.: Das Ganze ist mehr als die Summe seiner Teile
- Immanuel Kant: Drei Arten des Handelns

Alle drei Handreichungen zielen auf unterschiedliche Aspekte der ganzheitlichen Sicht der Welt, auf

- *interdisziplinäre* Verständigung statt *monodisziplinärer* Engstirnigkeit,

- umfassendes *Systemdenken* statt isolierten *Elementedenkens* und auf
- die Einbeziehung *ethischer* Werte beim Gestalten und Lenken soziotechnischer Systeme statt einseitiger Ausrichtung auf die *technische Funktion*.

Schmerzhafte Interdisziplinarität – Platons Höhlengleichnis, verfremdet

Platon beschreibt in seinem berühmten *Höhlengleichnis*, daß wir als Menschen nur *Schatten* der Realität wahrnehmen, die hinter dem Materiellen stehenden *Ideen* jedoch gewöhnlich nicht erkennen können. In Abwandlung seines Textes wird auf die Wahrnehmungsunterschiede hingewiesen, die sich u.a. aus den *Ausbildungsunterschieden* ergeben. Ein Soziologe sieht die Welt anders als ein Chemiker, ein Ingenieur anders als ein Jurist, ein Mathematiker anders als ein Mediziner, ein Psychologe anders als ein Informatiker.

Verachten sie sich nicht sogar gegenseitig, der Soziologe und der Chemiker, der Ingenieur und der Jurist, der Mathematiker und der Mediziner, der Psychologe und der Informatiker? Nur die Sicht der *eigenen* Disziplinen wird gewöhnlich als wahrheitsfähig, als relevant, als nützlich empfunden. Daher erübrigt sich auch aus der Sicht (fast) eines jeden eine *inter*disziplinäre Kooperation, denn der Beitrag der anderen erscheint als minderwertig.

Bedürfen aber nicht die meisten Probleme dieser Welt einer *interdisziplinären* Bearbeitung? Haben die meisten Probleme nicht gleichzeitig technische, ökonomische, physikalische, gesellschaftliche, chemische, psychische, juristische, biologische Aspekte – jeweils in innigIichster Verflechtung? Zu ihrer angemessenen Lösung ist interdisziplinäres *Zusammenwirken* geboten, eine Aufgabe für den *Platonischen Manager* (vgl. dazu den Epilog). Um das zu ermöglichen, bedarf es eines Grundverständnisses von Interdisziplinarität und einer Relativierung der monodisziplinären Einzelsichten.

Der Vermittlung dieses Verständnisses dient die Dritte Handreichung. Sie ist eine Anleitung zur *interdisziplinären Führungskunst.* Zwar kann keiner gleichzeitig Soziologe, Chemiker, Ökonom, Ingenieur, Jurist etc. sein, wohl kann er aber ein Verständnis für die unterschiedlichen Denkweisen von Soziologen, Chemikern, Ökonomen, Ingenieuren, Juristen etc. entwickeln und als geschickter Lenker die Kooperation zwischen ihnen ermöglichen. Interdisziplinäre Offenheit ist die Tugend des umsichtigen, gesamtverantwortlichen Managers – nicht nur seine *Tugend,* sondern vor allem auch sein *Potential.*

Im Studium kann dazu die *Basis gelegt* werden. In Aufgaben begrenzten Verantwortungsumfanges kann Interdisziplinarität durch praktische Erfahrung *verinnerlicht* werden, etwa im Projektmanagement. In Positionen mit umfassender Verantwortung kann das interdisziplinäre Denken *perfektioniert* werden.

Aristoteles & Co.: Das Ganze ist mehr als die Summe seiner Teile

Eine ganz andere Sicht von Ganzheitlichkeit brachte Aristoteles in die Diskussion. Er ist der eigentliche Begründer des modernen *Systemdenkens*. Bei vielen Philosophen klang das Ganzheitsdenken an, bei Aristoteles wurde es zu einem zentralen Prinzip.

Man kann eine Hand nicht ohne den Körper als Ganzen verstehen, eine Fahrradspeiche nicht ohne das Fahrrad als Ganzes, einen Türgriff nicht ohne die Tür als Ganze, einen Buchstaben nicht ohne die Schrift als Ganze etc. Die Teile existieren nicht ohne das Ganze, haben keine Funktion ohne das Ganze und sind ohne das Ganze sinnlos und unverständlich. Aristoteles hat es als erster ausgesprochen, daß das Ganze – für die Funktion und für deren Verständnis – „notwendig früher als der Teil" sei.

Das Ganzheitsdenken, das Systemdenken, das Top-Down-Denken ist eine Kunst, die man trainieren kann. Sie ist für Führungsaufgaben erforderlich. Alles Gestalten und Lenken betrifft sowohl Ganzheiten als auch deren Teile, sowohl Systeme als auch deren Elemente.

Man kann auch das *Peter-Prinzip*, nach dem jeder den beruflichen Aufstieg bis zur Stufe seiner Inkompetenz schaffe, am Systemdenken interpretieren: Jeder schafft den Aufstieg bis zu der Stufe, auf der er nicht mehr den umfassenden Systemzusammenhang begreift. Ein Gruppenleiter, der nur seine Gruppe, nicht aber ihren Zusammenhang mit anderen Gruppen sieht, ein Abteilungsleiter, der nur seine Abteilung, nicht aber ihren Funktionsverbund mit anderen Abteilungen sieht, und ein Unternehmungsleiter, der nur seine Unternehmung, nicht aber ihre Einbettung in die gesamte Volkswirtschaft sieht, haben die Stufe ihrer Inkompetenz erreicht und werden auf dieser Stufe stehenbleiben.

Der *Aristotelische Manager* (vgl. dazu den Epilog) sieht sich und das von ihm geleitete Sozialsystem stets im Wirkungsverbund, im Systemzusammenhang, in dynamischer Interdependenz mit etwas Größerem, dem Umfeld, dem umfassenden System.

Immanuel Kant: Drei Arten des Handelns

In einer ganz anderen Richtung empfiehlt Immanuel Kant die Erweiterung der Kompetenz. Er unterscheidet zwischen drei Arten des Handelns,

- dem *technischen* Handeln, auf materielle Objekte bezogen,
- dem *pragmatischen* Handeln, auf Menschen bezogen, und
- dem *ethischen* Handeln, auf moralische Werte, auf Sittlichkeit bezogen.

Reales Handeln umfaßt immer alle drei Arten, die sich nur *idealtypisch* trennen lassen. Reales Handeln bildet eine *Einheit* mit technischer, pragmatischer und ethischer Dimension (vgl. die Fünfte Handreichung).

In unseren Ausbildungssystemen steht die Vorbereitung auf *technisches* Handeln im Vordergrund, während *pragmatisches* und *ethisches* Handeln kaum eingeübt werden. Das ist ein Manko. Jede Ausbildung sollte die Dreidimensionalität des realen Handelns bewußt machen.

Der *Kantische Manager* (vom Typ I; vgl. Typ II und III in den *Vorgedanken* zum Themenkreis D, auch den Epilog) wäre sich der Dreidimensionalität seines Handelns bewußt, indem er

- die objektbezogene *Sachwirksamkeit* der technischen Dimension und
- die menschenbezogene *Personenwirksamkeit* der Humandimension
- der wertebezogenen *Zielverantwortung* unterordnet.

Dritte Handreichung

Schmerzhafte Interdisziplinarität – Platons Höhlengleichnis, verfremdet*

Nicht nur die Inhalte der philosophischen Werke, sondern auch ihre Form und Darstellungskunst sind häufig anregend und beispielhaft. Davon wird im folgenden Gebrauch gemacht: Ein neuer Text schlüpft in die Gestalt eines platonischen Dialoges. Die Inhalte sind verwandt, aber nicht deckungsgleich.

Platon (427 bis 347 v. Chr.) beschreibt im Siebten Buch seines großen Werkes „Politeia" (Der Staat) das berühmte Höhlengleichnis. Er vergleicht hier die Menschen mit in einer Höhle Gefesselten, die von einer fernen Lichtquelle in ihrem Rücken beleuchtet werden und von sich, von anderen Personen und von festen wie bewegten Gegenständen nur die Schatten auf der gegenüberliegenden Höhlenwand sehen, nie aber die Dinge selbst. Ähnlich, so betont er, sei es mit der Erkenntnis der Menschen bestellt: Man könne niemals das Wesen, den Grund, das Innere, die Idee erkennen, sondern lediglich Schatten davon, Nachbildung, Materialisiertes, den Sinnen Offenbartes.

Der Aufbau seiner Argumentation einschließlich zahlreicher Formulierungen wird hier teilweise übernommen. Doch geht es um eine inhaltliche Variation: Die Menschen

---

* *aus: technologie & management, 38. Jg., 1989, Heft 4, S. 40-44*

sehen nicht alle dieselben Schatten, so wird hier argumentiert, sondern sie sehen die Welt unterschiedlich, u.a. geprägt durch ihr *Wissen*. Wer einmal erkannt hat, daß er durch sein Wissen zu einer einseitigen Sicht der Welt verurteilt sei, mag eine interdisziplinäre Toleranz entwickeln und ein Verständnis für die Begrenztheit seiner und der Sichten anderer aufbauen. Darüber hinaus mag er die Mühe auf sich nehmen, sich mit den Sichten der anderen inhaltlich zu befassen.

Jeder an sein eigenes Fenster gefesselt

„Und nun", fuhr ich fort, „mache dir den Unterschied zwischen den individuellen Wahrnehmungen der Wirklichkeit an dem folgenden Erleben gleichnishaft klar. Stelle dir die Menschen vor in einem Haus mit vielen Zimmern, von denen jedes wiederum viele Fenster hat: hier sind sie an die Fenster gefesselt an Schenkeln und Nacken, so daß sie dort bleiben müssen und nur gegen vorwärts schauen, den Kopf aber wegen der Fesseln nicht herumdrehen können; jeder kann nur durch sein Fenster in einer bestimmten Richtung in die Wirklichkeit hineinsehen. Einige blicken etwa nach hinten in den *Garten,* andere nach vorne auf die *Straße,* andere zum Nachbargrundstück mit einem belebten *Wohnhaus,* wiederum andere zum entgegenliegenden Nachbargrundstück, etwa mit einer *Werkstatt.*"

„Ich kann mir das vorstellen", sagte Glaukon.

„Der Blick auf die Straße fängt den Autoverkehr, den Fußgängerverkehr, das Geschäftsleben auf der anderen

Straßenseite und den Flugbetrieb eines entfernteren Flughafens ein. Der Blick in den Garten erfaßt dagegen Rasen, Blumen, Büsche, Bäume, dazu Eichhörnchen, Vögel und weiteres Getier. Entsprechendes gilt für den Blick zu den beiderseitigen Nachbarn. Jeder kann durch sein Fenster nur eine bestimmte Sicht erhaschen."

„Merkwürdig sind Gleichnis und Gefesselte, von denen du sprichst."

„Sie gleichen uns! Denn sie sehen von der Wirklichkeit nur einen begrenzten Ausschnitt, verstehst du?"

„Natürlich, wenn sie gezwungen sind, ihre Köpfe unbeweglich zu halten."

„Sie würden annehmen, die Wirklichkeit voll zu erfassen, da sie sich der Begrenztheit des von ihnen zu sehenden Ausschnitts nicht bewußt wären."

„Gewiß!"

„Wenn sich nun zwei von ihnen unterhielten, wären häufige Mißverständnisse zu erwarten, denn jeder würde nur die Dinge und Ereignisse benennen, die er beobachten kann. Wenn beide gar in verschiedenen Zimmern säßen und in ganz verschiedene Richtungen blickten, so würden sich ihre Aussagen vielleicht sogar in jedem einzelnen Punkt widersprechen. Könnte die Folge davon etwas anderes sein als Entrüstung über das Unverständnis des anderen, sodann Streit und schließlich eine innere Abwendung von den anderen, mit denen keine Verständigung möglich erscheint?"

„Notwendigerweise!"

„Darüber hinaus wäre jeder auch sicherlich enttäuscht darüber, daß seine eigenen Beobachtungen und Darstellungen von den anderen nicht angenommen würden. Ein jeder würde den anderen Ignoranz, Unverstand, Blindheit, Lernunwilligkeit und vielleicht sogar Bosheit unterstellen, ohne vielleicht zu ahnen, daß er selbst von den anderen mit derartigen Urteilen belegt werde."

„Ganz so, bei Zeus!"

„Alles in allem: diese Leute würden nichts anderes für wahr halten als das, was ihnen der Blick durch das eigene Fenster eröffnet."

„Notwendigerweise!"

Fesseln durch Ausbildung

„Was ist es nun, das jeden einzelnen an sein Fenster und an seine gewohnte Blickrichtung bindet?"

„Ich weiß es nicht!"

„Es ist insbesondere das *Wissen* als Gesamtheit des *Erlernten* und des *Erfahrenen.* Ein Physiker sieht die Welt ganz anders als ein Psychologe, ein Ingenieur ganz anders als ein Ökonom, ein Mathematiker anders als ein Soziologe, ein Informatiker anders als ein Biologe. Man könnte in dem Gleichnis jede wissenschaftliche Disziplin einem anderen Zimmer des Hauses zuordnen. Das Zimmer, aus dessen Fenster die Physiker blicken, ist also von dem verschieden, aus dessen Fenster die Psychologen blicken, und so fort."

„Das will mir einleuchten!"

„Aber es ist nicht nur das *Erlernte*, sondern auch das im gesamten Leben *Erfahrene*, was das Wissen jedes einzelnen prägt. Zwei gleich ausgebildete Ingenieure werden ein ganz verschiedenes Wissen besitzen, wenn der eine sein berufliches Leben etwa mit Forschungsarbeiten in der Elektronik, der andere sein berufliches Leben mit Leitungsaufgaben in einer Elektronik-Unternehmung ausgefüllt hat."

„Also werden alle Menschen, da sich schon die Partner eines jeden beliebigen Paares hinsichtlich des Erlernten und Erfahrenen – oder zumindest eines von beiden – unterscheiden, ein verschiedenes Wissen über die vermeintliche Wirklichkeit haben und damit – gleichnishaft – durch ein anderes Fenster einen anderen Teil der Wirklichkeit schauen."

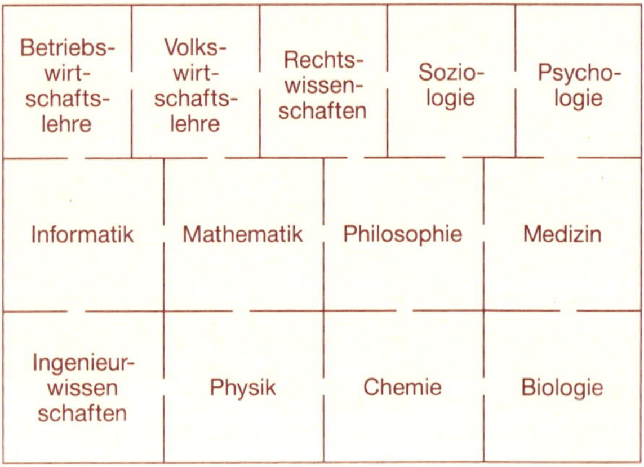

Die Zimmer der einzelnen Wissenschaften im Hausgleichnis

Verständigungsbarrieren

„Stelle dir nun die Unterhaltung zwischen den Gefesselten vor. Die Bewohner desselben Raumes werden sich noch gut verständigen können, denn sie blicken alle durch Fenster, die in dieselbe Richtung zeigen. Entsprechend können sich Physiker untereinander, Soziologen untereinander, Mediziner untereinander, Ökonomen untereinander etc. verständigen."

„Jetzt wird mir die Absicht des Gleichnisses klarer. Auch mag eine Verständigung zwischen den Bewohnern benachbarter Zimmer noch möglich sein, insoweit deren Fenster in dieselbe Richtung zeigen, selbst wenn die Verständigung wegen der Zwischenwand mühsamer sein mag. Also werden sich Physiker und Chemiker, Mathematiker und Informatiker, Mediziner und Biologen, Soziologen und Psychologen, Volkswirte und Betriebswirte etc. gegenseitig noch verständigen können."

„Ja, gerade noch. Aber es wird hoffnungslos, wenn die Fenster der Zimmer in entgegengesetzte Richtungen zeigen. Wer auf die Straße blickt, sieht etwas völlig anderes als der, der in den Garten blickt, vom Wetter und von der Bewölkung einmal abgesehen. Analog dazu sieht ein Soziologe etwas anderes als ein Chemiker, ein Ingenieur etwas anderes als ein Psychologe, ein Jurist etwas anderes als ein Physiker, ein Ökonom etwas anderes als ein Mediziner etc. Wie sollen sie sich sachkundig unterhalten können – von Trivialgesprächen, etwa über das Wetter, einmal abgesehen? Auch sind die Wände zwischen ihnen ein zusätzliches Hindernis."

Wohlbefinden in den Fesseln

„Das leuchtet mir unmittelbar ein. Aber sind die Gefesselten nicht allesamt unglücklich, da ihnen der Blick durch andere Fenster versperrt ist?"

„Nein, im Gegenteil! Jeder hat sich an *sein* Fenster gewöhnt und empfindet die Fesseln nicht als Einschränkung, sondern als Stütze und sogar als Eigentum. Jeder ist stolz, sein eigenes Fenster zu besitzen und keinem anderen den Blick durch das eigene Fenster gestatten zu müssen. Wenn auch nicht den Kopf, so kann doch jeder die Augen bewegen und mit ihnen Wirklichkeitsbereiche erforschen, die ihm als recht weit entfernt erscheinen; diese vermeintliche Freiheit, die ihm sein – wenn auch begrenztes – Gesichtsfeld gestattet, vermittelt ihm das angenehme Gefühl der Weite."

„Dem will ich gern Zustimmung zollen, aber empfindet nicht jeder die Grenzen seines Gesichtsfeldes als lästige Einschränkung?"

„Nein, auch das nicht! Er empfindet die Grenzen kaum; vielmehr ist der Blick in die Randzonen des Gesichtsfeldes so mühsam und fast schmerzhaft, daß ein jeder vorzieht, sich nur auf den inneren Bereich des Gesichtsfeldes, den er mühelos erfassen kann, zu konzentrieren. Über diesen inneren Bereich weiß er dann auch ziemlich viel; da er aber immer noch nicht alles weiß, gleichwohl einen Vorsprung vor den anderen hat, deren inneres Gesichtsfeld sich mit dem seinen nicht voll deckt, wird er sich weiter mit Freude und Zufriedenheit auf sein eigenes Gesichtsfeld beschränken."

„Ja, so wird es wohl sein."

Aus den Fesseln befreien

„Überlege nun Lösung und Heilung aus Ketten und Unverstand, wie immer das vor sich gehen mag – ob da wohl folgendes eintritt. Wenn etwa einer gelöst und gezwungen würde, sofort aufzustehen, sich von seinem Fenster zu entfernen und durch die Fenster verschiedener Zimmer in alle Richtungen zu sehen, wenn er bei alledem jene Gegenstände nicht mehr anschauen könnte, deren Anblick er gewohnt war – was, glaubst du, würde er wohl antworten, wenn man ihm sagte, er habe vorher nur eitlen Tand gesehen, jetzt aber sehe er schon richtiger, da er die gesamte Wirklichkeit erblicke. Würde er da nicht in Verlegenheit sein und glauben, was er vorher erblickt, sei wirklicher als das, was man ihm jetzt zeige?"

„Gewiß!"

„Wenn man ihn", fragte ich weiter, „von seinem Fenster und aus seinem Zimmer wegzöge mit Gewalt, in ein Zimmer auf der anderen Seite des Hauses brächte und ihn nicht früher losließe, als bis er durch ein Fenster in eine ihm fremde Wirklichkeit blickte, würde er da nicht voll Schmerz und Unwillen sein über die Verschleppung? Alles wäre ihm fremd, und er könnte wohl nicht ein einziges der Dinge erkennen, die man ihm nunmehr als Teile der Wirklichkeit hinstellte."

„Nicht sofort wenigstens!"

„Er brauchte Gewöhnung, denke ich, um Sachverstand für seine neue Wirklichkeit zu entwickeln. Nach einiger

Zeit jedoch würde er die neue Wirklichkeit mit Verständnis aufnehmen."

„Natürlich!"

„Nun weiter! Wenn man ihn dann an sein erstes Zimmer, an sein damaliges Fenster und an die Fensternachbarn dort erinnerte, würde er sich dann nicht glücklich preisen wegen seines Ortswechsels und die anderen bedauern?"

„Gar sehr!"

„Und dann überlege noch dies! Wenn ein solcher wieder zurückginge und wieder an sein eigenes Fenster gefesselt würde, hätte er da nicht das bedrückende Gefühl der Enge, da er soeben die Weite der Vielfalt erfahren habe?"

„Und wie!"

„Und wenn er dort wieder im Erkennen der Gegenstände seiner engen Wirklichkeit mit seinen immer gefesselten Nachbarn wetteifern müßte, zur Zeit, da sein Denken noch durch die neuen Eindrücke geweitet ist und sich noch nicht wieder umgestellt hat – und diese Zeit der Gewöhnung wird nicht kurz sein! –, würde er da nicht ausgelacht werden und bespöttelt, er sei von seinem Ausflug mit verdorbenem Denken zurückgekehrt; daher sei es nicht wert, den Ausflug auch nur zu versuchen. Und wenn er sie dann lösen und hinausführen wollte, würden sie ihn töten, wenn sie ihn in die Hände bekommen und töten könnten!"

„Sicherlich!"

Selbst die Fesseln sprengen

„Nun überlege weiter! Was ist, wenn keine fremde Kraft verfügbar ist, die einen aus den Fesseln lösen und zwingen würde, sich von seinem Fenster zu entfernen?“

„Jeder würde zeitlebens an sein eigenes Fenster gefesselt bleiben – es sei denn, er sprengte seine Fesseln selbst.“

„Richtig, aber das ist ein schmerzhaftes Unterfangen und setzt eine äußerst starke Willenskraft voraus.“

„Kaum einer würde daher den Ausbruch aus seinen Fesseln versuchen.“

„Ja, zumal ihm doppeltes Mißgeschick droht: Er gibt einerseits seinen gewohnten und liebgewonnenen Fensterplatz auf, andererseits wartet kein freies Fenster auf ihn in einem anderen Raum, so daß er sich dort mit Blickwinkeln begnügen müßte. Er würde im eigenen Zimmer als Abtrünniger beschimpft und in dem neuen Zimmer als Ungebildeter verlacht werden.“

„Was hätte es dann noch für Vorteile, einen solchen Weg zu gehen?“

„Es wird die Neugier sein, der Wissensdrang, was einen solchen Menschen antreiben würde – auch die Erkenntnis, daß sein eigenes Fenster nur einen begrenzten Blick in die Wirklichkeit freigibt. Es geht ihm nicht um materiellen Vorteil.“

„Das leuchtet ein.“

„Ein Vorteil stellt sich erst dann ein, wenn er durch mehrere Zimmer gewandert ist und viele unterschiedliche Blicke in die Wirklichkeit genossen hat. Er würde dann als

Dolmetscher der Verständigung zwischen den verschiedenen Zimmern dienen können. Er würde darüber hinaus denen, die nicht die eigene Willenskraft haben, ihre Fesseln zu sprengen, von den anderen Zimmern und dem jeweiligen Blick in die Wirklichkeit erzählen können – etwa wie einer, der viele fremde Länder bereist hat; mögen sie ihm Glauben schenken oder nicht. Diese Erzählungen mögen manchem Gefesselten ein Ansporn sein, das Sprengen der eigenen Fesseln ebenfalls zu versuchen."

„Wenn man ihn nicht für einen Gaukler hielte, für einen Aufschneider, für einen Lügenbaron."

„Sicher wird es auch solche geben, denn jeder weiß ja, daß die Gefesselten die Wahrheit seiner Erzählungen nicht nachprüfen können."

„An die Wahrhaftigkeit des Reisenden sind also besondere Anforderungen zu stellen."

„Insbesondere dann, wenn er seiner Hauptaufgabe gerecht werden will. Er soll nämlich den Gefesselten aus den verschiedenen Zimmern das Bewußtsein einer gemeinsamen Wirklichkeit vermitteln, so daß sie willig werden, mit den anderen bei Gestaltungsaufgaben zu kooperieren."

Literatur zur Vertiefung

Lieber Leser: Der obige Dialog ist eine Abwandlung des berühmten *Höhlengleichnisses* von Platon. Das Höhlengleichnis gehört zu dem Schönsten und Eindringlichsten, was in der abendländischen Literatur geschaffen wurde. Ich empfehle Ihnen die Originallektüre (in deutscher Übersetzung), und zwar die ersten Seiten des Siebten Buches von Platons *Politeia (Der Staat)*.

Das Höhlengleichnis – zumeist ein eigenes Stichwort in den Wörterbüchern, etwa bei Schischkoff, Meyers, Mittelstraß (Band 2, S. 119-120) – wird häufig als besonders markanter Orientierungspunkt von Platons Ideenlehre behandelt, so bei Kranz (S. 172-174), bei Wuchterl (S. 192-196), bei De Crescenzo (Von Sokrates bis Plotin, S. 97-99), bei Russell (S.140-141) und bei Störig (S. 162-164).

Insgesamt nimmt der gewaltige Beitrag Platons zur abendländischen Geistesgeschiche einen wesentlich größeren Platz in der Sekundärliteratur ein. Ausführliche Einführungen und Würdigungen bieten Weischedel (S. 39-49), Gfeller (S. 60-68), Störig (S. 154-174), Kranz (S. 138-211), Schilling (S. 127-149), *Der Kleine Pauly*, De Crescenzo (Von Sokrates bis Plotin, S. 79-116), Russell (S. 122-172) und Graeser (Röd, Band II, S. 124-191).

Spezielle Vertiefungsliteratur zur Idee der Interdisziplinarität, dem Gegenstand dieser Dritten Handreichung, wird im Anhang 1 genannt.

In meinem persönlichen Weltverständnis spielt die Interdis ziplinarität eine entscheidende und zentrale Rolle. In mehreren Veröffentlichungen habe ich dieses Thema vertieft, u.a. in

Interdisciplinarity in Operational Research, in *Arroganz versus Ignoranz*, in *Der Generalist als Manager der technischen Entwicklung* und in *Gedanken über die Bestgestaltung eines Universitätsstudiums.*

Ausbildungsziel: Interdisziplinäres Verständnis

Ein interdisziplinäres Verständnis der Welt, auf das der Dialog dieser Dritten Handreichung hinzielt, kann und sollte bereits in Schule und Hochschule vorbereitet werden. Das Ziel des fachübergreifenden Denkens stand insbesondere Pate beim Wirtschaftsingenieurstudium.

Das Studium des Wirtschaftsingenieurwesens ist interdisziplinär angelegt und besteht etwa hälftig aus natur- und ingenieurwissenschaftlichen sowie aus wirtschafts- und sozialwissenschaftlichen Fächern.

Für alle anderen Studiengänge hat die von der Landesregierung Rheinland-Pfalz eingesetzte Expertenkommission „Wettbewerbsfähigkeit und Beschäftigung“ (Bericht vom Juni 1985, S. 107f.) eine „kompensatorische Erweiterung“ vorgeschlagen: „Es wird empfohlen, natur- und ingenieurwissenschaftliche Studiengänge einerseits sowie wirtschafts- und sozialwissenschaftliche Studiengänge andererseits durch einen Mindestanteil der Fächer aus dem jeweils anderen Bereich zu ergänzen.“ Darauf wurde in technologie & management (t&m) schon mehrfach Bezug genommen (u.a. in 2/85, S. 33-35).

Bei der *kompensatorischen Erweiterung* geht es um die Überwindung des *Fundamentalgrabens* zwischen den *zwei Kulturen*, wie sie von C.P. Snow in seinem Buch „The Two Cultures“ trefflich beschrieben wurde. Auf den Graben bezog sich auch der t&m-Leitartikel „Arroganz versus

Ignoranz" (3/85) des Autors. Bewußtes interdisziplinäres Denken bedarf über die Vermittlung des Stoffes aus *beiden Kulturen* hinaus einer gezielten, expliziten Vorbereitung in Schule und Hochschule. Dazu seien hier einige Anregungen gegeben.

Metaphorisches

Man kann Interdisziplinarität gleichnishaft, metaphorisch bewußt machen:

- Irma E. Webber beschreibt in ihrem Buch die unterschiedliche Sicht von vier Mäusen in einer Scheune.
- Platons Höhlengleichnis drängt sich zur interdisziplinären Verfremdung geradezu auf (wie in der dritten Handreichung).
- Kurt Kusenberg beschreibt in seiner Kurzgeschichte „Geteiltes Wissen" zwei Zwillingsbrüder, von denen der eine alles von A-L, der andere alles von K-Z zu lernen hatte, ein Modellbild der zwei Kulturen.

Ironisches

Es gibt viele vergleichende Witze über Wissenschaftler unterschiedlicher Disziplinen. Sie zeigen auf ironische, die ganze Skala von *liebenswürdig* bis *bissig* überdeckende Weise die Unzulänglichkeit monodisziplinärer Sichtweisen auf. Zwei Beispiele:

- Lynn pointiert die Besonderheiten von Ökonomen, Soziologen, Mathematikern und Physikern (Anhang 2).

- In „The Two Cultures“ zitiert Snow einige bissige Äußerungen, z.B.: „Those are mathematicians! We never talk to them“ (S. 3).

Literarisches

Die schöngeistige Literatur ist voll von übertragbaren Beispielen:

- In „Nathan der Weise“ plädierte Lessing 1779 für religiöse Toleranz – übertragbar auf eine Toleranz zwischen den Disziplinen.
- Hermann Hesse hat immer wieder für Toleranz gegenüber anderen Sichten plädiert, und zwar auf der Basis der Erkenntnis der Begrenztheit der eigenen Sicht. Eine Fundgrube ist das Hesse-Lesebuch „Die Einheit hinter den Gegensätzen“ (vgl. Sechste Handreichung).
- Auch Kants Appell, im vermeintlichen Irrtum von Andersdenkenden nach Wahrheit zu suchen, läßt sich als Plädoyer für eine interdisziplinäre Verständigung interpretieren (vgl. Zehnte Handreichung).

OR-Tradition

Vor etwa fünfzig Jahren ist *Operational Research* (OR) als Methodik *interdisziplinären* Problemlösens entstanden (wenn es auch heute vielfach zu einer Sammlung mathematischer Verfahren degeneriert ist). In der OR-Literatur sind Theorie und Praxis der Interdisziplinarität vielfältig behandelt worden:

- So schreibt Ackoff: „Disciplines ... are nothing more than filing categories. Nature ist not organized the way our knowledge of it is. Furthermore, the body of scientific knowledge can, and has been, organized in different ways. No one way has ontological priority“ (Ackoff, S. 667).

Aus Philosophie und Wissenschaftstheorie

Schließlich gibt es in Philosophie und Wissenschaftstheorie eine reichhaltige Diskussion zur Interdisziplinarität, die immer aufs neue entflammt:

- So schreibt Mittelstraß: „Universalität, deren wissenschaftsorientierte Entsprechung Interdisziplinarität oder (besser) *Transdisziplinarität* ist, gehört zu den *inneren* Prinzipien der Wissenschaft und der Universität. Sie ist kein äußeres Prinzip, das sich einem Denken in Kapazitäten, Flächenrichtwerten und curricularen Normen beugt. Als inneres Prinzip besagt Universalität Einheit des Wissens, die in der Einheit der Vernunft oder der Rationalität und in der Einheit des forschenden und denkenden Subjekts beruht. Mit dieser aber ist es in der heutigen Universität schlecht bestellt. Als eine allgemeine Zuständigkeit auch über das eigene Fach hinaus ist sie wachsender Spezialisierung gewichen“ (Mittelstraß: Der Flug der Eule, S. 137).

Lynns interdisziplinäres Team

Vor über 30 Jahren machte Harvey Lynn, jr., Lieutenant Colonel der US Air Force, Vorschläge für Projektleiter.

Mit ironischer Liebenswürdigkeit äußerte er sich auch zur interdisziplinären Zusammensetzung des Projekt-Teams:

„Next, select your technical team. You may find it desirable to choose people with some knowledge of the problem.

You should include an economist. Someone has said that economics is only common sense made difficult. This is true. For this reason, you must have at least one and preferably two economists on your team (if you have two, they can argue with each other). They are good at taking streightforward data and putting it into the language of systems analysis. They use such terms as optimization, suboptimization, allocation of resources, marginal utility, etc.

Then, you need a social scientist. Having a social scientist on your team will add a certain amount of prestige. He will be indispensable when it comes to writing the report. One good social scientist can contribute a hundred pages to your report without even knowing what the problem is.

Be sure to include mathematicians – even if you agree with Plato, who said, 'I have never met a mathematician capable of reasoning'. Any system analysis worth its salt must have several appendixes full of equations, and this is where mathematicians come in handy. If the mathematicians cannot put all the information into equations, they will recommend war gaming it, in which case you will have more and more people working for you.

Don't forget a physicist. Physics is a very proper and popular science. Physicists also know about equations. Some of them know equations the mathematicians don't know, so you are providing yourself with added protection. You will find a physicist indispensable when you have conferences, for it is typical of their breed that they will debate vigorously on any subject.

To this essential cadre, you may add consultants on almost any subject – psychologists, engineers, and others. Just be sure that you get a well-rounded group. Add more people as the study progresses."

Man sollte einmal protokollieren, was beispielsweise Physiker – in offizieller Sitzung oder am Stammtisch – von Soziologen halten, was Soziologen über Ingenieure meinen, wie Ingenieure über Ökonomen denken, was Ökonomen über Mathematiker sagen, wie sich Mathematiker über Mediziner äußern und was Mediziner von Physikern vermuten. Im Vergleich dazu klingt Lynns ironischer Text ausgesprochen versöhnlich.

Vierte Handreichung

Aristoteles & Co.: Das Ganze ist mehr als die Summe seiner Teile*

Dies ist ein Plädoyer für ein ganzheitliches Systemverständnis, das an die Lehren von Platon und vor allem Aristoteles sowie anderen Griechen anknüpft und von vielen Generationen von Philosophen, Natur- und Sozialwissenschaftlern weiterentwickelt und um Anwendungsbezüge bereichert wurde.

Teile-Ganzes-Hierarchien

Für die griechischen Klassiker war das Verhältnis eines *Ganzen* zu seinen *Teilen* ein zentrales Thema, so für Platon (427 bis 347 v. Chr.) und seinen Schüler Aristoteles (384 bis 322 v. Chr.). Nach langer Stille um dieses Thema erhielt die Teile-Ganzes-Betrachtung vor allem durch die *Gestaltpsychologie* von Christian von Ehrenfels (1859 bis 1932) eine neue, umfassende Aufmerksamkeit. Das heute vielfach propagierte ganzheitliche (holistische) *Systemdenken* knüpft direkt an ihn an.

Im wesentlichen geht es darum, daß ein Ganzes gewöhnlich Eigenschaften hat, die nicht in seinen Teilen zu finden sind:

---

* *aus: technologie & management, 37. Jg., 1988, Heft 3, S. 51-53*

- Ein Buch ist mehr als die Summe seiner Kapitel. Ein Kapitel ist mehr als die Summe seiner Sätze. Ein Satz ist mehr als die Summe seiner Wörter. Ein Wort ist mehr als die Summe seiner Buchstaben. Entsprechendes gilt für die Strukturhierarchie von Kunstwerken der Musik, endend mit der einzelnen Note, und von Werken der bildenden Kunst, endend mit dem einzelnen Pinselstrich.
- Eine Marmorstatue ist mehr als die Summe ihrer Kristalle, ein Kristall mehr als die Summe seiner Moleküle, ein Molekül mehr als die Summe seiner Atome.
- Ein Baum ist mehr als die Summe von Wurzeln, Stamm, Ästen und Blättern, ein Blatt mehr als die Summe seiner Zellen, eine Zelle mehr als die Summe ihrer Zellbausteine.

Auf jeder Zerlegungsebene gehen Eigenschaften des Gesamten verloren, bzw. andersherum: Auf jeder Vereinigungsebene kommen neue Eigenschaften hinzu. *Das Ganze ist mehr als die Summe seiner Teile*. Die Eigenschaften des Ganzen sind *„übersummativ"* (von Ehrenfels).

Die Teile-Ganzes-Betrachtung ist eine Denkweise, mit der sich praktisch alles in dieser Welt durchdeklinieren läßt. Das gilt

- für die *unbelebte Natur,* etwa die Physik, und zwar von der Elementarteilephysik über viele Stufen bis zur Astrophysik (vgl. Werner Heisenberg: Der Teil und das Ganze),
- für die *belebte Natur,* etwa die Botanik, und zwar von den Zellstrukturen über zahlreiche Zwischenebenen bis zu Florasystemen,

- für Produkte der *Technik,* etwa ein Auto, das mehr ist als die Summe seiner Schrauben, Wellen, Kolben, Reifen, Fensterscheiben etc.,
- für *Sozialsysteme,* etwa aus der Sicht der Psychologie, der Soziologie und der Wirtschaftswissenschaften, und zwar vom einzelnen Menschen aus über viele Organisationsgefüge bis zur Menschheit als Ganzem.

Das sei jedem bekannt, und jeder würde von Natur aus in Teile-Ganzes-Hierarchien denken, mag man einwenden. Was sei daran bedeutungsvoll und erwähnenswert?

Einseitiges Denken

Die Erfahrung zeigt das Gegenteil: Häufig scheint sich das Denken an *Teilen* anstatt am *Ganzen* zu orientieren.

- Der Ingenieur denkt in technischen, der Ökonom in wirtschaftlichen, der Gesellschaftswissenschaftler in soziologischen Kategorien etc. Wie viele von ihnen üben sich im überdisziplinären Verstehen dieser Welt?
- Der eine Lehrer unterrichtet Mathematik, der andere Deutsch, der dritte Fremdsprachen, der vierte Geschichte, der fünfte Physik. Welcher Lehrer hat dabei die gesamte Entwicklung der Schüler als Persönlichkeiten vor Augen?
- Der Buchhalter sieht die Unternehmung durch die Bilanz. Für den Finanzchef sind nur die Geldströme und ihre Sedimente von Interesse. Für den Verkäufer zählen nur die Umsatzerfolge. Der Betriebsleiter konzentriert sein

Denken auf den Produktionsprozeß. Inwieweit verbindet sie ein holistisches Verständnis von der Unternehmung?

Eindrucksvoll sind Unternehmungs-Planspiele mit Praktikern: Der Finanzpraktiker legt sein Finanzdenken nicht ab, der Vertriebspraktiker nicht sein Vertriebsdenken, der Betriebsleiter nicht sein Produktionsdenken und der Buchhalter nicht seine durch Bilanzstrukturen geprägten Kognitionen. Erst nach zahlreichen Spielrunden entwickelt sich ansatzweise ein ganzheitliches Verständnis der im Planspiel abgebildeten Unternehmung.

Holismus als didaktisches Prinzip

Das Verständnis des Ganzen und die Sicht des Teils vor dem Hintergrund des Ganzen lassen sich trainieren und sind das Ergebnis von Ausbildung und Übung. Es überrascht, welche geringe Bedeutung der ganzheitlichen Sicht in Lehrbüchern unterschiedlicher Fachgebiete zugemessen zu werden scheint.

- Gibt es im Universitätsbetrieb eingesetzte Lehrbücher für Studenten des Maschinenbaus, in denen diesen ihr künftiger Wirtschaftszweig sowohl aus *technischer* als auch aus *volks-* und *betriebswirtschaftlicher* sowie aus *gesellschaftlicher* Sicht im Zusammenhang vorgestellt wird?
- Gibt es für Studenten der Informatik zusammenfassende Darstellungen der rund fünfzig Jahre *technischen Fortschritts* der Rechentechnik, der durch sie bewirkten Prozesse *wirtschaftlicher Entwicklung* und der sie begleitenden Abläufe *gesellschaftlichen Wandels?*

- Gibt es in der Betriebswirtschaftslehre Lehrbücher, in denen die Sicht der Details, etwa der Funktionsbereiche, konsequent vor dem Hintergrund der *Gesamtunternehmung* vermittelt wird?

Wenn sich die Ausbildungsgänge nicht an Gesamtsichten orientieren, besteht kein Anlaß zur Verwunderung darüber, daß auch später viele Diskussionen durch Einzelsichten geprägt sind, es aber an umfassenden Gesamtsichten gebricht.

In „Physikalische Vorlesung“ von Aristoteles heißt es gleich im ersten Absatz: *„Der natürliche Weg führt von dem uns Bekannteren und vor Augen Liegenden zu dem, was seinem Wesen nach klarer ist und größeren Erkenntniswert hat. Deshalb muß man den Schüler in der Weise leiten, daß man von dem sachlich noch ungeklärten, uns aber verständlichen ausgeht, und endet bei den der Natur der Sache nach klaren und für die Erkenntnis entscheidenden Dingen. ... Mithin muß man vom Gesamteindruck zum einzelnen fortschreiten, da nach der Wahrnehmung das Ganze leichter erkennbar ist und der Gesamteindruck ein Ganzes ist, das ja viele Teile in sich befaßt.“* Aristoteles erhebt es zum didaktischen Prinzip, stets (und über viele Hierarchiestufen der Sachzusammenhänge hinweg) immer wieder vom Ganzen auszugehen.

Wer keine Vorstellung von der arbeitsteiligen *Welt*wirtschaft hat, wird das Funktionieren einer in sie eingebundenen *Volks*wirtschaft nicht verstehen. Wer keine Vorstellung vom *volks*wirtschaftlichen Zusammenspiel von Unternehmungen, privaten Haushalten und öffentlichen Haushalten hat, wird die Aufgabe und die Aktivitäten einer *Unternehmung* nicht verstehen. Wer keine Vorstellung von der Aufgaben- und Funktions*vielfalt* einer Unternehmung hat, wird den Sinn der einzelnen Funktionsbereiche und ihre Einbettung in die Gesamtaufgabe der Unternehmung nicht erfassen etc.

Der wichtigste Teil

Mit der Systemsicht relativiert sich auch die Frage, welcher Teil eines Ganzen der wichtigste sei.

- Natürlich wird der Finanzchef das *Finanzwesen,* der Buchhalter das *Rechnungswesen,* der Vertriebsmann den *Absatz* und der Betriebsleiter die *Fertigung* für die wichtigste Funktion einer Unternehmung halten.
- Es entspricht auch dem Selbstverständnis von Hochschullehrern, wenn der Mathematiker die *Mathematik,* der Physiker die *Physik,* der Ingenieur die *Technik,* der Ökonom die *Wirtschaftswissenschaften,* der Soziologe die *Gesellschaftswissenschaften* etc. als das eigentlich bedeutsame Fach der Universität ansieht. Jeder wird dafür gute Gründe haben, und daraus schöpft jeder einzelne Hochschullehrer auch seine Motivation.

Aber wird die Frage nach dem wichtigsten Teil des Ganzen nicht müßig, sobald man das Ganze als übergeordnete Einheit begreift? Ist der Magen das wichtigste Organ des Menschen? Oder das Herz, die Lunge, die Leber, die Nieren? Oder sind die Sinnesorgane nicht noch wichtiger? Und welche Bedeutung haben die Gliedmaßen? Nein, keines davon hat eine generelle Priorität vor den anderen, sondern ist in seiner Bedeutung nur relativ zum Ganzen, zum Körper, zu bewerten. Dazu Aristoteles: *„Denn das Ganze (der ganze Körper) ist notwendig früher als der Teil; wird nämlich das Ganze aufgehoben, so besteht auch Fuß oder Hand nicht mehr, außer dem bloßen Namen nach, wie man auch die Hand aus Stein eine Hand nennen könnte . . .“* (Kranz, S. 251).

Für jeden einzelnen mag jeweils derjenige Teil des Körpers temporär zum wichtigsten werden, mit dem er Probleme hat, einmal der *Magen*, ein anderes Mal die *Ohren*, ein drittes Mal die *Hand.*

Ähnlich ist es auch mit den Funktionsbereichen der Unternehmung. Liegen die Hauptschwierigkeiten wie unmittelbar nach dem Zweiten Weltkrieg in der *Beschaffung,* so bindet dieser Funktionsbereich die besten Kräfte. Treten dagegen die Engpässe wie in den 60er Jahren im *Personalwesen* auf, so konzentriert sich die Aufmerksamkeit der Führung dort. Hat dagegen der *Vertrieb* mit den stärksten Hindernissen zu kämpfen, verstärken sich hier die Anstrengungen. Entsprechendes gilt für die *Produktion,* die *Finanzierung* etc. Durch die ganzheitliche Gesamtsicht relativiert sich die Bedeutung eines jeden Teils.

Die Schwächung auch nur eines Teils strahlt auf das Ganze aus und schwächt auch die anderen Teile. Dazu heißt es im ersten Brief des Paulus an die Korinther unter der Überschrift „Viele Glieder – ein Leib“ (12): *„Denn auch der Leib ist nicht ein Glied, sondern viele“* (14). *„Sondern vielmehr die Glieder des Leibes, die uns dünken die* *schwächsten zu sein, sind die nötigsten"* (22). *„Und wenn ein Glied leidet, so leiden alle Glieder mit"* (26).

Berühmt ist auch die Legende des Römischen Konsuls Menenius Agrippa: Als sich 494 v. Chr. die Plebejer weigerten, weiter für die Patrizier zu arbeiten, und sich außerhalb Roms auf dem Mons Sacre versammelten, soll der Konsul sie aufgesucht und ihnen eine altägyptische Fabel erzählt haben. In ihr stritten sich die Körperteile über die Wichtigkeit der einzelnen Organe und Glieder, was schließlich den ganzen Körper gefährdete. Nach der Legende überzeugte der Konsul so die Plebejer von der notwendigen Zusammenarbeit der Körperteile, und sie kehrten nach Rom zurück.

Von der griechischen Klassik bis zu Kant

Das Nachdenken über das Zusammenspiel von Teilen in einem Ganzen zieht sich durch viele große Werke der Philosophie (vgl. u.a.: Stichwort „Ganzes/Teil" in: Historisches Wörterbuch der Philosophie, Band 3, hrsg. von J. Ritter, Sp. 3-24, ferner Sp. 540-552 und 1167-1168). Dabei geht es teilweise um die *Natur* und die *Schöpfung*, teilweise um von Menschen geschaffene *Technik*, teilweise um von Menschen gestaltete Formen des *sozialen Zusammenlebens*.

Schon vor Platon findet man bei dem Philosophen Parmenides (um 540 bis 480 v. Chr.), einem Gegenspieler von Heraklit (Erste Handreichung), den Begriff des Ganzen.

Platon betrachtet in seinem „Timaios" den unaufhörlichen Ablauf des Werdens und Vergehens der Natur. So fügte der „Bildner" das Weltgebäude aus den vier Elementen *Feuer, Wasser, Luft* und *Erde* so zusammen, *„daß es als organisches Wesen zu einem möglichst vollkommenen Ganzen durch sein Bestehen aus möglichst vollkommenen Teilen werde, . . ."* und er erbaute *„diese Welt als ein einziges Ganzes, welches selbst wieder aus lauter Ganzen besteht"*.

In seiner Staatslehre (Der Staat – „Politeia") ging es Platon dagegen um die Gestaltung von Gesellschaftsstrukturen. Hier spielte die Orientierung am „Wohl des *Ganzen*" eine entscheidende Rolle.

Bei Aristoteles tritt dann vor allem die tragende Idee hervor, daß das *Ganze* mehr sei als die *Summe* seiner Teile, also eigene Eigenschaften aufweise, die in den Teilen nicht zu finden seien. Er betont darüber hinaus wiederholt, daß Teile nur aus dem Ganzen heraus überhaupt existieren wie die o.g. Hand eines Menschen.

Auch Lao-Tse (6. Jahrhundert v. Chr.), der Begründer des Taoismus, soll schon gesagt haben: *„Die Summe der Teile ist nicht das Ganze"* (vgl. Stichwort „Ganzheit" bei Ritter, Band 3, Sp. 20).

Nach Aristoteles wurde es in der europäischen Philosophie stiller um die Teile-Ganzes-Betrachtung. Doch findet man bei Augustinus (354 bis 430), bei Thomas von Aquin (1225 bis 1274) und anderen Scholastikern noch grundlegende Betrachtungen zum Ganzheitsgedanken.

In der großen Zeit der europäischen Philosophie des 17. und 18. Jahrhunderts wird dem Verhältnis des Ganzen zu seinen Teilen nur wenig Bedeutung zugemessen; höchstens geht es um formale, logische Aspekte, etwa bei Descartes (1596 bis 1650), Hobbes (1588 bis 1679), Pascal (1623 bis 1662), Spinoza (1632 bis 1677), Leibniz (1646 bis 1716) und Wolff (1679 bis 1754) (vgl. Stichwort „Ganzes/Teil" bei Ritter, Band 3, Sp. 3-24).

Erst bei Kant (1724 bis 1804) beginnt das *Ganze* als Zusammensetzung aus *Teilen* wieder an Bedeutung zu gewinnen. Er unterscheidet dabei zwischen der *Anschauung* (im Sinne von *Vorstellung*) und der *Wahrnehmung* (im Sinne von *bewußter Empfindung*) von Erscheinungen. Bei Vorgängen der Anschauung geht bei ihm die Vorstellung der Teile der Vorstellung des Ganzen voraus. Bei Wahrnehmungsprozessen sei es umgekehrt: Zunächst werde das Ganze wahrgenommen, dann erst seine Teile (Kant: Kritik der reinen Vernunft, B202-B218).

Von der Gestaltlehre zum Systemdenken

Ein neuer Durchbruch der Ganzheitslehre kam aber erst durch von Ehrenfels (1859 bis 1932) und seine *Gestaltpsychologie.* Durch seinen Begriff der *Übersummativität* brachte er zum Ausdruck, daß das Ganze Eigenschaften habe, die sich nicht durch Addition der Eigenschaften der Teile ergäben. Ferner zeigt er, daß die Teile eines Ganzen durch ihre Integration in das Ganze sich in ihren Eigenschaften verändern und einzelne Eigenschaften hinzugewinnen oder verlieren können.

Teilweise unter Bezug auf von Ehrenfels ergoß sich schließlich eine neue Welle des Ganzheitsdenkens über alle Wissenschaften, geprägt durch den *„Systemansatz"*, der vor allem in den letzten zwanzig Jahren bedeutungsvoll geworden ist.

Allein in dem Begriff *System* kommt schon das Teile-Ganzes-Verständnis zum Vorschein: Die Teile wirken im Systemverbund des Ganzen zusammen. Maschinen werden als *technische Systeme* verstanden, Software-Pakete als *Informationssysteme*, die Unternehmung als *„produktives soziales System"* (so das bekannte Buch von Hans Ulrich), Gemeinschaften von Menschen als *Sozialsysteme* etc.

Ganzheitliches Systemverständnis

Der Systembegriff wurde ein Modewort und hat durch seine inflationäre Verwendung an Prägnanz verloren: Systemanalyse, -ansatz, -forschung, -Management, -modell, -theorie, -wissenschaft, Systems engineering etc. haben die Begriffsinflation angeheizt. Das Ganzheitsdenken und die tragende Strukturidee der Teile-Ganzes-Hierarchien gingen dabei teilweise verloren. Die Ideen von Platon, Aristoteles, Kant, von Ehrenfels etc. sind viel reichhaltiger, als es in den meisten heutigen Systembegriffen zum Ausdruck kommt. Hier liegen Reserven, die zum allgemeinen Vorteil genutzt werden können. Dazu bieten sich u. a. die folgenden vier Ebenen an:

Systemdenken als kognitives Schema:

Bewußtes Verstehen der Realität als ganzheitliche Systeme, die aus Teilen bestehen, aber mehr sind als deren Summe. Beispiele:

- Der volkswirtschaftliche Verbund von *privaten Haushalten, Unternehmungen* und *öffentlichen Haushalten.*
- Die Unternehmung als Wirkungsgesamt von Funktionsbereichen.
- Kulturelle Entwicklung im Zusammenspiel von *technischem Fortschritt, wirtschaftlichem Wachstum* und *gesellschaftlichem Wandel:* interdisziplinäre Sicht.
- Auf- und Abstieg von Gesellschaftseinheiten im kontinuierlichen Wechselspiel von technisch-wirtschaftlich-sozialen Gestaltungsideen, Forschung und Entwicklung, Realisation und Anpassung.

Systemdarstellung als didaktisches Prinzip:

Präsentation (mündlich und schriftlich) der Realität in Teile-Ganzes-Hierarchien, beginnend – nach Aristoteles – am Ganzen. Beispiele:

- Lehrbücher und Unterrichtsmaterial.
- Vorlesungen und Vorträge.
- Gebrauchs- und Bedienungsanleitungen.

Systemgestaltung als Konstruktionsmethode:

Entwurf von technischen, ökonomischen und sozialen Systemen aus holistischem Verständnis heraus, das Ganze und seine Teile umfassend. Beispiele:

- Entwurf von Bauwerken und Gestaltung von Maschinen.

- Entwurf von elektronischen Schaltkreisen.
- Entwicklung von Datenbanken und Informationssystemen.
- Organisationsgestaltung von Unternehmungen.

Systemsicht als Führungskonzept:

Bewußtsein, daß die Gesamtleistung einer Unternehmung mehr ist als die Summe der Einzelleistungen ihrer Mitglieder, und Konsequenzen daraus. Beispiele:

- Aufbau einer *Corporate identity.*
- Entwicklung von komprehensiven Informationssystemen.
- Personalführung auf der Basis eines umfassenden Menschenbildes.
- Anerkennung der Individualität eines jeden, verbunden mit der Einbindung eines jeden in die Unternehmung.

Literatur zur Vertiefung

Lieber Leser: Von und über Aristoteles gibt es Literatur in großer Reichhaltigkeit. Empfehlenswert ist der übliche Weg, zunächst Sekundärliteratur über ihn zu lesen und erst dann zur Primärliteratur, zu seinen eigenen Werken, fortzuschreiten.

Eine Vertiefung von kurzen zu umfassenderen Darstellungen führt bei den Wörterbüchern von Schischkoff über *Der Kleine Pauly* zu Mittelstraß (Band 1, S. 167-180), bei den systematisierenden Übersichten von Weischedel (S. 50 59), Gfeller (S. 69-78), Störig (S. 174-189), Schilling (S. 149-161), Russell (S. 173-217) zu Graeser (Röd: Band II, S. 192-265).

Zitiert wurde aus der Gohlke-Ausgabe *Physikalische Vorlesung* des Aristoteles.

Ergänzende Einblicke in die Ganzes-Teil-Problematik liefern zahlreiche Stichwörter weiterer, vor allem der ausführlicheren philosophischen Wörterbücher, so „Ganzes/Teil“, „Ganzheit“, „Ganzheitsmethode“, „Ganzheitspsychologie“ und „Ganzqualitäten“, ferner „Gestalt“, „Gestaltpsychologie“, „Gestaltqualität“ und „Gestalttheorie“ sowie „Holismus“ bei Ritter (Band 3, Sp. 3-24, 540-552 und 1167-1168), „Gestalt“, „Gestalttheorie“ und „Holismus“ bei Mittelstraß (Band 1, S. 765-766, und Band 2, S. 123-124), ferner „ganz“ bei Mauthner (Erster Band, S. 359-362), sodann auch die Begriffe „Ganze“, „Ganzheitspsychologie“, „Gestalt“, „Gestaltpsychologie“, „Holismus“ und „System“ bei Hoffmeister.

Aristoteles ist der Großpate einer längst nicht mehr übersehbaren Fülle an moderner Fachliteratur zum ganzheitlichen Verstehen und Gestalten. Beispielhaft sei die *Anleitung zum ganzheitlichen Denken und Handeln* von Ulrich und Probst herausgegriffen.

Fünfte Handreichung

Immanuel Kant: Drei Arten des Handelns*

Von Kant stammt die Unterscheidung zwischen *technischem*, *pragmatischem* und *ethischem* Handeln, einem Schema, mit dem sich Studiengänge ebenso wie praktisches Führungsverhalten bewerten lassen.

Geschickt, klug und weise

Von Führungskräften wird erwartet, daß sie ihre Unternehmung als Ganzes und in ihren Teilen *geschickt, klug* und *weise* gestalten und lenken. Dazu benötigen sie *Fachwissen, Führungsfähigkeit* und *Verantwortungsbewußtsein.* Diese drei Anforderungen fließen ineinander und bilden in jeder Führungskraft eine untrennbare *Einheit.* Dennoch lassen sie sich in Forschung und Lehre als Untersuchungsgebiete eigener Faszination *getrennt* behandeln.

Die Dreiteilung geht auf Immanuel Kant (1724 bis 1804) zurück. Er führte die Unterscheidung zwischen drei Grundformen menschlichen Handelns ein, *technischem* Handeln, *pragmatischem* Handeln und *ethischem* Handeln. Diese Dreiteilung tritt an vielen Stellen seines Werkes hervor. Norbert Hinske hat in seinem Buch *„Kant als Herausfor-*

* *aus: technologie & management, 36. Jg., 1987, Heft 4, S. 60-61*

derung an die Gegenwart" Kants Dreiteilung eindrucksvoll aufgearbeitet.

- *Technisches* Handeln bezieht sich bei Kant stets auf *materielle Objekte:* Sachen und Maschinen. Heute würden wir das erweitern um: Kapital, Energie und Information etc. Technisches Handeln erfordert in Kants Terminologie *Geschicklichkeit.*
- *Pragmatisches* Handeln betrifft bei Kant immer die *Menschen* als Individuen und das Zusammenwirken zwischen ihnen. Es benötigt *Klugheit.*
- *Ethisches* Handeln zielt bei Kant auf *Sittlichkeit*, auf moralische Werte. Es bedarf der *Weisheit.*

Auf die Anforderungen an betriebliche Führungskräfte übertragen bedeutet das: Sie benötigen

- *Fachwissen,* um *technisch* geschickt,
- *Führungsfähigkeit,* um *pragmatisch* klug, und
- *Verantwortungsbewußtsein,* um *ethisch* weise handeln zu können.

An allen drei Anforderungen sollte sich jede Universitätsausbildung orientieren, die auf Führungsaufgaben vorbereitet. Die Studiengänge wären dazu fachlich aufzubauen aus

- den Wissenschaften,
- der Führungslehre und
- der Ethik.

Wissenschaften, ...

In der Vermittlung der Wissenschaften liegt bei den meisten heutigen Studiengängen der Schwerpunkt, sei es Physik oder Chemie, Maschinenbau oder Elektrotechnik, BWL oder VWL, Recht, Medizin, Soziologie oder Psychologie. Das läßt sich nicht nur durch die Stoffülle *rechtfertigen,* sondern auch durch die Macht der Gewohnheit *begründen.* Einer, der durch das Studium einer Wissenschaft auf *technisches* Handeln vorbereitet ist, hat *Geschicklichkeit* in der Handhabung von Kapital, Materie, Energie, Information etc. erworben.

Reicht das aus?

... Führungslehre ...

Der Umgang mit Menschen als Individuen erfordert eine andere Qualität als die Handhabung von Kapital, Materie, Energie und Information. Alle Menschen unterliegen nach Kant ihrer eigenen *„Absicht auf Glückseligkeit"*, also ihren individuellen Zielen, Wünschen, Hoffnungen, Neigungen. Jeder hat sein individuelles Wertesystem und seine persönliche Eigenart des Verhaltens. Man muß mit anderen Menschen auskommen und will auf sie wirken, sie begeistern und motivieren, sie herausfordern oder besänftigen, sie antreiben oder bremsen, sie zu Aktionen veranlassen oder zu deren Unterlassung. Es ist nach Kant die Aufgabe der *„Lehre der Klugheit, Menschen zu meinen Absichten zu gebrauchen. Z.E. ein Uhrmacher, der das letzte nicht kann,* *grob, aber sonst im Technischen geschickt ist, kann wenig Erwerb haben. Menschen und Maschinen zu regieren, dazu gehört eine sehr verschiedene Art der Kunst*" (vgl. Hinske, S. 90).

Führungskräfte in der Unternehmung müssen Mitarbeiter lenken, Kunden überzeugen, mit Lieferanten zusammenarbeiten, Kapitalgeber aktivieren, sich mit Wettbewerbern arrangieren, mit den Mitbestimmungsorganen ein Vertrauensverhältnis aufbauen.

Wo lernt man das dazu nötige *kluge* Umgehen mit Menschen? In der Schule? In der Universität? In der Unternehmung? Sicherlich überall ein bißchen in Form des *Learning by doing*, schon im Kindergarten und vorher. Aber reicht das aus? Für Verkäufer – jeglicher Provenienz – gibt es spezielle Programme der Verkäuferschulung. Für Führungskräfte werden zahlreiche Programme im Führungstraining angeboten; die meisten Teilnehmer sind schon über 30 Jahre alt.

Sollte es nicht aber auch an den Schulen und Hochschulen trainiert werden, wie man klug mit anderen Menschen umgeht: mit den Eltern, mit dem Ehepartner, mit den Kindern, mit Freunden, mit Konkurrenten, mit Höhergestellten, mit Niedrigergestellten, mit Kranken und Behinderten, auch mit Starrköpfigen, Angebern, Wichtigtuern sowie mit Schüchternen, Schweigsamen, Stillen?

Vorlesungen und Lehrbücher der Psychologie und Soziologie allein bringen den Erfolg nicht. Training ist erforderlich.

... und Ethik

Die Wissenschaften vermitteln uns das Fachwissen, um technisch geschickt zu handeln, die Führungslehre die Befähigung, Menschen pragmatisch klug zu führen. Weder die Wissenschaften noch die Führungslehre vermitteln das für ethisch weises Handeln erforderliche Verantwortungsbewußtsein. Hier setzt die Aufgabe der Ethik ein.

- Es macht einen Unterschied, ob man technisch perfekte Chemikalien entwickelt, die Menschen vor Krankheiten schützen, oder solche, die in gleicher Perfektion der Vernichtung von Menschen dienen.
- Es macht auch einen Unterschied, ob man eine technisch perfekte Planung anstellt zur Sicherung gegen Einbrüche und Überfälle oder zur Durchführung eines Einbruchs oder Überfalls.
- Es macht auch einen Unterschied, ob man jemanden zum Kauf eines Produktes bewegt, das dem Käufer von Nutzen ist, oder ob man ihn zu etwas überredet, das für ihn wertlos ist.

Verantwortung ist nicht eine Frage des Fachwissens, auch kein Aspekt der Führungsfähigkeit, sondern hat eine höhere Qualität. Es geht nicht um die geschickte Nutzung von Sachen oder die kluge Beeinflussung von Menschen, sondern um die Frage, was sittlich vertretbar, moralisch anständig, ethisch vorbildlich ist.

Dieses Bewußtsein zu schaffen, sollte eine explizite Aufgabe für Schulen und Universitäten sein. Nur selten findet man allerdings die Ethik in deutschen Lehrplänen und

Studiengängen. Das ist in den USA anders. Dort hat die Ethik schon seit Anfang der achtziger Jahre Einzug in die meisten Studiengänge des *Business Administration* gehalten.

Ethik ist ein Fach der Bewußtseinsbildung. Die Vermittlung von Wissensstoff allein reicht nicht aus. Vielmehr ist eine Ausbildung in Ethik vor allem eine Anleitung zu sittlicher Reflexion.

Zielkonflikte

Schwierige Entscheidungssituationen sind fast immer ethisch komplex. In ihnen gibt es nicht die eindeutig gute und die eindeutig schlechte Lösung. Vielmehr ist der Nutzen bzw. Schaden verschiedener betroffener Gruppen gegeneinander abzuwägen:

Aus der Sicht des Unternehmers:

- Soll ich den Minister eines fremden Landes gemäß dortiger Praxis bestechen (vorsichtig ausgedrückt: durch „nützliche Abgaben" beeinflussen) für einen Auftrag, der in meiner Unternehmung Arbeitsplätze sichert?
- Soll ich die Produktion ökologisch fragwürdiger Güter einstellen und dadurch die Existenz der Unternehmung gefährden?
- Soll ich durch eine scharfe Wettbewerbspolitik die Arbeitsplätze in meiner Unternehmung sichern, gleichzeitig aber die Arbeitsplätze bei Wettbewerbern gefährden?
- Wie stark darf ich einen Lieferanten unter Preisdruck setzen?

Oder aus der Sicht des Betriebsrates:

- Wie bringe ich die Loyalitätsbindungen gegenüber der Unternehmung und gegenüber den Gewerkschaften miteinander in Einklang?
- Wie stark soll ich mich für einen arbeitsscheuen Arbeitnehmer gegenüber der Unternehmungsleitung und gegenüber den Leistungsträgern unter den Kollegen einsetzen?

Derartige Zielkonflikte sind charakteristisch für die Ebene des *ethischen* Handelns. Es gibt zumeist keine einfachen Antworten, keine Patentlösungen.

Daher sollte die Bewußtseinsbildung für solche Zielkonflikte früh entwickelt werden. Verantwortungsbewußtes, d.h. *ethisch* weises Handeln bedeutet Abwägen der Wirkungen auf *alle* Betroffenen.

Hierarchie der Imperative

Kant weist den drei Grundformen menschlichen Handelns einander übergeordnete Imperative zu. Technisches und pragmatisches Handeln unterliegen nach ihm einem *hypothetischen* Imperativ, ethisches Handeln dagegen dem *kategorischen* Imperativ.

Der *hypothetische* Imperativ orientiert sich an einem vorgegebenen Ziel, einem Zweck, einer Absicht. Wenn ein Ziel vorgegeben ist, so wird es bestmöglich zu erreichen versucht. Kant: *„Der hypothetische Imperativ sagt also nur, daß die Handlung zu irgend einer möglichen oder wirklichen Absicht gut sei“* (vgl. Hinske, S. 111).

Das vorgegebene Ziel wird akzeptiert und bildet den Bewertungsmaßstab für das *technisch* geschickte und das *pragmatisch* kluge Handeln.

Dem steht der *kategorische* Imperativ gegenüber, dem das ethische Handeln unterliegt. In der wohl bekanntesten Kantischen Formulierung lautet er: *„Handle so, daß die Maxime deines Willens jederzeit zugleich als Prinzip einer allgemeinen Gesetzgebung gelten könne"* (Kant: *Kritik der praktischen Vernunft*, S. 54). Der kategorische Imperativ stellt viel höhere Anforderungen an den Handelnden als der hypothetische Imperativ, denn er läßt ihn allein bei der Suche vertretbarer werthafter Normen. Kant: *„Wenn . . . die Handlung bloß wozu anderes, als Mittel, gut sein würde, so ist der Imperativ hypothetisch; wird sie als an sich gut vorgestellt, mithin als notwendig in einem an sich der Vernunft gemäßen Willen, als Prinzip derselben, so ist er kategorisch"* (vgl. Hinske, S. 111).

In der Praxis fließen kategorischer Imperativ und hypothetische Imperative ineinander. Einerseits sollten beim Setzen von Zielen als moralischen Werten die Folgen auf der Ebene des technischen und pragmatischen Handelns mitbedacht werden. Andererseits macht das Befolgen solcher Ziele auf der Ebene des technischen und pragmatischen Handelns die Reflexion über die Sittlichkeit der Ziele nicht überflüssig. Kein Mensch sollte versuchen, sich aus der Verantwortung zu stehlen und sich auf die Rolle des technisch geschickten und pragmatisch klugen *Befehlsempfängers* zurückziehen. Bei jedem bleibt ein Teil an Verantwortung dafür, daß sein Handeln auch *ethisch* weise ist, also dem kategorischen Imperativ genügt.

Universitätsausbildung – eine, zwei oder drei Dimensionen?

An den Universitäten wird die Weiche gestellt, welchen Qualifikationsanforderungen die künftigen Führungspersonen entsprechen werden.

- Sicher benötigen wir *geschickte* Ingenieure, Kaufleute, Politiker etc., die ihr Handwerk verstehen. Um *technisch* geschickt handeln zu können, benötigen sie Fachwissen. Also besteht Bedarf an Ausbildung in den *Wissenschaften.*
- Sollten die Führungspersonen nicht aber auch *klug* sein, klug im Sinne von Kants *pragmatischem* Handeln? Sie sollten mit Menschen vernünftig zusammenwirken können und müssen dazu Menschen verstehen. Daraus entsteht ein Bedarf an einer *Führungslehre* und an einem Training in ihrer Anwendung.
- Sollten Führungskräfte nicht auch *Weisheit* besitzen, um in Kants Terminologie *moralisch* anständig zu handeln? Sollten wir ihnen an den Universitäten daher nicht auch Verantwortungsbewußtsein zu vermitteln versuchen? Das ist die Domäne der *Ethik.*

Literatur zur Vertiefung

Lieber Leser: Zur Vertiefung der Kantischen Dreiteilung empfehle ich Ihnen ganz besonders die Aufbereitung dieses Themas durch Hinske: *Kant als Herausforderung an die Gegenwart* (S. 86-132), eine auch an den philosophischen Anfänger und Laien gerichtete Sammlung von fünf Beiträgen. Hinske hat aus Kants umfangreichem Werk alle wesentlichen Stellen gesammelt, in denen die Dreiteilung von technischem, pragmatischem und ethischem Handeln betont wurde. Im Hintergrund von Hinskes Arbeit steht eine eindrucksvolle Investition: Das Gesamtwerk Kants und anderer Philosophen der Aufklärung wurde in der Arbeitsgruppe von Hinske, Professor an der Universität Trier, auf elektronische Datenträger übernommen, die man nach Stichwörtern eigener Wahl elektronisch durchsuchen kann – eine überzeugende Nutzung moderner Informations- und Kommunikationstechnik für die Geisteswissenschaften.

Die Lektüre von Hinske erst führte mich auf den Gedanken, die Betriebswirtschaftslehre und auch andere Fächer in dieser Dreiteilung zu verstehen und zu lehren. Den Gedanken habe ich in etwa acht Aufsätzen in Deutsch und Englisch weiter vertieft, u.a. in *Die Betriebswirtschaftslehre als Wissenschaft, Führungskunst und Führungsethik*, in *Ethik ökonomischen Verhaltens* und in *Zur Ethik ökonomischen Handelns*. Erst später fiel mir eine Textstelle bei Wöhe (S. 105-107) auf, der schon früher auf die Möglichkeit einer solchen Dreiteilung hingewiesen hatte, sich selbst wiederum auf eine Dissertation von Esslinger (S. 75-84) beziehend.

Mit der Dreiteilung in technisches, pragmatisches und ethisches Handeln ist nur ein ganz kleiner Aspekt aus dem umfassenden Werk von Immanuel Kant angesprochen. Weitere – ebenfalls nur auf Teile seines Werkes bezogene – Aspekte enthalten die Neunte und Zehnte Handreichung.

Kants aus den *Drei Kritiken* bestehendes Hauptwerk ist im Original überaus schwer zu lesen, die *Kritik der reinen Vernunft* von 1787 (in der zweiten, veränderten Auflage), die *Kritik der praktischen Vernunft* von 1788 und die *Kritik der Urteilskraft* von 1790.

Dringend sei daher empfohlen, sich den Weg zu Kant über die Sekundärliteratur zu bahnen, beginnend mit Wörterbüchern und Enzyklopädien: von Schischkoff bis zu Mittelstraß (Band 2, S. 167-180), auch unter dem Stichwort „Kritizismus" (Band 2, S. 500-501). Ähnlich wie den Werken Platons (Dritte Handreichung) und des Aristoteles (Vierte Handreichung) ist in allen systematisierenden Übersichten dem Werk Kants ein umfangreicher Platz gewidmet, so bei Weischedel (S. 177-187), bei Gfeller (S. 158-166), bei Russell (S. 675-690), bei Schilling (S. 341-348), bei Störig (S. 384-432). Nützlich ist auch das von Schmid zusammengestellte *Wörterbuch* der von Kant verwendeten Begriffe.

Themenbereich C

Sich mit der Welt im Einklang fühlen

Vorgedanken zur Sechsten bis Achten Handreichung

Manche Menschen befinden sich im *Streit*, in *Zwietracht*, im *Gegensatz* zum Rest der Welt – andere empfinden sich in einer *Harmonie* zu ihr, im *Einklang*, in *Übereinstimmung* zu ihrer Umgebung. Es ist die *persönliche Entscheidung* eines jeden, die eine oder andere Position einzunehmen, Dissens oder Konsens zu wählen, Konflikt oder Harmonie zu suchen, Gegensatz oder Übereinstimmung dominant werden zu lassen.

In drei Handreichungen geht es um das Thema Harmonie:

- Hermann Hesse: Die Einheit hinter den Gegensätzen
- Yin und Yang: Polarität statt Widerstreit?
- Harmonie – Vom griechischen Mythos zur Quelle aktueller Leistungskraft

Zwischen den drei Handreichungen bestehen zahlreiche Parallelen. Wie es auch die Stoiker (Elfte Handreichung) immer wieder betonen, kommt es entscheidend auf unsere eigene Einstellung, auf unseren eigenen Willen, auf unsere *eigene Entscheidung* an, ob wir uns in Übereinstimmung mit einem System fühlen oder im Konflikt mit ihm. Je nach unserer Entscheidung werden wir *mit* dem System und *für* das System tätig sein oder *gegen* das System.

Hermann Hesse: Die Einheit hinter den Gegensätzen

Hermann Hesse, von vielen Jugendgenerationen verehrt, von *abendländischem* und *asiatischem* Geist inspiriert, selbst ständig schwankend zwischen Übereinstimmung mit und Gegensatz zu seiner Welt, hat unvergängliche Brücken geschlagen zwischen den Weltkulturen. In der Reihe der *Suhrkamp-Lesebücher* ist ein Büchlein mit Hesse-Gedanken zum Thema „Die Einheit hinter den Gegensätzen" zusammengestellt worden. Die Gedanken sind so mitreißend, so tief und zugleich klar, so überzeugend, daß es jedem schwerfallen wird, sich nach der Lektüre von Hesse in rationaler Überzeugung *gegen* die Welt zu stellen (Sechste Handreichung).

Hesse predigt keinen unkritischen Optimismus, keine *„Our world is the greatest"-Ideologie*, auch nicht die simplifizierte Hoffnung, daß sich in dieser Welt alles von selbst zum besten wenden werde. Gleichwohl strömt aus ihm die Überzeugung, daß man als Mitglied dieser Welt sich mit ihr identifizieren könne, daß das Leben in dieser Welt trotz ihrer Mängel lebenswert sei, daß man diese Welt als sein Zuhause *annehmen* solle.

Diese kritisch-positive, distanziert-optimistische und zugleich leidenschaftlich-frohsinnige Einstellung kann viel Kraft zur Bewältigung der zahlreichen Gestaltungsaufgaben vermitteln, die man in seinem beruflichen und privaten Leben zu übernehmen hat.

Der *Hessesche Manager* (vgl. dazu den Epilog) wäre der Manager mit *Charisma durch Weltorientierung.* Gleichzeitig stünde er dem *Heraklitischen Manager* (Erste Handreichung) in seiner Orientierung an dem Kräftepotential zwischen den Gegensätzen nahe. In seiner Selbstbestimmung über die Harmonie gegenüber seiner Umgebung wäre er zudem eng verwandt mit dem *Stoischen Manager* (Elfte Handreichung).

Yin und Yang: Polarität statt Widerstreit?

Die Einheit hinter den Gegensätzen von Hermann Hesse steht in einem engen Bezug zur *Yin-Yang*-Polarität der asiatischen Harmoniekulturen. Gegensätze wie gut und böse, schön und häßlich, naß und trocken, hell und dunkel, männlich und weiblich, aktiv und passiv werden nicht als die *äußersten Enden* auf einer Skala empfunden, sondern als *miteinander verbundene Kräfte,* die sich – wie in dem Symbol von *Yin* und *Yang* – gegenseitig umfassen, umkreisen und umspielen. Aus Extremen werden Pole, aus Feinden Wettbewerber, aus Widersachern Partner (Siebte Handreichung).

Wieder kommt es auf die *persönliche Einstellung* an, die man selbst steuert:

- Soll ich einen Gegner zu besiegen versuchen, oder soll ich ihn in ein Partnerschaftsverhältnis führen?
- Soll ich meine *Untergebenen*, die vermeintlichen *Nichtsnutze*, stauchen, oder soll ich meine *Mitarbeiter*, das Potential *gemeinsamer Leistung*, zu einer höchstmöglichen Wirksamkeit führen?
- Soll ich mich meinen Vorgesetzten, den *Schindern*, verweigern, oder soll ich ihnen, meinen *Förderern* und *Vorbildern*, meine Leistung darbieten?

Die Harmonie der *Yin-Yang*-Kultur zielt auf den jeweils zweiten Weg.

Der *Yin-Yang-Manager* (vgl. dazu den Epilog) sucht die Leistung aus der *Kraft der Polarität* und steht damit dem *Heraklitischen Manager* (Erste Handreichung) nahe, auch dem *Hesseschen Manager* (Sechste Handreichung).

Harmonie – Vom griechischen Mythos zur Quelle aktueller Leistungskraft

Harmonie wird oft als Führungsprinzip *Asiens* gepriesen. Doch geht nicht nur der Name auf die *griechische* Mythologie zurück, sondern es haben sich auch viele *abendländische Philosophen*, insbesondere auch die des alten Griechenlands, mit der Harmonie als gestaltender Kraft befaßt (Achte Handreichung). In der Neuzeit hat vor allem Leibniz das Harmoniedenken neu belebt.

Gleichwohl stößt die Harmonie als Führungskonzept bei uns auf vielfältigen Widerstand, und seit den siebziger Jahren hat die Konfliktbegeisterung vielfach die Idee der Harmonie unter sich begraben.

Gehört es nicht gedanklich zusammen und bedarf einer gemeinsamen Betrachtung: Harmonie ist das Forum für das Wechselspiel von Eintracht und Konflikt. *Harmonie* hält ein Sozialsystem zusammen, *Konflikte* sind die Antriebe für die Weiterentwicklung des Sozialsystems, und *Eintracht* ermöglicht das gemeinsame Arbeiten an der Weiterentwicklung.

Der *Harmonie-Manager* (vgl. dazu den Epilog) ist der elegante Führer eines Sozialsystems, der alles passend zusammenfügt. Für ihn sind Funktionalität und Schönheit keine Gegensätze; für ihn stehen technischer Fortschritt, wirtschaftliches Wachstum und gesellschaftlicher Wandel nicht isoliert nebeneinander, sondern bilden einen gemeinsam zu gestaltenden Wirkungsverbund; er findet Wege zur produktiven Kooperation von streitenden Gruppen. Unter seinem Einfluß und unter seiner Leitung funktioniert alles wie von selbst, reibungsarm, energiesparend. Vor allem verschwendet er keine mentale Energie zum Antrieb von sich reibenden Dingen, die auch reibungsarm funktionieren *könnten*, sondern konzentriert seine Energie auf eine solche dauerhafte Gestaltung, bei der die Dinge auch reibungsarm *funktionieren*. Er hilft nicht, ein mit Sand gefülltes Getriebe zu drehen, sondern er beseitigt den Sand. Er steht dem *Stoischen Manager* (Elfte Handreichung) nahe. Er versucht die Umsetzung der Leibnizschen Idee der *prästabilierten Harmonie* auf alle technischen, sozio-technischen und sozialen Systeme.

Sechste Handreichung

Hermann Hesse: Die Einheit hinter den Gegensätzen*

„*In einem guten Parlament brauchen der konservative und der Oppositionsmann bei allem aktuellen Streit nie zu vergessen, daß sie beide einem Ziel dienen und, wenn auch kämpfende Brüder, doch eben Brüder sind*" (S. 17).

Hermann Hesse (2.7.1877 bis 9.8.1962) ist in seinem umfangreichen literarischen Werk immer wieder auf die Polarität von Gegensatzpaaren und ihre Auflösung zu einer Einheit zu sprechen gekommen. Bei Suhrkamp wurden zahlreiche dieser Textstellen in dem Lesebuch „Die Einheit hinter den Gegensätzen" (1986) zusammengestellt. Es fasziniert und reißt den Leser mit.

Der Gedanke der verbindenden Einheit kommt bei Hesse in vielfältiger Formulierung zum Ausdruck: „*Ich glaube an nichts in der Welt so tief, keine andere Vorstellung ist mir so heilig wie die der Einheit, die Vorstellung, daß das Ganze der Welt eine göttliche Einheit ist und daß alles Leiden, alles Böse nur darin besteht, daß wir einzelne uns nicht mehr als unlösbare Teile des Ganzen empfinden, daß das Ich sich zu wichtig nimmt*" (S. 7).

---

* *aus: technologie & management, 36. Jg., 1987, Heft 2, S. 50-51*

Das Ich und die Welt

Empfindet man sich selbst als Teil, als Glied einer umfassenden, größeren Einheit, so wird man sich mit dem Ganzen identifizieren, sich ihm hingeben, sich von ihm mitreißen lassen und es im Mitströmen auch mitgestalten.

Oder soll man sich als selbstbewußtes, von sich selbst überzeugtes und sich im Zentrum der Welt fühlendes Ich über alles andere stellen? Aber da stehen ja schon die anderen Ichs! Hesse: *„Ach, und nun stand ich wieder einmal so völlig außerhalb der Einheit, war ein vereinzeltes, leidendes, hassendes, feindliches Ich. Auch andre waren das, gewiß, ich stand damit nicht allein, es gab eine Menge von Menschen, deren ganzes Leben ein Kampf, ein kriegerisches Sichbehaupten des Ich gegen die Umwelt war, welchen der Gedanke der Einheit, der Liebe, der Harmonie unbekannt war und fremd, töricht und schwächlich erschienen wäre, ja, die ganze praktische Durchschnittsreligion des modernen Menschen bestand in einem Verherrlichen des Ich und seines Kampfes"* (S. 7/8).

Es ist eine Frage des eigenen Wollens, der Selbstbeeinflussung, der eigenen Vernunft, ob man sich dem Ganzen einfügt und damit auch Einfluß auf es hat, oder ob man sich gegen das Ganze stellt. Hesse: *„Die Einheit, die ich hinter der Vielheit verehre, ist keine langweilige, keine graue, gedankliche, theoretische Einheit. Sie ist ja das Leben selbst, voll Spiel, voll Schmerz, voll Gelächter. ... Du kannst jederzeit in sie eintreten, sie gehört dir in jedem Augenblick, wo du keine Zeit, keinen Raum, kein Wissen,* *kein Nichtwissen kennst, wo du aus der Konvention austrittst, wo du in Liebe und Hingabe allen Göttern, allen Menschen, allen Welten, allen Zeitaltern angehörst"* (S. 8).

Im Strom wirtschaftlichen Geschehens

Führe ich ein Unternehmen, so kann ich es an zweierlei Einstellungen anhängen:

- *Entweder:* Mein Unternehmen soll im unaufhörlichen Strom des wirtschaftlichen Geschehens den richtigen Platz einnehmen. Es soll allen dienen, den Kunden *(denn sonst würden sie bei mir nichts kaufen),* den Lieferanten *(denn sonst würden sie mich nicht beliefern),* den Mitarbeitern *(denn sonst würden sie dem Unternehmen nicht ihre Leistungskraft zur Verfügung stellen),* den Geldgebern *(denn sonst würden sie kein Kapital verfügbar machen),* dem Staat *(denn sonst würde er mir den Betrieb des Unternehmens nicht erlauben).* Ich passe das Unternehmen geschickt in den mächtigen Wirtschaftsstrom ein und versuche, es in ihm nach eigenen Zielen zu steuern.
- *Oder:* Mein Unternehmen steht im Wettbewerbskampf. Die Kunden, die Lieferanten, die Mitarbeiter, die Banken, der Staat wollen mich alle ausbeuten, und die Wettbewerber wollen mich vernichten. Dagegen muß ich mich wehren. Daher kämpfe ich gegen sie alle.

Beide Einstellungen sind möglich. Sind es nur Worte? Haben sie überhaupt Auswirkungen auf das praktische Handeln? Darüber läßt sich streiten. Es spricht einiges dafür, daß die Auswirkungen der Weltanschauung eines jeden seine geistigen und gefühlsmäßigen Beziehungen zum Unternehmen, zur Volkswirtschaft, zur Gesellschaft, zur Welt sein praktisches Handeln prägen. Und macht die Einstellung der Mitglieder eines Unternehmens als Gesamtheit nicht die Unternehmenskultur aus? Und ist die Unternehmenskultur nicht das Fundament für sein Funktionieren?

Als Leiter der Finanzabteilung – für oder gegen das Ganze. *Entweder:* „Wir bemühen uns um eine reibungslose Finanzierung aller Unternehmensvorgänge, um dem Unternehmen als Ganzem optimal zu dienen.“ *Oder:* „Die Finanzierung ist die wichtigste Funktion der Unternehmung, und wir werden den anderen Funktionsbereichen immer wieder zeigen, daß ohne das Finanzwesen nichts vorankommt.“

Beide Einstellungen lassen sich durchdeklinieren durch alle Funktionsbereiche, den Absatz, die Produktion, die Beschaffung, das Personalwesen, das Rechnungswesen, die Datenverarbeitung, Forschung und Entwicklung. Es macht einen Unterschied, ob man den eigenen Bereich *im Dienste des Ganzen* sieht oder ihn *zum Zentrum der Macht* hochstilisieren will.

Auch als Hochschullehrer – für oder gegen das Ganze. *Entweder:* „Ich will mein Bestes geben, um gemeinsam mit meinen Kollegen und gemeinsam mit dem Lernwillen der Studenten diese zu den leistungsfähigsten Führungskräften auszubilden, damit diese wiederum der Gemeinschaft bestmöglich dienen können.“ *Oder:* „Studenten und Kollegen, auch der Staat als mein Arbeitgeber, sind allesamt undankbar. Warum soll ich mir für sie Mühe geben? Ich gehe dem nach, was mir Freude macht und mir Reputation verschafft, und das ist weder Lehre noch akademische Selbstverwaltung."

Auch diese Einstellungen lassen sich durchdeklinieren durch alle Politiker, Beamte, Führungskräfte, Facharbeiter, Angestellte, Lehrer, Gewerkschaftler, Journalisten, Schauspieler etc.

Westliche und östliche Weisheit

Hesse hat in seinem Werk, vor allem in dem jüngeren Teil, Denkweisen des Fernen Ostens aufgenommen, aus dem Buddhismus Indiens, aus dem Zen-Buddhismus und aus dem Taoismus. In seinem Alterswerk „Das Glasperlenspiel" versucht er, die östliche und westliche Welt zu einer Einheit zusammenzufügen.

Hesse sah auch die Einheit hinter den Gegensätzen der Weltreligionen: *„Der Inder sagt Atman, der Chinese sagt Tao, der Christ sagt Gnade"* (S. 179). Dennoch sind sie verschieden, und Hesse will aus ihnen keinen Einheitsbrei herstellen: *„Daraus soll niemand schließen, Christentum und Taoismus, platonische Philosophie und Buddhismus seien nun zu vereinigen, oder es würde aus einem Zusammengießen aller durch Zeiten, Rassen, Klima, Geschichte getrennten Gedankenwelten sich eine Idealphilosophie ergeben. Der Christ sei Christ, der Chinese sei Chinese, und jeder wehre sich für seine Art, zu sein und zu denken. . . . Die Erkenntnis meiner Determiniertheit macht mich ja auch nicht frei! Wohl aber macht sie mich bescheiden, macht mich duldsam, macht mich gütig; denn sie nötigt mich, die*

Determiniertheit jedes anderen Wesens ebenfalls zu ahnen, zu achten und gelten zu lassen" (S. 14/15).

Gäbe es keine politische Opposition, bräuchte man keine Regierung zu wählen. Gäbe es keine Wettbewerber, bräuchte man sich in einem Unternehmen nicht anzustrengen. Hätte es den kommunistischen Ostblock nicht gegeben, so wäre der fortgesetzte Beweiszwang des Westens entfallen, daß die freiheitlich-demokratische Ordnung die leistungsfähigere und die humanere sei.

Darin besteht die Schwierigkeit: Für die eigene Überzeugung einzutreten, gleichzeitig die gegenteilige Überzeugung gelten zu lassen. Liegen darin nicht die Quelle einer funktionierenden Demokratie, die Wurzel guter Führung, der Ausgangspunkt der überlegenen Leistungskraft? Es erfordert tiefe Einsicht und langes Training. Hesse: *„Daß Gut und Böse, Schön und Häßlich und alle Gegensatzpaare in eine Einheit auflösbar sind, das ist eine esoterische, geheime, den Eingeweihten zugängliche (und auch ihnen oft wieder entgleitende) Wahrheit, aber nicht eine exoterische, allen verständliche und bekömmliche"* (S. 16).

Was der Regierung als gut erscheint, mag die Opposition als böse empfinden und umgekehrt. Was die Arbeitgeberverbände für richtig halten, mag den Gewerkschaften als falsch erscheinen und umgekehrt. Für den gegenseitigen Umgang miteinander ist es dabei wichtig, zwischen dem Menschen und seiner Meinung zu differenzieren. Seine Meinung mag man ablehnen, aber man sollte die Ablehnung nicht auf den anderen Menschen übertragen.

Dasselbe gilt auch gegenüber Mitarbeitern. Wenn ihre Arbeitsergebnisse nicht den Erwartungen entsprechen, dann soll man ihnen deutlich sagen, daß sie schlecht gearbeitet haben, aber nicht ihre Person als Ganze herabwürdigen. Darauf legen beispielsweise auch Blanchard und Johnson in ihrem Buch „Der Minuten-Manager" bei ihrer „1-Minuten-Kritik" wert. Es wird die Sache beanstandet, nicht die Person.

Höhere Ziele

Für die eigene Überzeugung einzutreten, gleichzeitig die gegenteilige Überzeugung gelten zu lassen, bedeutet nichts anders, als für eine Sache, eine Problemlösung, ein Ziel – auch gegen Widerstände – zu wirken, aber gleichzeitig diejenigen, von denen die Widerstände kommen, als Menschen anzuerkennen.

Wenn man gegenteilige Überzeugungen nicht gelten läßt, wenn man Menschen mit anderer Meinung nicht anerkennt, nicht akzeptiert, dann läuft man Gefahr, seine Aufgabe im Kampf gegen die anderen zu sehen. Jede Demokratieveranstaltung würde dadurch ad absurdum geführt werden. Regierung und Opposition würden den Kampf gegeneinander als Selbstzweck sehen. Die Arbeitnehmerseite und die Kapitalseite in einem mitbestimmten Aufsichtsrat würden ihre Aufgabe zu einem Kampf gegeneinander degenerieren lassen. Professoren und Studenten würden einander als „natürliche Feinde" verstehen, wie es der Darmstädter ASTA einmal schrieb.

Wenn man dagegen den Meinungsgegner als Menschen anerkennt, dann wird man sich schnell an höheren Zielen orientieren können. Für die Regierung und die Opposition ginge es um die Suche bester Lösungen für die wahrgenommenen Probleme. Für beide Teile eines mitbestimmten Aufsichtsrats ginge es um die bestmögliche Stärkung des Unternehmens. Für Professoren und Studenten ginge es um die Bestgestaltung von Forschung und Lehre. Die Kontrahenten würden sich durch gemeinsame höhere Ziele verbunden fühlen, selbst wenn sie bezüglich der besten Wege ganz unterschiedlicher Auffassung wären.

Jeder ist frei in der Einstellung zu den Meinungsgegnern. Die Konzentration auf Gegnerschaft bindet die produktiven Kräfte und führt zu grotesker Ineffizienz des Ganzen. Die gemeinsame Orientierung an höheren Zielen macht dagegen die Kräfte frei, dem Ganzen bestmöglich zu dienen.

Literatur zur Vertiefung

Lieber Leser: Hermann Hesse wird nicht in die Reihe der Philosophen gezählt, sondern gewöhnlich in die Klasse der großen deutschen Schriftsteller eingeordnet. Er hat auch keine eigene philosophische Lehre geschaffen, wohl aber Verbindungen hergestellt zwischen Religionen, Weltauffassungen und philosophischen Lehren.

Zum Verständnis von Hesse bedarf es keiner Sekundärliteratur. Man sollte ihn selbst lesen. Das Lesebuch *Die Einheit hinter den Gegensätzen*, aus dem hier zitiert wurde, ist eine themenbezogene Zusammenstellung aus seinem Gesamtwerk:

Die Begeisterung Hesses für das Zusammenführen gegensätzlicher Sichten überträgt sich in faszinierender Eindringlichkeit auf den Leser. Dieses Lesebuch vermittelt aber nur einen Vorgeschmack von Hesses Romanen und Erzählungen wie *Der Steppenwolf, Das Glasperlenspiel, Narziß und Goldmund, Demian* sowie *Siddhartha*.

Insoweit Hesse die Polarität, das Denken in *Yin und Yang* anspricht, sei auf die Literaturempfehlungen der Siebten Handreichung verwiesen; dort werden weitere Gedanken von Hesse aus *Die Einheit hinter den Gegensätzen* zitiert.

Siebte Handreichung

Yin und Yang: Polarität statt Widerstreit?*

Im Anschluß und im Kontrast zu den Philosophie-Splittern des Abendlandes sei ein Splitter der östlichen Philosophien vorgestellt: Yin und Yang. Mit Hermann Hesse wurde in der Sechsten Handreichung der Boden für das Yin-Yang-Denken bereits vorbereitet.

Stehen die östlichen Philosophien im Gegensatz zu den westlichen oder sind beide vereinbar, gibt es Brücken, bilden sie gemeinsam ein großes Ideengebäude? Die Antwort hängt ab von der Einstellung. Es gibt zahlreiche Parallelen, unterbrochen durch vielfältige Gegensätze, sodann auch wieder Nischen und Lücken, in denen sie sich gegenseitig ergänzen könnten. Die Lehre des Yin und Yang ist in gewisser Übereinstimmung mit einigen westlichen Lehren, gleichzeitig aber im Gegensatz zu anderen, sodann aber auch Ergänzung und Bereicherung. Eine Fülle an Büchern ist in den letzten Jahrzehnten in der westlichen Welt über Yin und Yang erschienen.

Polarität als Wurzel der Harmonie

Das Paar des Yin und Yang bildet eine frühe Basis der chinesischen Philosophie. Es nimmt schon im *Buch der*

* *aus: technologie & management, 38. Jg., 1989, Heft 2, S. 32-35*

Wandlungen, dem *I Ching,* dem möglicherweise ältesten erhaltenen philosophischen Werk der Welt, eine zentrale Position ein.

Yin und Yang wirken als zwei gegenläufige Prinzipien. Yang wirkt als das *männliche,* das *aktive* Prinzip, Yin als das *weibliche*, das *passive* Prinzip. Yang ist *fest*, Yin ist *weich*; Yang ist *stark*, Yin ist *schwach*; Yang ist *hell*, Yin ist *dunkel*; Yang ist *Tag*, Yin ist *Nacht*; Yang ist *Himmel*, Yin ist *Erde*; Yang ist *Energie*, Yin ist *Materie*; Yang ist *geistig*, Yin ist *stofflich* etc.

Sind das widerstreitende Dinge, Gegensätze, Feinde? Wollen sie einander sogar vernichten? Nein, genau das Gegenteil! Sie stehen im chinesischen Denken in einer *Polarität* zueinander. Sie brauchen einander, sie bedingen einander, sie ergänzen einander, sie reiben sich aneinander, sie wirken aufeinander ein, sie kreisen umeinander, sie formen einander, sie gehen ineinander über. Sie stehen zueinander wie die Pole eines Magneten, wie Anode und Kathode, wie die Seiten einer Münze, wie links und rechts, vorn und hinten, oben und unten. Diese Paare sind durch Gleichgewicht, durch polare Anziehung, durch Kräfte der Harmonie untereinander verbunden.

Die innere Einstellung

Ein Verständnis von solcher Polarität hängt von der *inneren Einstellung* ab, von der persönlichen *Kooperationskultur*, von der individuellen mentalen Einordnung in das Ganze:

Für die einen sind die *Unterschiede* zwischen männlich und weiblich, zwischen fest und weich, zwischen stark und schwach, zwischen hell und dunkel, zwischen Tag und Nacht, zwischen Himmel und Erde, zwischen Energie und Materie etc. fundamental. Sie sind jeweils die beiden extremen Enden auf einer Skala; beide Enden sind voneinander unendlich weit entfernt. Zwischen ihnen gibt es keine Nähe, keine Zusammengehörigkeit, kein Anpassen aneinander. Das ist in gewisser Weise charakteristisch für viele *westliche* Denkweisen. Die Zentri*fugal*kräfte zwischen den widerstreitenden Enden eines jeden Paares überwiegen.

Symbol des Yin und Yang, Sinnbild chinesischen Polaritätsdenkens, Metapher der Einheit hinter den Gegensätzen. Nur beides zusammen bildet das Ganze (eines Kreises). Jedes füllt die Lücke des anderen. Jedes formt das andere. Jedes verdrängt das andere und weicht ihm gleichzeitig aus (unter der Vorstellung der Rotation). Sie umschlingen sich – wie Liebende, wie balgende Buben oder wie kämpfende Ringer. Jedes lebt im anderen und wächst in ihm. Keines kann ohne das andere bestehen.

Ganz anders die Yin-und-Yang-Sicht. Hier wirken starke Zentri*petal*kräfte. Beides gehört zusammen und bildet erst *gemeinsam* ein Ganzes. Das wird in dem Yin-Yang-Symbol deutlich, in dem Yin und Yang einen Kreis bilden und das eine die Lücken des anderen füllt. Das eine ist ohne das andere nicht denkbar, und nur zusammen bilden sie eine sinnvolle Einheit, Yin und Yang, männlich und weiblich, fest und weich, stark und schwach, hell und dunkel, Tag und Nacht, Himmel und Erde, Energie und Materie. Alan Watts schreibt dazu: *„Letzten Endes ist es nie so, daß das eine über das andere den Sieg davonträgt, denn sie sind eher wie zwei Liebende, die sich balgen, als wie Feinde, die miteinander kämpfen"* (S. 49).

Gut ohne böse?

Hinter der Polarität von Yin und Yang steckt eine einfache Erklärung: Man kann das eine gar nicht denken ohne das andere. Die menschliche Sprache wird für das eine gar keine Begriffe haben, wenn es das andere nicht auch gäbe. Wenn es nicht *dunkel* gäbe, hätten wir keinen Begriff für *hell*. Wenn es keine *Nacht* gäbe, könnten wir *Tag* nicht denken. So ist es auch mit *gut* und *böse*. Gäbe es keine Verhaltensweisen, die wir als moralisch minderwertig, als gegen die Idee des Weltganzen gerichtet, als *böse* empfänden, gäbe es auch keine Vorstellung von *guten* Taten, von *guten* Menschen. Ähnlich ist es auf der Ebene der Ästhetik mit *schön* und *häßlich*.

Um das *Gute* zu erkennen, braucht man eine Vorstellung vom *Bösen*. Das bedeutet natürlich nicht, daß man das Böse fördern oder gar Anleitungen zum Bösen geben müsse. Ganz im Gegenteil, doch muß man das Böse als existent akzeptieren, gerade auch, wenn man nach dem Guten strebt und das Böse bekämpft.

Man kann auch *Schönes* nur entwickeln, wenn man eine Vorstellung vom *Häßlichen* hat. Das betrifft die gestaltende Kunst, die Musik, die Literatur, die Baukunst (mit abschrekkenden Beispielen in Fülle), die Wohnungseinrichtung, die Kleidung, auch die Gestaltung technischer Gegenstände wie Autos, PCs, Telefone.

West und Ost

Das alles sei jedem bewußt, mag man einwenden. Nein, es besteht vielmehr ein fundamentaler Unterschied zwischen westlichem *Differenzierungs*denken und östlichem *Polaritäts*denken.

Im westlichen *Differenzierungs*denken liegen eben die Gegensätze weit voneinander entfernt. Sie liegen im Widerstreit, im erbitterten Gegeneinander.

Im östlichen *Polaritäts*denken stehen die vermeintlichen Gegensätze in enger Partnerschaft zueinander. Alan Watts schreibt dazu: *„Das yin-yang-Prinzip ist daher nicht ein gewöhnlicher Dualismus, sondern eine explizite Zweiheit, die eine implizite Einheit zum Ausdruck bringt"* (S. 52).

In den westlichen Denktraditionen werden die Dinge eher *getrennt*, in den östlichen eher miteinander *verbunden*. Das westliche Denken ist eher *analytisch-zerlegend*, das östliche eher *holistisch-einend*. Letzteres kommt durch die *Polarität* von Yin und Yang deutlich zum Ausdruck.

☯ Die Vereinigung von Yin und Yang

Yang wird häufig als die *männliche* Energie, Yin als die *weibliche* Energie bezeichnet. Doch wird in der Yin-Yang-Lehre immer wieder betont, daß Männer nicht nur von der Yang- und Frauen nicht nur von der Yin-Energie beherrscht werden. Vielmehr ist in allen Menschen beides vereint vorhanden. Wird das nicht auch durch die Ergebnisse der medizinischen Forschung bestätigt? Männer und Frauen werden beide durch männliche und weibliche Hormone gesteuert, jedoch in unterschiedlicher Zusammensetzung. Jeder Mensch ist eine Mischung von *Stärke* und *Schwäche*, von *Festigkeit* und *Weichheit*, von *Verstand* und *Gefühl*, von *Tatendrang* und *Besinnung*. Ist es nicht immer die Vereinigung von beidem, was den Menschen in seiner Individualität ausmacht? Dazu schreibt Hermann Hesse:

„Für mich ist erster Glaubenssatz die Einheit hinter und über den Gegensätzen. Natürlich leugne ich nicht die Möglichkeit, solche Schemata aufzustellen wie ‚aktiv' und ‚kontemplativ', und leugne nicht, daß es nützlich sein kann, die Menschen auf Grund solcher Typenlehren zu beurteilen. Es gibt Aktive und es gibt Kontemplative. Aber dahinter steht die Einheit, und wirklich lebendig und im günstigen Fall vorbildlich ist für mich nur der, der beide Gegensätze in sich hat. Ich habe nichts gegen den rastlosen Arbeiter und

Schaffer und habe auch nichts gegen den nabelbeschauenden Einsiedler, aber interessant oder gar vorbildlich kann ich beide nicht finden. Der Mensch, den ich suche und erwünsche, ist der, der sowohl der Gemeinschaft wie des Alleinseins, sowohl der Tat wie der Versenkung fähig ist" (S. 15).

Das ist kein Aufruf zu grauer, durchschnittlicher Einheitlichkeit, sondern eher eine Ermunterung, an der Vielfalt des Lebens teilzuhaben und sich selbst auf die Vielfalt einzurichten.

☯ Yin-Yang-Training

Die Lehre der Polarität von Yin und Yang läßt sich auch im Westen vielfältig nutzen und ist von zeitloser Aktualität. Man kann am Yin-Yang-Denken Selbstführung trainieren. Man kann damit eine Basis für das Einwirken auf andere Menschen schaffen. Schließlich bietet sich die Polarität von Yin und Yang als Mittler zum Verständnis aller vermeintlichen Gegensätze in dieser Welt an.

Jeder Mensch kann sich und das eigene Bild von seiner Umwelt wie ein Zusammenspiel von Yin und Yang auffassen: *Meine von mir empfundene Umwelt ist ein Spiegelbild von mir selbst. Mein Tun und Handeln ändern mein Bild von meiner Umwelt, und meine Wahrnehmung der Entwicklung meiner Umwelt verändert wiederum mich.* Bei dieser Einstellung lebt man in einer harmonischen Polarität zu seiner Umwelt und ist selbst Mitgestalter von beidem: Mit ruhiger Gelassenheit wird man ein Leben in dynamischem

Gleichgewicht mit seiner Umwelt führen. – Ein anderer mag sich dagegen in pausenlosem Streit mit seiner Umwelt sehen und ein Leben der allseitigen Konfrontation führen. Wer ist der Glücklichere?

In der Polarität zwischen einem jeden und der von ihm empfundenen Umwelt mag man eigene Stärken und eigene Schwächen erkennen, etwa solche, wie eben von Hesse angedeutet. *Ich erkenne meine Stärken und Schwächen in meiner als Spiegelbild empfundenen Umwelt. Ich befinde mich dabei in einem Zustand harmonischen Ausgleichs mit meiner Umwelt.* Man steht dabei in ausgeglichener Polarität zur Umwelt, nutzt seine Stärken, um seine Schwächen zu überwinden. – Man kann sich aber auch gegenteilig verhalten, sich selbst und sein eigenes Wesen zum Maß aller Dinge machen und sich in den Gegensatz zur Umwelt stellen. Mancher wird bald die Umwelt als hart und böse empfinden, ohne zu merken, daß diese nur sein Spiegelbild ist.

Das Verständnis der eigenen Position in der Yin-Yang-Polarität zu seiner Umwelt ist ein Schlüssel zur glücklichen Gelassenheit und ausgeglichenen Zufriedenheit: ein Weg zur Selbstführung, der eines intensiven mentalen Trainings bedarf.

Von der Selbstführung zur Führung anderer

Die Polarität des Yin und Yang läßt sich, wenn sie einmal zur Selbstführung internalisiert ist, bewußt und unbewußt für das Zusammenwirken mit anderen einsetzen. Man kann das Zusammenwirken mit anderen Menschen an dem Yin-

Yang-Symbol verständlich machen. So wie sich Yin und Yang in gegenseitiger Ergänzung *spiegeln*, so läßt sich das Zusammenwirken von zwei Menschen verstehen.

Wie Yin und Yang spiegelt man sich mit seinen Mitarbeitern und mit seinen Vorgesetzten. Was dem einen fehlt, mag der andere ausfüllen.

Auch die Verhandlungen zwischen Käufer und Verkäufer, zwischen Kreditgeber und Kreditnehmer, zwischen Unternehmung und Gewerkschaft können aus dem Yin-Yang-Verständnis heraus aufgebaut werden. Ohne Käufer gibt es keinen Verkäufer, ohne Kreditnehmer keinen Kreditgeber, ohne Unternehmung keine Gewerkschaft etc., und das eine bedingt immer das andere. Wenn man zum Spiegel des anderen wird, schlüpft man in dessen Position hinein und wird den anderen besser verstehen – nicht nur mit dem vordergründigen Zweck eines größeren Erfolges, sondern mit der tieferen Absicht einer größeren Menschlichkeit im Zusammenwirken.

Das läßt sich auch auf Sport und Spiel übertragen. Torwart und Stürmer spiegeln sich aneinander, und der eine ist nur gut, wenn er mental die Rolle des anderen einnehmen kann. Auch ein guter Schachspieler wird mental immer wieder in die Hülle seines Gegners schlüpfen.

Die Unbegrenztheit von Yin und Yang

Mit der Polarität von Yin und Yang läßt sich praktisch alles Geschehen in dieser Welt interpretieren. Yin und Yang sind in der Literatur schon durch unzählige Begriffspaare durchdekliniert worden. So soll der frühmittelalterliche konfuzianische Philosoph Tung Tschung-schu gesagt haben: *„Alle Dinge haben ihre Ergänzungen von Yin und Yang. Die zugrundeliegenden Prinzipien von Fürst und Diener, Vater und Sohn, Mann und Weib sind alle von Yang und Yin abgeleitet. Der Fürst ist Yang, und der Diener ist Yin. Der Vater ist Yang und der Sohn ist Yin. Der Gatte ist Yang und das Weib ist Yin"* (Störig, S. 111). Das läßt sich fortsetzen:

Sprechen ist Yang, und *Hören* ist Yin: Ohne ein Zusammenspiel zwischen beidem entsteht kein produktiver Austausch von Gedanken.

Schreiben ist Yang, und *Lesen* ist Yin: Um gut schreiben zu können, muß man das verständige Lesen gelernt haben und umgekehrt.

Die *menschliche Intelligenz* ist Yang, und die *Leistungsfähigkeit der Computer* ist Yin: Aus beidem zusammen lassen sich *Mensch-Maschine-Tandems* entwerfen (vgl. die Dreizehnte und Fünfzehnte Handreichung).

Die *Wissenschaften* sind Yang, und die *Kunst* ist Yin: Eine Welt ohne Kunst wäre grau; ohne Wissenschaften wäre sie chaotisch.

Ausbildung ist Yang, *Bildung* ist Yin: Ausbildung ohne Bildung ist *leer*, Bildung ohne Ausbildung ist *blind.*

Systematik ist Yang, und *Kreativität* ist Yin: Beide zusammen machen die Fähigkeit des Problemlösens aus (vgl. Themengruppe E mit der Zwölften bis Vierzehnten Handreichung).

Mathematik ist Yang, und *Sprache* ist Yin: Beide Medien formen die Mittel der Verständigung zu einer Einheit.

Natur- und Ingenieurwissenschaften sind Yang, *Sozial- und Geisteswissenschaften* sind Yin: Beide zusammen repräsentieren die Erhabenheit der Geistesprodukte der Menschheit.

Arbeit ist Yang, und *Kapital* ist Yin: Erst durch Zusammenwirken der beiden Produktionsfaktoren wird wirtschaftliche Leistung möglich.

Kontrolle ist Yang, und *Vertrauen* ist Yin: Kein Sozialsystem kommt ohne das eine oder ohne das andere aus. Ohne Vertrauen ist das System der Zerstörungsgefahr durch Motivationsverlust, ohne Kontrolle der Zerstörungsgefahr durch Mißbrauch ausgesetzt. Das steht im Gegensatz zu Lenin: „*Vertrauen ist gut, Kontrolle ist besser.*"

Planwirtschaft ist Yang, und *Marktwirtschaft* ist Yin: Planwirtschaft ohne Flexibilität der Märkte und wettbewerbliches Kräftemessen erstarrt in Untätigkeit aller; Marktwirtschaft ohne letztinstanzliche Zentralgewalt, ohne umfassende Ordnungspolitik, ohne Vorbeugung vor und Eingreifen bei Mißbrauch entartet in hemmungslose Bereicherung weniger (vgl. die Zweite Handreichung mit dem *Krieg aller gegen alle* nach Hobbes).

Wem die Polarität von Yin und Yang zum eigenen Weltbild wird, der mag das Prinzip der gegenseitigen Ergänzung und Durchdringung von Yin und Yang auf alles anwenden und in allem bestätigt sehen. Er baut sich damit eine Basis für ein umfassendes Harmonieverständnis von den Kräften, die die Welt bewegen.

Quellen des Yin und Yang

Die Prinzipien des Yin und Yang bilden einen grundlegenden Ausgangspunkt der *gesamten* chinesischen Philosophie. Selbst wenn der *Konfuzianismus* des Kung Tse und der *Taoismus* des Lao Tse als die beiden bekanntesten Wurzeln der chinesischen Philosophie in vielen Positionen einander *entgegen*gerichtet sind, ist die Lehre der Polarität von Yin und Yang in *beiden* tief verwurzelt.

Die Idee der Polarität ist jedoch nicht auf die chinesische Philosophie begrenzt. Erstaunlicherweise hat Heraklit (ca. 550 bis 480 v. Chr.) in Griechenland eine ähnliche Lehre vom Zusammenfließen der Gegensätze entwickelt (vgl. Erste Handreichung). Insofern besteht kein Unterschied zwischen *dieser* westlichen und der chinesischen Philosophie; jedoch ist diese Übereinstimmung eher eine Ausnahme, wenn auch kein Einzelfall.

Eine Auseinandersetzung mit chinesischer Philosophie fand im Abendland insbesondere mit Christian Wolff (1679 bis 1754), Diderot (1713 bis 1784), Voltaire (1694 bis 1778) und Goethe (1749 bis 1832) ihren Anfang (vgl. Störig, S. 118). Viele Schriftsteller und Philosophen des Westens haben seitdem Ideen der chinesischen Philosophie aufgegriffen; einer der feinsinnigsten von ihnen war Hermann Hesse (1877 bis 1962).

Literatur zur Vertiefung

Lieber Leser: Die Lehren der asiatischen Harmonie, auf Yin und Yang aufbauend, haben in der westlichen Welt in den letzten zwanzig Jahren eine besondere Aufmerksamkeit gefunden. Das westliche Ja-Nein-Denken, die scharfsinnige Analytik des Westens, oft als *Reduktionismus* gebrandmarkt, das *Typisieren und Klassifizieren*, das *Streben nach Begriffsschärfe* für unscharfe Dinge etc. wurden in Zweifel gezogen und haben vielerorts einer Begeisterung für die Ideen des *Taoismus* des Lao-Tse, des *Konfuzianismus*, des *Zen-Buddhismus* und des *Buddhismus* Platz gemacht. In den siebziger Jahren war das besonders deutlich sichtbar, und der Taoismus wurde zur Glaubensbasis der damaligen Blumenkinder, zu denen sich auch Alan Watts in *Der Lauf des Wassers* bekannte.

In zahlreichen Ausgaben und Sprachen ist in dieser Zeit das *Tao-Te King* (auch Ching oder Xing geschrieben) neu erschienen, das grundlegende Lehrbuch des Taoismus von Lao-Tse, häufig in kommentierter Form wie in *Die Weisheit des Laotse* von Lin Yutang und in der *Reise zum Tao* von Lash.

In anderen Büchern geht es im wesentlichen nur um Yin und Yang, etwa bei Colegrave, als das die chinesischen Philosophien vereinigende Band, welches schon im *I King* enthalten war, dem Buch der Wandlungen, dem wahrscheinlich ältesten philosophischen Werk der Welt.

Ein grundlegender Gegensatz zwischen West und Ost liegt in der Erkenntnisorientierung und *methodischen Systematik* der abendländischen Philosophie gegenüber der Harmonieorientierung und der *meditativen Versenkung* der asiatischen Philosophie. Einen faszinierenden Einblick in die uns fremde Versenkungspraxis der asiatischen Lebensweise vermittelt Herrigel in *Zen in der Kunst des Bogenschießens*.

Während einige philosophische Übersichtswerke wie die von Röd, Russell und Weischedel auf das Abendland beschränkt sind, beginnt Störig seine *Kleine Weltgeschichte der Philosophie* mit dem alten Indien (S. 33-84) und dem alten China (S. 85-118). Auch Gfeller (S. 16-50) führt in die asiatischen Lehren ein. Schilling (S. 35-97) gibt einen Überblick über deren Soziallehren.

Achte Handreichung

Harmonie – Vom griechischen Mythos zur Quelle aktueller Leistungskraft*

Ist Harmonie die Domäne Asiens, hat die asiatische Philosophie das Alleinvertretungsrecht für Harmonie gepachtet? Mit diesem Philosophie-Splitter soll eine wichtige Position aus Asien zurückgeholt werden: die Harmonie. Sie wird hier als Forum für ein Wechselspiel von Eintracht und Konflikt verstanden.

Das griechische Erbe

In dem Battelle-Bericht „Innovationsprozesse und Innovationspolitik in Japan" von 1983 hieß es apodiktisch: *„Die in Japan als Prinzip der Unternehmungsführung praktizierte Harmonie der Interessen ist in der Bundesrepublik weder einführbar noch nachvollziehbar.*" Warum nicht? W a r u m denn eigentlich nicht?

Sicher gibt es Unterschiede: *Asiatische Harmoniepraxis* ist mit *asiatischer* Philosophie und *asiatischen* Religionen, etwa dem Zen-Buddhismus, eng verstrickt. Dagegen hat die *abendländische Harmoniepraxis* ihre Wurzeln in der *westlichen* philosphischen und religiösen Kulturgeschichte. Asiatische Philosophie orientiert sich an dem *Zustand* der

---

* *aus: technologie & management, 39. Jg., 1990, Heft 2, S. 39-43*

Harmonie und arbeitet *meditativ*; die abendländische Philosophie ist dagegen auf *Erkenntnis* gerichtet und arbeitet *methodisch*. Entsprechend verschieden ist auch die Harmoniepraxis.

Die abendländische Harmoniepraxis hat ihren Ursprung in der Figur der *Harmonia* der griechischen Mythologie. Durch die Philosophen Empedokles (ca. 483 bis 424 v. Chr.) und vor allem Platon (427 bis 347 v. Chr.) entwickelte sich *Harmonia* zu einer allegorischen Gestalt des *gesamten Hellenismus*, die später teilweise als *allbeherrschende, welterhaltende Gottheit* gefürchtet und verehrt wurde.

Harmonie wurde gängiger Begriff und Leitbild. Die gesamte abendländische Geistesgeschichte von zweieinhalb Jahrtausenden ist von diesem Begriff und diesem Leitbild geprägt, bei den Griechen beginnend mit Pythagoras (ca. 580 bis 500 v. Chr.) und anderen Vorsokratikern über Platon bis zu den Stoikern, in der neueren Philosophie insbesondere durch Kepler, Leibniz, Goethe, ferner durch zahlreiche Sozialwissenschaftler des 19. und 20. Jahrhunderts.

Die Harmonie drang in alle vier großen Felder intellektueller Betätigung ein,

- in Mathematik, Naturwissenschaft und Technik,
- in Wirtschaft und Politik,
- in die Ethik und
- in die Ästhetik,

häufig in vielseitigem Verbund *zwischen* den Feldern und oft mit besonderer Orientierung am *Menschen* als dem in dieser Welt wirkenden Individuum.

Die prästabilierte Harmonie

Ein verfeinertes und umfassendes *Ideal* von Harmonie wurde vor rund 300 Jahren geschaffen: die *prästabilierte Harmonie* aus der *Monadenlehre* von Gottfried Wilhelm Leibniz (1646 bis 1716). Er bezeichnet damit den durch göttliche Weisheit bewirkten Gleichklang aller Dinge im All, insbesondere aber den Gleichklang von Seele und Körper. In seinem Aufsatz „Zur prästabilierten Harmonie" von 1696 verwendet er die Metapher von zwei Uhren und erläutert daran drei Möglichkeiten ihrer vollkommenen Übereinstimmung:

- Erstens könne die Übereinstimmung durch „physischen Einfluß" geschehen, etwa durch einen Verbund der Schwingungen.
- Zweitens könne „äußerer Beistand" die Übereinstimmung bewirken, nämlich ein „tüchtiger Handwerker", der fortgesetzt die beiden Uhren überwacht.
- Drittens nennt er die „prästabilierte Harmonie", nämlich den Weg, *„die beiden Uhren von Anfang an mit so großer Kunst und Geschicklichkeit anzufertigen, daß man in der Folge ihrer Übereinstimmung sicher sein kann"*. Auf den Gleichklang von Seele und Körper übertragen bedeutet die prästabilierte Harmonie, *„daß durch göttliche, vorausschauende Kunst von Anfang der Schöpfung an beide Substanzen in so vollkommener und geregelter Weise und mit so großer Genauigkeit gebildet worden sind, daß sie, indem sie nur ihren eignen, in ihrem Wesen liegenden Gesetzen folgen, doch wechselseitig mit einander in Ein-*

klang stehen: genau so, als ob zwischen ihnen ein gegenseitiger Einfluß bestände, oder als ob Gott stets noch neben seiner allgemeinen Mitwirkung im einzelnen Hand anlegte".

Konflikt statt Harmonie

Gleichwohl erfährt die *Harmonie* heute vielfach die Kälte überheblicher Verachtung. In einem FAZ-Leitartikel wurde von „Harmonieduselei" gesprochen, und es gibt Buchtitel wie „Harmonie verblödet!?" und „Das Ende der Harmonie" etc.

Die sechziger und vor allem die siebziger Jahre waren sogar von einer ausgesprochenen Harmoniegegnerschaft erfüllt, artikuliert in einer Konfliktbegeisterung, einem *„Conflict is beautiful"*-Verständnis, durchzogen von *„Null Bock auf Harmonie"* und von formalhöflichen Ablehnungen wie *„Harmonie: Nein danke!"*

Das ganze soziale Klima der siebziger Jahre war durch Kampf und Konflikt geprägt. Man fand Wandparolen wie: *„Wer sich nicht wehrt, lebt verkehrt!"* und *„Macht kaputt, was Euch kaputtmacht!"* Der damalige Bundeskanzler Willy Brandt stellte sich mit Anwürfen wie *„Arroganz der dicken Brieftaschen"* 1971 öffentlich gegen die Unternehmerschaft.

Damals wurde auch das neue Betriebsverfassungsgesetz von 1972 geschaffen. Olaf Radke, Vorstandsmitglied der IG Metall, verglich es mit dem Gesetz von 1952 unter ausdrücklichem Bezug auf Harmonie und Konflikt (Manager-

Magazin, April 1972, S. 98): *„Das BetrVG 1952 ging vom Zustand einer prästabilierten Harmonie aus: der Konflikt war danach Ausnahme. Wenn Konflikte auftraten, waren sie im Rahmen der vorgegebenen Harmonie zu lösen. Die Harmonie als solche durfte dabei grundsätzlich nicht in Frage gestellt werden."* Er hob sodann hervor, daß sich im Betrieb *„nicht nur konträre, sondern kontradiktorische Interessen"* gegenüberständen, und betonte: *„Das BetrVG 1972 akzeptiert vom Grunde her den Konflikt und den Interessengegensatz."* Die Idee der *Harmonie* sieht er nur in dem alten Gesetz von 1952 repräsentiert, wohingegen für ihn im Gesetz von 1972 der *Konflikt* als das Normale angesehen wird.

Dieses Denken ist in den Gewerkschaften nicht vom Tisch. So nahm Detlef Hensche, Stellvertretender Vorsitzender der IG Medien, nachdrücklich zu der Frage Stellung, warum er gegen *Partnerschaft* (zwischen Arbeitgebern und Arbeitnehmern) sei (FAZ-Magazin vom 17. November 1989, S. 118f.). Er hält *„Partnerschaft für einen ideologischen Begriff, der vernebelt"*. Auf die Frage nach der Rolle der Gewerkschaften in der Gesellschaft hebt er hervor: *„Das Verhältnis ist geprägt durch einen Interessengegensatz."* Im Anschluß an vier Beispiele ergänzt er: *„Das ist leider immer ein Interessengegensatz. Dieses Verhältnis kann so lange nicht partnerschaftlich sein, solange die eine Seite aus der Position der Unterlegenheit operieren muß."* Auf die Frage nach dem Gemeinwohl innerhalb dieses Konfliktspieles antwortet er: *„Wer soll das definieren? Ich mache mich nicht anheischig, es zu tun. ... Es ist typisch* *deutsch, illiberal und undemokratisch, Interessengegensätze entweder zu leugnen oder zu versuchen, sie aufzuheben in einer festgefügten Ordnung des Gemeinwohls.“*

Das ist charakteristisch für viele: Der *Gegensatz* beherrscht das Denken. So schrieb auch 1980 der ASTA der TH Darmstadt in einer Broschüre, Professoren und Studenten seien „natürliche Feinde“.

Väter der Konfliktbegeisterung

Ähnlich wie die Harmonielehren in eine lange historische Ideengeschichte eingeflochten sind, gibt es auch vielfältige Quellen, an die die Konfliktbegeisterung anknüpfen könnte.

Erwähnenswert wäre beispielsweise Heraklit (ca. 550 bis 480 v. Chr.) mit seinem berühmten Spruch *„Der Kampf (der Krieg) ist der Vater aller Dinge“* (Erste Handreichung). Er bekennt sich positiv zu Konflikt und Streit: *„Mit Unrecht sagt Homer: ‚Möchte doch schwinden der Streit aus der Welt der Götter und Menschen!‘ Dann ginge ja alles zugrunde. Denn es gäbe keine Harmonie, wenn es nicht hohe und tiefe Töne gäbe, und keine lebenden Wesen ohne Weibliches und Männliches, was doch Gegensätze sind.“* Hier klingt eine interessante Idee an, nämlich der gegenseitige Bezug von Harmonie und Konflikt, die *Einheit* hinter den Gegensätzen, die auch von Hermann Hesse eindringlich beschrieben worden ist (Sechste Handreichung). Insofern eignet sich Heraklit schon nicht mehr uneingeschränkt zur Orientierung der reinen Konfliktbegeisterung.

Noch weniger würde Empedokles (ca. 483 bis 424 v. Chr.) in diese Rolle passen. Für ihn gibt es zwei Kräfte, die das Geschehen in dieser Welt bewirken: zum einen die anziehende, vereinigende Kraft, die *Liebe*, zum anderen die abstoßende, trennende Kraft, den *Streit* bzw. den *Haß*.

Auch an Hobbes (1588 bis 1679) könnte die Konfliktbegeisterung anknüpfen. Er hatte den Naturzustand der Menschheit als einen „Krieg aller gegen alle" beschrieben (Zweite Handreichung), der allerdings durch Gesellschaftsvertrag überwindbar sei.

Ohne Bezug auf die alten Quellen veröffentlichte Ralf Dahrendorf 1961 seine „Theorie des sozialen Konflikts". Diese Arbeit übte eine Art Leitfunktion für die Konfliktbegeisterung der siebziger Jahre aus. Dahrendorf beschrieb den Konflikt als *Quelle schöpferischer Kraft*. Auf den ersten Blick leuchtet das ein: Durch das Zusammenprallen verschiedener Meinungen entsteht etwas Neues, etwas Besseres, eine Schöpfung aus dem Gegensatz. Daß aber ein Konflikt, der nicht mit Verantwortungsbewußtsein und dem Willen zu einer besseren Lösung ausgetragen wird, auch *zerstörerisch* sein kann, findet in Dahrendorfs Argumentation keinen Platz. Einen höheren Argumentationswert haben bei ihm und vielen Epigonen die negativen (vor allem psychischen) Folgen der Konflikt*unterdrückung*.

Die einseitige Überbetonung des Konfliktes und der Konfliktaustragung fand auch in der betrieblichen Organisationslehre ihren fachliterarischen Niederschlag: In praktisch allen Lehrbüchern der siebziger und frühen achtziger Jahre werden der *Konfliktbegriff* und der *Konfliktprozeß* etc.

intensiv behandelt, während das vereinigende Band der *Harmonie*, des *Konsenses*, der *Übereinstimmung*, der *Gemeinsamkeit* kaum zu finden ist. Man braucht nur einmal die Sachregister der Lehrbücher nach diesen Begriffen durchzusehen. Die Einseitigkeit ist beeindruckend.

Konflikt ohne Harmoniebasis

Schließen Harmonie und Konflikt einander eigentlich aus? Oder gehören sie beide zusammen? Ermöglicht nicht die Harmonie erst das Durchstehen eines Konfliktes?

Konflikt ohne eine grundlegende Harmonie entspricht dem, was Marx über Kritik gesagt hat (am Ende der Zehnten Handreichung): Kritik „*ist kein anatomisches Messer, sie ist eine Waffe. Ihr Gegenstand ist ihr* Feind, *den sie nicht widerlegen, sondern* vernichten *will. . . . Ihr wesentliches Pathos ist die* Indignation, *ihre wesentliche Arbeit die* Denuntiation“. Und: „Die Kritik . . . ist die Kritik im *Handgemenge*, und im Handgemenge handelt es sich nicht darum, ob der Gegner ein edler, ebenbürtiger, ein *interessanter* Gegner ist, es handelt sich darum, ihn zu *treffen*.“ Und das soll nach Dahrendorf eine *Quelle schöpferischer Kraft* sein? Höchstens doch eine Quelle wirkungsvollerer Waffen der gegenseitigen *Zerstörung*!

Konflikt ohne eine Harmoniebasis ist auch ein beliebtes Thema des Theaters. Unübertroffen in der Härte der Konfliktaustragung sind die großen Ehe- und Familiendramen wie „Who's afraid of Virginia Woolf?“ von Edward Albee

(1962), „Long Day's Journey into Night" von Eugene O'Neill (1940), „Der Vater" (1877) und „Totentanz" (1900) von Johan August Strindberg. Diese Dramen beschreiben den Untergang sozialer Gemeinschaften, in denen der Konflikt letztlich stärker ist als die Harmonie. Wo bleibt die *schöpferische Wirkung* des sozialen Konflikts, von der Dahrendorf spricht?

Harmonie als Basis für produktiven Streit

Dahrendorf stellt die beiden Fragen „Was hält die Gesellschaften zusammen?" und „Was treibt sie voran?" gegenüber, behandelt sodann aber ausschließlich die zweite Frage mit der Begründung, die erste habe in den vorhergehenden Jahrzehnten im Vordergrund gestanden. Die Frage „Was führt zum Bruch von Gesellschaften?" behandelt er nicht.

Gehören diese Fragen nicht ganz eng zusammen? Lassen sie sich überhaupt isoliert voneinander vernünftig behandeln?

Der Verbund der drei Fragen führt zu einem Verbund von drei Antworten:

- *Was hält Gesellschaften zusammen?* Es ist die *Harmonie* als Inbegriff des Bekenntnisses zu gemeinsamen Zielen, zu gemeinsamen Aufgaben, zu gemeinsamen Wegen, zu gemeinsamer Verantwortung; als Ausdruck des umfassenden Verbundes, des Grundkonsenses; als Gleichklang der Seelen.
- *Was treibt die Gesellschaften voran?* Es ist der *Konflikt* als Ausdruck des Ideenwettstreites, der Meinungsverschiedenheiten, der Auffassungsdifferenzen über die Lö-

sung der Sachprobleme der Gesellschaft. Konflikte können *intra*personal (innerhalb einer Person) und *inter*personell (zwischen verschiedenen Personen, Personengruppen oder Institutionen) auftreten. Solange die konfligierenden Kräfte die Bande der Harmonie nicht zerreißen, liegt in ihnen das Potential für schöpferische Wirkungen, für den Antrieb der Fortbewegung.

- *Was führt zum Bruch von Gesellschaften?* Es ist ebenfalls der Konflikt, dessen Kräfte nun aber die Bande der Harmonie überwinden und zerreißen. Gesellschaften mit schwachem Harmoniezusammenhalt zerbrechen bei geringfügigen Konflikten; ein starker Harmonieverbund hält dagegen auch intensiv brodelnde Konflikte aus.

Beispiele:

- Eine *Ehe* wird am kleinsten Konflikt scheitern, wenn nicht eine Harmonie vorhanden ist, die eine größere Kraft hat als der Konflikt und zu der sich beide Partner positiv bekennen.
- Auch könnte man einen *Sportwettkampf* kaum regelgemäß austragen, wenn nicht die konfligierenden Interessen des Gewinnenwollens in die stärkere Harmoniebasis der Freude an der sportlichen Betätigung eingebettet wären.
- Keine *Universitätsfakultät* würde heute noch bestehen, wenn die dortigen Konflikte nicht von dem Harmonienetz der gemeinsamen Aufgaben und übereinstimmenden Grundanschauungen getragen würden.
- Keine *Unternehmung* würde noch existieren, wenn nicht zwischen den zahlreichen menschlichen Gruppierungen

ein Harmonieverständnis bezüglich der gemeinsamen Leistungen bestünde.

- Und wie würde wohl unser *Staat* aussehen, wenn sich seine Mitglieder nicht durch eine grundlegende Harmonie mit der Staatsgemeinschaft verbunden fühlten?

Auch die Idee der *Demokratie* baut letztlich nicht auf einem vorherrschenden *Gegeneinander,* sondern auf dem Band *gemeinsamer Verpflichtung* gegenüber dem Gesamten auf, das die Konflikte erträglich und potentiell auch produktiv machen, dagegen ihre zerstörerischen Wirkungen in Grenzen halten sollte. Hermann Hesse (Sechste Handreichung) schrieb dazu: *„In einem guten Parlament brauchen der Konservative und der Oppositionsmann bei allem aktuellen Streit nie zu vergessen, daß sie beide* einem *Ziel dienen und, wenn auch kämpfende Brüder, doch eben Brüder sind.“*

Harmonie als Forum für das Wechselspiel von Eintracht und Konflikt

Konflikt und Harmonie gehören also in gewisser Weise zusammen, wie es schon bei Heraklit anklang und bei Empedokles explizit ausgesprochen wurde. Aber es erscheint nützlich, sie auf verschiedenen Ebenen anzusiedeln:

- Die *Harmonie* hält ein System zusammen. Sie ist eine grundlegende Kraft, dauerhaft angelegt, auf die Substanzerhaltung des Systems ausgerichtet. Die Harmonie zu schaffen und ihren Fortbestand zu sichern, sollte das Ziel aller Mitglieder eines sozialen Systems sein.

- Die *Harmonie* bildet das allgemeine Forum, auf dem sich ein System weiterentwickelt. Auf diesem Forum können sich die Phasen von *Konflikt* und *Eintracht* abspielen. Phasen des *Konfliktes* sind Zeiten der Unruhe, der Auseinandersetzung, des Wettstreites um den besseren Weg. Phasen der *Eintracht* sind Zeiten der gemeinsamen Umsetzung von Ideen, des Miteinanders auf dem gemeinsamen Weg, des Zusammenwirkens für ein gemeinsames Ziel.

Beide Phasen wechseln sich ab wie Yin und Yang in dem Yin-Yang-Symbol (Siebte Handreichung). Sie ergänzen einander und sind miteinander durch das *Forum der Harmonie* verbunden, wie es etwa durch das Yin-Yang-Symbol zum Ausdruck kommt.

Ähnlich scheint es Philolaos, der Pythagoreer aus der Mitte des fünften Jahrhunderts v. Chr., verstanden zu haben: *„Harmonie ist einheitliche Zusammenfassung einer mannigfaltigen Vielheit und Eintracht in Zwietracht."* Ferner: *„Das Gleichartige und Verwandte bedurfte ja der Harmonie nicht, aber das Ungleichartige, Heterogene und Disparate bedurfte notwendig des Zusammenschlusses durch die Harmonie, um so in der Weltordnung festgehalten zu werden"* (Nestle, S. 152f.).

Mathematisch-naturwissenschaftlich begründete Harmonie . . .

In einigen Fällen läßt sich Harmonie mathematisch-naturwissenschaftlich begründen, in anderen Fällen, der

Mehrheit der Fälle, ist die Harmonie das Ergebnis subjektiver Wertung und individuellen Wollens.

Beispielsweise gibt es eine mathematisch-naturwissenschaftliche Begründung für Harmonien in der *Musik.* Auf Pythagoras (ca. 580 bis 500 v. Chr.) geht das wissenschaftliche Fundament der Harmonielehre zurück: Schwingungen im Verhältnis 1:2 führen zur Oktave, im Verhältnis 2:3 zur Quinte, im Verhältnis 3:4 zur Quarte. In mystischer, spekulativer Erweiterung entwickelt Pythagoras Ideen der Sphärenharmonie, bei der die sieben Einzeltöne der Oktave in Relation treten zu den sieben damals bekannten Himmelskörpern unseres Sonnensystems, nämlich Sonne und Mond sowie den fünf Planeten Saturn, Jupiter, Mars, Venus und Merkur. Deren Sphärenmusik könnten wir nur deshalb nicht wahrnehmen, weil sie ständig gegenwärtig sei; nur Pythagoras selbst, so hörte man von seinen Schülern, habe sie vernommen (Kranz, S. 37ff.).

Der Harmoniegedanke von Pythagoras wirkte in die *Wissenschaften* hinein: Der Astronom Johannes Kepler (1571 bis 1630) hat ihm sein Hauptwerk „Weltharmonik" von 1619 gewidmet. Drücken die drei Keplerschen Gesetze, die die Planetenbahnen beschreiben, nicht eine weltumfassende Harmonie aus? Sind nicht ebenso *Gleichgewichtszustände* der Ausdruck einer Harmonie? Und lassen sich *dynamische Prozesse* nicht unter der Vorstellung eines harmonischen Gleichgewichtes von Eintracht und Konflikt interpretieren?

Auch in der heutigen Mathematik und Physik ist der Harmoniebegriff vielfältig zu finden, beispielsweise: harmonische Analyse, harmonische Bewegung, harmonische Folge, harmonischer Mittelwert, harmonische Teilung. Sind nicht auch *duale* Zusammenhänge Ausdruck einer umfassenden Harmonie, beispielsweise die Dualität zwischen dem *elektrischen Feld* und dem *magnetischen Feld* nach dem Maxwellschen Theorem?

. . . versus subjektiv gewollte Harmonie

Neben der durch Mathematik und Naturwissenschaften objektivierten Harmonie steht die Harmonie der Menschen zu ihrer Umgebung. Sie ist das Ergebnis der persönlichen Einstellung, des subjektiven, individuellen Wollens. Die eigene Position läßt sich bezüglich der Umwelt durchdeklinieren, etwa in bezug

- auf die Natur,
- auf Partner als Individuen,
- auf Gemeinschaften, denen man selbst angehört, und
- auf andere Gemeinschaften, mit denen die eigene Gemeinschaft im Wettstreit steht.

Ich und die Natur

Man kann sich zur Natur in Harmonie befinden oder im Gegensatz zu ihr. Es kommt auf jeden selbst an, seine diesbezügliche Position festzulegen:

- *Im Gegensatz zur Natur:* Die Natur steht mir zu Diensten. Empfiehlt nicht schon die Bibel, daß wir uns die Welt untertan machen sollen? Wenn die Natur dem menschlichen Willen zuwiderläuft, dann müssen wir sie auf unseren Weg zwingen. Der Mensch geht vor.

Oder:

- *In Harmonie mit der Natur:* Ich bin ein Teil der Natur, ein Element innerhalb der Allgewalt. Da wir Menschen die Natur *beeinflussen* können, tragen wir auch *Verantwortung* für die Natur. Es ist daher vernünftig, sich in die Natur einzupassen, also in Übereinstimmung mit der Natur zu leben. Das haben uns die Stoiker aus Griechenland und Rom (Elfte Handreichung) schon gelehrt, z.B. Marc Aurel (121 bis 180): *„Ich bin ein Teil des Ganzen und stehe als solches mit allen mir gleichartigen Teilen in lebendigem Zusammenwirken. ... Das Ganze aber ist in Harmonie und enthält nichts, was ihm unzuträglich wäre. ... Was mit dem Ganzen übereinstimmt und seinem Wohl dient, ist auch für jeden Teil gut und förderlich."* Ähnliches findet man in den asiatischen Lehren, z.B. im Taoismus. Als Element der Allnatur mit ihr in Übereinstimmung zu sein und meine Aufgaben im Bewußtsein dieser Übereinstimmung zu lösen, das ist mein Weg.

Jeder ist frei, seine Einstellung zur Natur selbst zu wählen.

Ich und meine Partner

Ähnlich wie gegenüber der Natur, so steht es auch in der Macht eines jeden einzelnen, seine Einstellung zu seinen Partnern zu bestimmen, zum Ehepartner, zu weiteren Familienmitgliedern, zum Arbeitskollegen, zum Vorgesetzten, zum Untergebenen, zu den anderen Mitgliedern seiner Sportmannschaft, seines Orchesters, seiner Kirchengemeinde etc. Man kann sich im Gegensatz zu ihnen oder in Harmonie mit ihnen fühlen:

- *Im Gegensatz zu meinen Partnern:* Meinem Ehepartner mißtraue ich, und auf das Urteil meiner Kinder gebe ich wenig. Mit meinen Arbeitskollegen stehe ich im erbitterten Karrierewettbewerb, uns trennt der systemimmanente Konflikt um den Aufstieg. Meine Vorgesetzten unterdrücken mich aus Angst vor meinem Aufstieg, und meine Untergebenen versuchen einen Aufstieg an mir vorbei.

Oder:

- *In Harmonie mit meinen Partnern:* Mit meinem Ehepartner und meinen Kindern verbindet mich ein Bewußtsein des Urvertrauens, welches auch die Basis ist, Differenzen und Konflikte zu überstehen. Mit meinen Kollegen verbinden mich die gemeinsamen Ziele der Unternehmung und unseres Unternehmungsbereichs, und wer bei diesen gemeinsamen Anstrengungen innerhalb dieses Leistungsverbundes besonders erfolgreich ist, hat die besten Karrierechancen. Mit meinem Vorgesetzten fühle ich mich ebenfalls durch die Ziele verbunden, und meinen Untergebenen versuche ich diese Zielorientierung nahezubringen. Ein unsichtbares Band der Harmonie fügt uns alle zusammen, wie wir es von Heraklit gelernt haben: *„Unsichtbare Harmonie ist stärker als sichtbare"* (Nestle, S. 109).

Wiederum steht es jedem frei, den einen oder den anderen Weg zu gehen. Jeder kann sich vorrangig im *Gegensatz* mit allen anderen Individuen verstehen oder in *Harmonie* mit ihnen. Wer sich für die Harmonie entscheidet, wählt damit auch das Forum für das Wechselspiel von Eintracht und Konflikt.

Ich und die Gemeinschaft

Nicht nur gegenüber anderen Individuen, sondern auch gegenüber den Gemeinschaften als Kollektiven hat jeder seine eigene Position zu definieren. Jeder hat die Entscheidung zu treffen, ob er zu seiner Gemeinschaft im Gegensatz oder mit ihr in Harmonie sein will.

- *Im Gegensatz zu der Gemeinschaft:* Zur Familie – die Familie rupft mich, so gut sie kann. Zum Staat – der Staat beutet mich aus. Zu meiner Unternehmung – meine Unternehmung ist reich, aber geizig: sie preßt aus uns allen das letzte heraus. Als Hochschullehrer zu meiner Universität – die Universität hat kein kollektives Profil, sondern ist eine amorphe Ansammlung von egoistischen Einzelkämpfern, mit der ich mich nicht identifiziere.

Oder:

- *In Harmonie mit der Gemeinschaft:* Mit der Familie – der Familie dienen, um jedem eine feste Basis zur individuellen Entwicklung zu geben. Mit dem Staat – sich mit dem Staat als Garanten unserer Sicherheit und unseres Wohlstandes identifizieren und für ihn verfügbar sein, so daß er die beste Basis für die Entfaltung eines jeden bereitstellen kann. Mit meiner Unternehmung – mich mit meiner Unternehmung und ihren Zielen identifizieren und meinen Beitrag zur Stärkung der Unternehmung zu leisten, so daß die Unternehmung ihrerseits einen starken Schutzschild für alle Mitglieder entwickeln kann. Als Hochschullehrer mit meiner Universität – das Image der Universität fördern, so daß die Universität als Ganze ihren Glanz imagefördernd auf alle Mitglieder (Studenten bis Professoren) zurückwirft.

Wieder kommt es auf die Einstellung des einzelnen an, und er muß selbst entscheiden, ob er in Harmonie mit seiner Gemeinschaft tätig werden will oder lieber im Gegensatz zu ihr seinen Dienst notgedrungen ableistet.

Wir und die anderen

Ebenso ist die Einstellung der eigenen Gemeinschaft zu anderen Gemeinschaften festzulegen, entweder mit vorherrschendem Gegensatz oder mit vorherrschender Harmonie:

- *Mit vorherrschendem Gegensatz:* Unser Funktionsbereich (Vertrieb, Produktion, Finanzen oder ein anderer) ist der wichtigste unserer Unternehmung, und alle anderen stehen in ihrer Bedeutung in unserem Schatten. Alle unsere Konkurrenten stehen im Krieg zu unserer Unternehmung, und uns verbindet nichts Gemeinsames, sondern es trennt uns der kontinuierliche Kampf des Wettbewerbs. Unsere gesamte Branche müßte vom Staat stärker gefördert werden, und wir stehen daher im Kampf des Subventionswettlaufs mit den anderen Branchen. Auf den Weltmärkten gibt es nur Feinde für die deutsche

Wirtschaft, sowohl die EG-Länder als auch Nordamerika und vor allem die zielsicheren Länder Asiens; wir kämpfen gegen alle.

Oder:

- *Mit vorherrschender Harmonie:* Unser Funktionsbereich spielt wie alle anderen Funktionsbereiche eine gleichermaßen entscheidende Rolle für unsere Unternehmung, so daß wir mit den anderen Funktionsbereichen eng kooperieren. Trotz Wettstreits mit unseren Konkurrenten besteht innerhalb unserer Branche ein Mantel gemeinsamer Zielorientierung, der u.a. in der häufigen Gemeinschaftswerbung in Erscheinung tritt. Mit den anderen Branchen sind wir eng durch Leistungsströme verflochten; wir empfinden unsere Branche als eine wichtige Komponente im gesamten Verbund der deutschen Wirtschaft. Mit unseren Wettbewerbsländern innerhalb der Triade fühlen wir uns durch die Idee des Marktwettbewerbs verbunden, den wir als sportliche Herausforderung begreifen.

Wiederum ist die Entscheidung der Mitwirkenden gefordert, ob der Gegensatz einstellungsprägend ist oder die Harmonie als Forum für das Wechselspiel von Eintracht und Konflikt.

Literatur zur Vertiefung

Lieber Leser: *Ein* Zeugnis abendländischer Harmoniephilosophie sollten Sie im Original lesen: *Zur prästabilierten Harmonie* (Band II, S. 272-275 der angegebenen Leibniz-Ausgabe).

Im übrigen gibt es eine umfangreiche Sekundärliteratur über abendländische Quellen zum Harmoniedenken. In *Der Kleine Pauly* ist unter „Harmonia“ ein mythologischer Überblick gegeben. Mehrere Wörterbücher enthalten die Stichwörter „Harmonie“ bzw. „prästabilierte Harmonie“, so Schischkoff, Hoffmeister, Mittelstraß (Band 2, S. 41-43) und Ritter (Band 3, Sp. 1001-1003). Bei Kranz findet man die Lehre des Pythagoras unter der Überschrift „Harmonie als Weltgesetz“ (S. 35-47), ferner Harmoniehinweise im Zusammenhang mit Heraklit (S. 58, vgl. auch Erste Handreichung), Aristoteles (S. 243-244), dann vor allem bei der *Stoa* (S. 310) und beim neoklassischen Plotin (S. 329).

Das setzt sich in die Neuzeit fort. Johannes Kepler (1571 bis 1630) schrieb 1619 seine *Harmonices mundi* (Weltharmonik). Der Engländer Shaftesbury (1671 bis 1713) faßt Sittlichkeit als harmonisches Verhältnis der egoistischen und der gemeinschaftsbezogenen Orientierung auf: „Höchstes Ideal ist die vollendete ästhetische Harmonie der Lebensführung“ (Schischkoff, S. 598). In seinem *Wilhelm Meister* prägt Goethe (1749 bis 1832) das Ideal der „Erziehung zu harmonisch freiem Menschentum“. Auch in der *Geschichte der sozialen Ideen* von Schilling taucht das Ideal der Harmonie immer wieder auf, u.a. bei Adam Smith (1723 bis 1790), für den „alle legitimen

Interessen miteinander harmonieren" (S. 389), insbesondere auch die von Arbeitern und Unternehmern.

Themenbereich D

Sich selbst zu leiten lernen, um andere leiten zu können

Vorgedanken zur Neunten bis Elften Handreichung

Zahlreiche Philosophen haben uns Anregungen zu unserem eigenen *Verhalten* hinterlassen – und zwar über die Anregungen zu unserer eigenen *Einstellung* zu der Welt (Themenbereich C) hinaus. Aus der Vielfalt wurden drei Handreichungen entwickelt:

- Immanuel Kant: Aufklärung – Aufbruch zur inneren Mündigkeit
- Immanuel Kant: Die Wahrheit im Irrtum
- Der Stoische Manager: Lehren aus der römischen „Staatsphilosophie"

Alle drei Handreichungen sind zunächst eine Aufforderung an den Leser, sich selbst zu beeinflussen, sich selbst zu führen. Das soll jedoch über den Selbstzweck hinaus ein *Mittel zu dem Zweck* sein, andere besser leiten zu können, also ein Beitrag zur Führungskunst.

Immanuel Kant: Aufklärung – Aufbruch zur inneren Mündigkeit

In seinem berühmten und allgemeinverständlichen Aufsatz über die *Aufklärung* in der populärwissenschaftlichen *Berlinischen Monatsschrift* hat Immanuel Kant 1784 einen mitreißenden Appell an die Allgemeinheit gerichtet, geistig mündig zu werden, *eigenen* Sachverstand zu entwickeln und *eigene* Urteilskraft aufzubauen. Er prangert die *bequeme* und *selbstverschuldete Unmündigkeit* an und ermuntert den Leser zum *Selbstdenken* (Neunte Handreichung).

Der Aufruf von Kant ist von ungebrochener Aktualität und eigentlich heute von noch größerer Dringlichkeit als vor 200 Jahren. Denn erstens erscheinen die Zusammenhänge in der Welt durch die vielfältige moderne Technik heute als komplexer als vor 200 Jahren.

Zweitens werden wir von sämtlichen Medien laufend mit vorverdauter Information berieselt, und wenn wir uns nicht frei und unabhängig davon machen, werden wir die Fähigkeit des Selbstdenkens gänzlich verlieren.

Das *„Sapere aude"* (Wage es, weise zu sein), so zitiert Kant den römischen Dichter Horaz, gehört zu den wichtigsten Anforderungen an Führungskräfte von heute und morgen.

Der *Kantische Manager* (vom Typ II; zum Typ I und III vgl. die *Vorgedanken* zur Fünften und zur Zehnten Handreichung, auch den Epilog) bemüht sich selbst ständig um eigene Urteilskraft und ermuntert seine Umgebung dazu. Er verliert damit nicht die Sensibilität gegenüber dem Urteil anderer; vielmehr fordert er deren unabhängiges Urteil geradezu heraus, um daran auch sein eigenes Urteil messen zu können. Das bequeme unkritische Übernehmen von Pauschalurteilen und von Modemeinungen ist ihm zuwider. Er steht dem *Stoischen Manager* (Elfte Handreichung) nahe. Das *aufgeklärte Selbstdenken* ist für ihn die Leistungsquelle der Führungsverantwortung, das *unmündige Denkenlassen* der Brutkasten verantwortungsloser Unbekümmertheit.

Immanuel Kant: Die Wahrheit im Irrtum

In anderen Arbeiten hat Kant daran appelliert, auch in irrtümlichen Meinungen anderer nach Wahrheit zu suchen. Es gebe keinen „totalen Irrtum", lautet die Überzeugung von Kant, und in jedem irrigen Urteil müsse auch etwas Wahres liegen (Zehnte Handreichung).

Diese Überzeugung von Kant gehört auf das Pult aller politischen Redner; befleißigen sich nicht viele von ihnen der grundlegenden Ablehnung aller Vorschläge der anderen Seite, deren Bausch- und Bogenverdammung, deren Verunglimpfung und Verlächerlichung?

Aber es sind nicht nur die Politiker. Überall lassen Menschen, die den anderen nicht mögen, kein gutes Haar an ihm und geben sich keinerlei Mühe, sich mit des anderen Argumenten ernsthaft zu befassen.

Es ist nicht nur eine Frage der Anerkennung von Menschenwürde, fremde Argumente auf ihren Wahrheitsgehalt hin abzuklopfen, sondern hier liegt eine reichhaltige Quelle für Innovationen und Problemlösungen: Viele, auch kontroverse Meinungen sammeln und alles, was wahr, richtig oder hilfreich erscheint, herausziehen.

Die Wahrheit im Irrtum zu suchen, ist eine Tugend von zeitlosem Wert.

Der *Kantische Manager* (vom Typ III; vgl. Typ I und II in den *Vorgedanken* zur Fünften und Neunten Handreichung, auch den Epilog) ist offen gegenüber allen Meinungen, nimmt sie mit Geduld und Sorgfalt auf, sucht darin nach Wahrheiten, auch nach Gründen für Irrtum, gibt den anderen Empfehlungen zur Überwindung von Irrtümern, ist aber gleichzeitig offen, auch eigene Irrtümer zuzugestehen. Wie ein Filter grobe Körner zurückhält, so versucht er, die Irrtümer von der Wahrheit zu trennen, ganz so wie bei Dornröschen: „Die Guten ins Töpfchen, die Schlechten ins Kröpfchen."

Der Stoische Manager: Lehren aus der römischen „Staatsphilosophie"

Einen farbenprächtigen Strauß an Ideen zur eigenen Lebensführung haben uns die Stoiker hinterlassen. Sie formten eine der längsten Perioden der Philosophie, beginnend um 300 v. Chr. in Griechenland, dann in der römischen Kaiserzeit das römische Geistesleben und die praktische Politik prägend – sodann mit großem Einfluß auf Politiker, Dichter und Wissenschaftler der Neuzeit: Descartes, Friedrich der Große, Kant, Goethe, schließlich auch heute noch von aktuellem Nutzen, etwa in der Psychotherapie.

Aus dem bunten Strauß der stoischen Lehren werden hier drei Buketts von je vier Leitsätzen komponiert. Sie betreffen

- den Umgang mit *Dingen,*
- den Umgang mit *Menschen* und
- den Umgang mit *sich selbst.*

Der *Stoische Manager* (vgl. dazu den Epilog) zielt im Umgang mit den *Dingen* auf eine gebündelte Kraft der *Sachwirksamkeit,* im Umgang mit *Menschen* auf eine kontrollierte Stärke der *Personenwirksamkeit,* im Umgang mit *sich selbst* schließlich auf die überlegene Macht der *Selbstwirksamkeit.* Das ist der Gegenstand des gleichnamigen Buches des Autors, in der Elften Handreichung in Kurzform vorgestellt. Der *Stoische Manager* steht in der Dreiteilung seines Handelns dem *Kantischen Manager* vom Typ I (Fünfte Handreichung), in seinem Bemühen um *aufgeklärtes Selbstdenken* dem *Kantischen Manager* vom Typ II (Neunte Handreichung), in seiner Offenheit gegenüber der Meinung anderer dem *Kantischen Manager* vom Typ III (Zehnte Handreichung) nahe. Der *Stoische Manager* befleißigt sich im Umgang mit *Dingen,* mit *Menschen* und mit *sich selbst* einer höchstmöglichen Selbstkontrolle, denn man könne andere, so ist seine Überzeugung, nur so gut leiten, wie man sich selbst zu leiten in der Lage sei.

Neunte Handreichung

Immanuel Kant: Aufklärung – Aufbruch zur inneren Mündigkeit*

Am Ende und gewissermaßen auf dem Höhepunkt der Aufklärungsepoche stand Immanuel Kant (22.4. 1724 bis 12.2.1804). Vor 206 Jahren veröffentlichte er den berühmten Aufsatz „Beantwortung der Frage: Was ist Aufklärung?" Der Aufsatz ist ein Aufruf an alle, sich fortwährend um ihre innere Mündigkeit zu bemühen, und ist ein Beispiel für die unmittelbare Verständlichkeit vieler Arbeiten dieses großen Philosophen. Der Aufruf ist von ungebrochener Aktualität.

Bequeme Unmündigkeit

Kant sagt: „Es ist so bequem, unmündig zu sein. Habe ich ein Buch, das für mich Verstand hat, einen Seelsorger, der für mich Gewissen hat, einen Arzt, der für mich die Diät beurteilt usw., so brauche ich mich ja nicht selbst zu bemühen. Ich habe nicht nötig zu denken, wenn ich nur bezahlen kann; andere werden das verdrießliche Geschäft schon für mich übernehmen." Heute ist das Leben noch viel bequemer. Wir haben Rechtsanwälte und Rechtsschutzversicherungen, die sich um unsere Individualansprüche kümmern. Wir ha-

---

* *aus: technologie & management, 38. Jg., 1989, Heft 1, S. 51-54*

ben Gewerkschaften und andere Interessenverbände, die sich um Gruppenansprüche kümmern. Wir haben die Werbung, die uns die Kaufentscheidungen abnimmt. Wir haben die politischen Parteien, die für uns das Nachdenken über die künftige Gesellschaft betreiben. Wir haben Zeitungen (jeglicher Richtung) und vor allem Radio und Fernsehen, also eine Vielfalt an Medien, die uns das mühsame Geschäft der Bildung einer eigenen Meinung abnehmen. Wir brauchen uns nicht einmal unsere Meinung über ein Theaterstück zu bilden, da es Theaterkritiker gibt; in einem seiner „Gedichte" schrieb Heinz Erhardt: „Und Montag können wir dann lesen, ob es uns gefallen hat."

Kant spricht die Ursachen und Folgen der Unmündigkeit deutlich aus: „Faulheit und Feigheit sind die Ursachen, warum ein so großer Teil der Menschen, nachdem sie die Natur längst von fremder Leitung freigesprochen (. . .), dennoch gern zeitlebens unmündig bleiben; und warum es anderen so leicht wird, sich zu deren Vormündern aufzuwerfen." Kant hebt auch den Einfluß dieser Vormünder hervor: „Daß der bei weitem größte Teil der Menschen (darunter das ganze schöne Geschlecht) den Schritt zur Mündigkeit, außer dem, daß er beschwerlich ist, auch für sehr gefährlich halte, dafür sorgen schon jene Vormünder, die die Oberaufsicht über sie gütigst auf sich genommen haben. Nachdem sie ihr Hausvieh zuerst dumm gemacht haben und sorgfältig verhüteten, daß diese ruhigen Geschöpfe ja keinen Schritt außer dem Gängelwagen, darin sie sie einsperrten, wagen durften, so zeigen sie ihnen nachher die Gefahr, die ihnen droht, wenn sie es versuchen, allein zu gehen."

Mut zur inneren Mündigkeit

Kants ganzer Aufsatz ist ein einziger Aufruf zur Überwindung der bequemen Unmündigkeit. Er beginnt mit dem vielfach zitierten Absatz:

> „*Aufklärung ist der Ausgang des Menschen aus seiner selbstverschuldeten Unmündigkeit. Unmündigkeit* ist das Unvermögen, sich seines Verstandes ohne Leitung eines anderen zu bedienen. *Selbstverschuldet* ist diese Unmündigkeit, wenn die Ursache derselben nicht am Mangel des Verstandes, sondern der Entschließung und des Mutes liegt, sich seiner ohne Leitung eines andern zu bedienen. *Sapere aude!* Habe Mut, dich deines *eigenen* Verstandes zu bedienen! ist also der Wahlspruch der Aufklärung."

Das „*sapere aude*" (Wage es, weise zu sein) geht auf den römischen Dichter Horaz (65 bis 8 v. Chr.) zurück.

Beispiele zur Selbstprüfung gibt es in der heutigen Zeit in Fülle:

- *Tschernobyl:* Wer ist den unbequemen Weg gegangen und hat sich Sachverstand über Kernkraftwerke angeeignet? Hat sich die Mehrheit nicht auf die bequemere Presse verlassen? Beispielsweise berichtete *Der Spiegel* am 12. Mai 1986 (S. 23) in einem Tschernobyl-Beitrag auch von dem neuen System physikalischer Einheiten, in dem die Einheit des *rem* durch *Sievert* (Sv) ersetzt wurde (mit

1 *Sv* = 100 *rem*). *Der Spiegel*, von seinen Redakteuren selbst als „Laienpublikation" bezeichnet, gibt dem Leser sodann eine Mutmaßung über die Hintergründe der Änderung bekannt: „Dem Laien mag scheinen, daß die jüngste Umbenennung der für den Menschen wichtigen Meßeinheit der optischen Verkleinerung des Horrors dient: Die absolut tödliche Einmal-Dosis, wie sie mit Sicherheit in der Nähe eines durchgegangenen Reaktors auftritt, betrug bisher 1000 rem. Nun sind es nur noch 10 Sievert." Sind das die Vormünder, vor denen Kant warnt?

- *Gentechnologie* – ein gewaltiges Potential für Nutzung, aber auch für Mißbrauch: Wer ist den mühsamen Weg gegangen und hat sich Sachverstand erarbeitet? Wer geht den bequemen Weg und vertraut auf die Informationsqualität der Tagesmedien, verläßt sich auf die Sorgfalt der Fachleute und die Weisheit der Politiker oder schließt sich gesellschaftlichen Bewegungen an, in denen er ohne eigenen Sachverstand mitschwimmen kann? In Sebastian Haffner mögen sie ihr Vorbild haben: „Die Wissenschaft hat mich nie interessiert" (S. 197). Und: „Irgendwie muß das ja alles funktionieren, und ob nun gerade auf diese oder eine andere Art, kann uns im Grunde genommen egal sein" (S. 193).
- *Informations- und Kommunikationstechnologien:* Wie viele (auch unter den Führungskräften in Wirtschaft, Politik und Wissenschaft) verstehen sich auf die Nutzung von BTX und *electronic mail*, auf Datenbank-Recherchen, auf den Entwurf von Informationssystemen und auf das Programmieren? Die Techniken sind mit etwas Mühe

lernbar. Bequemer ist der Weg, alles von anderen ausführen zu lassen und selbst unmündig zu bleiben.

Das *„sapere aude"* zielt aber nicht nur auf die Naturwissenschaften und die neuen Technologien, sondern ist umfassend. Es bezieht nicht nur neben den Natur- und Ingenieurwissenschaften die Wirtschafts- und Sozialwissenschaften mit ein, sondern betrifft das Verhalten eines jeden in der Gesellschaft als Ganzer.

Kant hat dazu aufgerufen, unermüdlich eigenen Sachverstand zu entwickeln und selbständig einzusetzen. Er definiert damit einen endlosen inneren Weg, auf dem man von der ursprünglichen Unmündigkeit immer größeren Abstand zu gewinnen versucht, selbst wenn das Ideal *vollkommener* Mündigkeit für jeden in unerreichbarer Ferne liegt. Dieser Weg des *Selbstdenkens*, des *Selbsttuns*, der *Selbstleistung* ist mühevoll und erfordert Selbstdisziplin, Willenskraft und Beharrlichkeit.

Natürlich kann man nicht auf jedem Gebiet ein solches Maß an Sachverstand entwickeln, um autark im Urteil zu werden. Vielmehr ist man fast immer auf den Rat und das Urteil von Fachleuten angewiesen, denen man auch das gebührende Maß an *Vertrauen* entgegenbringen mag. Doch reicht die Verfügbarkeit von Fachleuten nicht aus, um auf das Bemühen um eigenen Sachverstand verzichten zu können. Sinnvoll erscheint das Ziel, ein *mündiger Partner* der Fachleute zu werden, nicht aber deren *unmündiger Urteilssklave*.

Es geht Kant um eine *innere*, eine geistige Mündigkeit, nicht aber um die *juristische* oder eine *biologische*, an das

Lebensalter gebundene Mündigkeit. Die *innere* Mündigkeit ist ausschließlich eine Angelegenheit des eigenen Bemühens.

Im Zeitalter der Selbsttäuschung

Wird uns nicht aber fortgesetzt die Mündigkeit bestätigt? Politiker sprechen vom *mündigen Bürger,* Kaufhäuser vom *mündigen Konsumenten,* Werbeagenturen vom *mündigen Käufer,* Gewerkschaften vom *mündigen Mitarbeiter,* Medien vom *mündigen Leser* bzw. *Zuschauer,* Autoclubs vom *mündigen Autofahrer.* Die Mündigkeitsbestätigung ist durch inflationäre Verwendung zu einer Werbephrase und Schutzbehauptung abgewertet worden. Viele mögen dem auf den Leim gehen und an ihre eigene Mündigkeit glauben, ohne auch nur den ersten Schritt aus ihrer *selbstverschuldeten Unmündigkeit* versucht zu haben. Diese Selbsttäuschung erleichtert den Manipulateuren die Arbeit.

Bezüglich Aufklärung und innerer Mündigkeit läßt sich die Gegenwart als *Zeitalter der Selbsttäuschung* kennzeichnen. Wie stand es vor 200 Jahren? Dazu Kant: „Wenn denn nun gefragt wird: Leben wir jetzt in einem *aufgeklärten* Zeitalter? so ist die Antwort: Nein, aber wohl in einem Zeitalter der *Aufklärung.* Daß die Menschen, wie die Sachen jetzt stehen, im ganzen genommen, schon imstande wären oder darin auch nur gesetzt werden könnten, in Religionsdingen sich ihres eigenen Verstandes ohne Leitung eines anderen sicher und gut zu bedienen, daran fehlt noch sehr viel. Allein daß jetzt ihnen doch das Feld geöffnet wird, sich dahin frei zu bearbeiten, und die Hindernisse der allgemeinen Aufklärung oder des Ausganges aus ihrer selbstverschuldeten Unmündigkeit allmählich weniger werden, davon haben wir doch deutliche Anzeichen. In diesem Betracht ist dieses Zeitalter das Zeitalter der Aufklärung oder das Jahrhundert *Friedrichs*."

Kant begründet auch, warum er sich hier auf „Religionsdinge" konzentriert, nämlich „weil in Ansehung der Künste und Wissenschaften unsere Beherrscher kein Interesse haben, den Vormund über ihre Untertanen zu spielen". Dabei hatte Friedrich der Große, König in Preußen von 1740 bis 1786, mit seiner Religionsfreiheit eine wichtige Rolle gespielt; die Konfessionshoheit nach dem Prinzip *cuius regio eius religio* (wessen Herrschaft, dessen Religion) war überwunden. An diese Freiheit ist Verantwortung geknüpft. Durch die Freiheit in der Wahl der Religion entsteht auch Freiheit in der Wahl der Werte und ethischen Normen.

Kategorischer Imperativ versus Gängelband

In jene Zeit paßt daher auch die allgemeine formale Handlungsanleitung, die Kant in seinem *kategorischen Imperativ* festgelegt hat, u.a. in der Formulierung: „Handle nur nach derjenigen Maxime, durch die du zugleich wollen kannst, daß sie ein allgemeines Gesetz werde."

Kant wendet sich folgerichtig auch gegen enge Verhaltensvorschriften als Gängelband und Vernunftersatz: „Satzungen und Formeln, diese mechanischen Werkzeuge eines vernünftigen Gebrauchs oder vielmehr Mißbrauchs seiner

Naturgaben, sind die Fußschellen einer immerwährenden Unmündigkeit. Wer sie auch abwürfe, würde dennoch über den schmalsten Graben einen nur unsicheren Sprung tun, weil er zu dergleichen freier Bewegung nicht gewöhnt ist. Daher gibt es nur wenige, denen es gelungen ist, durch eigene Bearbeitung ihres Geistes sich aus der Unmündigkeit herauszuentwickeln und dennoch einen sicheren Gang zu tun."

Erleben wir das nicht gerade in den Ländern Osteuropas? Nach jahrzehntelanger Bevormundung der Bürger durch die Partei sollen nunmehr die Bürger die neuen ungewohnten Freiheiten mit Vernunft (im Sinne Kants) handhaben können. Ein solcher Wandel vollzieht sich nicht von heute auf morgen, sondern bedarf einer geduldigen und weisen Steuerung. Es ist etwas anderes, sich durch eine allgemeine Vernunftregel wie die des kategorischen Imperativs leiten zu lassen, die in jedem Einzelfall inhaltlich gefüllt werden muß, oder ein Leben als Erfüllungsgehilfe von Parteifunktionären zu führen und nur deren Entscheidungen – willig oder widerwillig – zu folgen. Der halbwegs sichere Umgang mit allgemeinen Vernunftregeln erfordert ein langes – individuelles und kollektives – Lernen und ein dauerndes Bemühen. Der Übergang auf ein freiheitliches, durch allgemeine Vernunftregeln geprägtes System erfordert eine lange Vorbereitung und eine hohe Sorgfalt in der Durchführung.

Das hat sich in der Geschichte auch immer wieder gezeigt. Prominente Beispiele sind die Bauernbefreiung und Einführung der Gewerbefreiheit 1807 und 1810 in Preußen und die Entlassung der Kolonien in die Unabhängigkeit nach dem Zweiten Weltkrieg. Beides hat – insbesondere wegen mangelnder Vorbereitung der Betroffenen auf die neue Freiheit – nicht gut funktioniert. Man kann ja auch nicht von jemandem, für den zeitlebens Köche das Essen bereiteten, erwarten, daß er plötzlich selbst kochen kann.

Es ist auch nicht selbstverständlich, daß jeder nach der Freiheit des Selbstdenkens, des Selbsttuns, der Selbstleistung verlangt, sondern sich im Schutze der von anderen getroffenen Maßnahmen wohler fühlt. Das wußten schon die Philosophen der Stoa. So schreibt Epiktet (ca. 50 bis 138): „Ein Ungebildeter erwartet keinen Nutzen oder Schaden von sich selber, sondern alles von außen. Der Philosoph erwartet allen Nutzen und allen Schaden von sich selber" (S. 47). Der „Ungebildete" ist der Unmündige, der Unaufgeklärte, der Abhängige, der von außen gesteuert wird. Der Philosoph (bei Epiktet), der Mündige und Aufgeklärte, der Selbstdenker, trägt im Rahmen seiner größeren Freiheit auch eine größere Verantwortung – und zwar für sich selbst und für die Gesellschaft, und er empfindet diese Verantwortung auch.

Freiheit und Gehorsam

Gleichwohl wird Freiheit eines jeden einzelnen nicht ins Extrem getrieben werden können. Wenn jeder Soldat seine eigene Form von Krieg, jeder Finanzbeamte seine eigene Form von Steuererhebung, jeder Arbeitnehmer seine eigene Form von Arbeitsgestaltung, jeder Pilot seine eigene Form von Flugplan realisierte etc., lebten wir in einem Chaos. Kant unterscheidet daher scharf zwischen zwei Arten, seine Vernunft zu gebrauchen, nämlich zwischen *öffentlichem* und *privatem* Gebrauch (zwei heute eher umgekehrt verstandene Begriffe):

- Der *öffentliche* Gebrauch der Vernunft bezieht sich bei Kant insbesondere auf den Privatbereich eines Menschen, der sich *„als Gelehrter"* (so Kant), als Experte, als Sachkundiger eine Meinung bildet und diese äußert. Solcher öffentliche Gebrauch sollte nach Kant nicht beschränkt sein.
- Anders ist es mit dem *privaten* Gebrauch der Vernunft. Sie steht bei Kant in Verbindung mit dem „ihm anvertrauten *bürgerlichen* Posten oder Amte" des einzelnen. Hier gelte die Freiheit nur eingeschränkt, da „zu manchen Geschäften, die in das Interesse des gemeinen Wesens laufen, ein gewisser Mechanismus notwendig" sei. Und: „Hier ist es nun freilich nicht erlaubt zu räsonieren, sondern man muß gehorchen." Kant spezifiziert das dann an Beispielen, am Offizier, am Bürger, am Geistlichen, die er jeweils alternativ in ihren Funktionsaufgaben und in ihrer Freiheit als „Gelehrte" sieht.

Natürlich hat auch der Gehorsam seine Grenzen, was uns heute aus der Reflexion über das *Dritte Reich* bewußt ist. Es gehört zu den Ermessensschwierigkeiten des Lebens in der heutigen Gesellschaft, auch im *privaten* Gebrauch der Vernunft keinen *blinden* Gehorsam zu praktizieren, sondern vielmehr hat man stets auch zu prüfen, ob erstens die verfolgten Ziele als solche vernünftig erscheinen und zweitens die Wege zur Erreichung der Ziele. Man ist auch in der Situation des Gehorsams nicht frei von Verantwortung (vgl. dazu auch die Fünfte Handreichung). Das relativiert Kants *privaten* Gebrauch der Vernunft, setzt ihn aber nicht außer Kraft.

Lehren aus Kants Aufklärungsaufruf . . .

Kants Aufsatz „Beantwortung der Frage: Was ist Aufklärung?" ist heute, nach 206 Jahren, immer noch hochaktuell. Aus ihm (und vielen flankierenden Schriften Kants und seiner Interpreten) lassen sich unmittelbar Führungsideen für heute entnehmen. Sie beziehen sich auf das gesellschaftliche Klima, auf die organisatorische Struktur und auf eine unbegrenzte Fülle von operativen Aktionen. Drei Grundverständnisse können dabei als prägend genutzt werden:

- *Aufklärung* sollte als unendlicher *Prozeß* verstanden werden, nicht als ein *Zustand.* Aufklärung hat kein Ende. Aufklärung erfordert ununterbrochenes eigenes Bemühen.
- *Mündigkeit* sollte stets als lockendes, jedoch nie erreichbares Fernziel gesehen werden, nicht aber als etwas längst Erreichtes. Phrasen (wie: „Meinen mündigen Wählern ..."), die zur Selbsttäuschung führen, sollten vermieden werden. Der *„Ausgang des Menschen aus seiner selbstverschuldeten Unmündigkeit"* (s.o.) bedeutet noch nicht *Erreichen* der Mündigkeit, sondern nur den *Einstieg* in den Prozeß der Aufklärung.
- *Mündigkeit* ist die Basis für *Freiheit,* Freiheit ist gekoppelt mit *Verantwortung.* Alles drei wird sich im Verbund

entwickeln, und zwar sowohl bezüglich des einzelnen als auch bezüglich eines jeden gesellschaftlichen Kollektivs. Mündigkeitslage, Freiheitsgrad und Verantwortungsverteilung müssen sich entsprechen. Wandelprozesse in Richtung auf höhere Mündigkeit, größere Freiheit und umfassendere Verantwortung sind zeitaufwendig. Die Entwicklung läuft aber häufig in umgekehrter Richtung: Je mehr Personen die vermeintliche Freiheit zu Lasten des Gemeinwohls mißbrauchen, desto geringer wird die allgemeine Mündigkeitslage eingeschätzt, und desto größer ist der allgemeine Konsens zur Einschränkung der Freiheitsgrade und zur Zentralisierung von Entscheidungskompetenz.

Das läßt sich durchdeklinieren über alle gesellschaftlichen Ebenen und beispielsweise für die politische Führung, für die Unternehmungsführung und für Universitätsprogramme spezifizieren.

. . . für die politische Führung, . . .

Jedes politische System hat sein spezifisches Klima, u.a. geprägt durch die Vorbildfunktion seiner Führer. Teile des Klimas konkretisieren sich in der gesellschaftlichen Organisationsstruktur. Diese läßt dem einzelnen unterschiedliche Freiheiten und baut auf unterschiedlichen Mündigkeitslagen auf. Bei hoher Mündigkeitslage läßt sich Verantwortung dezentralisieren. Eine niedrige Mündigkeitslage führt zur Zentralisation.

Flugzeugattentate haben die Durchsuchung aller Passagiere zur Folge. Umweltverschmutzung führt zu Umweltschutzgesetzen und Umweltschutzbehörden. Unternehmungskonzentrationen machen ein Kartellgesetz und ein Kartellamt erforderlich. Das Übersohrhauen von Verbrauchern induziert Verbraucherschutzgesetze. Es mag jeweils eine Minderheit sein, die die Freiheiten mißbraucht; wenn aber die Minderheit ein bestimmtes qualitatives und quantitatives Maß übersteigt, so daß sie störend wirkt, müssen Einschränkungen der Freiheit die Folge sein.

Das – nie erreichbare – Ideal eines Gemeinwesens ist der durch Vernunft der Bürger geleitete Staat. Er braucht weder Gesetze (also auch keine Legislative) noch eine Exekutive noch eine Gerichtsbarkeit. – Eine ewige Utopie, wenn auch eine schöne. Dagegen zeigt die zügellos erscheinende Gesetzesflut in der Bundesrepublik, daß wir uns von diesem Ideal immer weiter und immer schneller entfernen.

Mit der Freiheit der einzelnen wächst auch die Bedeutung von Vorbildern, denen sie nacheifern. Dabei kann ein einziges schwarzes Schaf unter den Führungspersonen mehr Unheil anrichten, als tausend Vorbilder wettmachen können. Nur in zentralistischen Systemen, in denen die einzelnen keine Freiheiten haben, spielt es dagegen kaum eine Rolle, wie sich die Führungsschicht benimmt.

. . . für die Unternehmungsführung und . . .

Analoges gilt auf der Unternehmungsebene.

Das Unternehmungsklima wird von der Führung aus geprägt. Alle Führungskräfte haben Vorbildaufgaben. Schwarze Schafe schädigen das Klima nachhaltig.

Ein durch die Vernunft der Aufklärung geprägtes Unternehmungsklima bedarf einer ununterbrochenen Erneuerung und kontinuierlichen Pflege. In einem fortgesetzten Prozeß ist die Mündigkeit aller Mitarbeiter zu verantwortungsbewußtem Handeln stets weiterzuentwickeln. Das Ziel sind nicht die engherzigen, ängstlichen, kleingeistigen Untertanen, sondern die aufgeschlossenen, verantwortungsbereiten und mutigen Leistungspartner.

Die Freiheit, die den einzelnen Mitarbeitern zu gewähren ist, ist individuell ihrer Mündigkeit zu verantwortungsbewußtem Handeln anzupassen.

... für die Universitätsprogramme

Auf dem Weg zu einer durch aufgeklärte Mündigkeit geprägten Gesellschaft spielen die Universitäten eine Schlüsselrolle. Welche Forschungs- und Lehrprogramme zielen lediglich auf die Vermehrung und Vermittlung von Fachwissen? Welche anderen Programme haben dagegen die Vertiefung und Verbreitung von aufgeklärter Mündigkeit zum Ziel?

An den Universitäten werden heute die Weichen gestellt, ob wir künftig ein Land von führungs*abhängigen* Fachspezialisten oder von führungs*bereiten* Vorbildern sein werden. Kant hat dazu den Weg angedeutet.

Kant als Aufklärer?

Kants Beitrag zur Aufklärung ist noch heute fruchtbar. Gleichwohl ist es unter den Kant-Interpreten umstritten, ob

Kant ein *Aufklärer* oder gar ein *Überwinder* des Aufklärungszeitalters war. In gewisser Weise war er beides.

Als Aufklärung versteht man gewöhnlich kulturelle und geistige Bewegungen, die die menschliche Vernunft an die Stelle von religiöser oder politischer Autorität setzen. Es gab mehrere derartige Epochen, u.a. in den Jahrhunderten nach Sokrates (469 bis 399 v. Chr.). Als *die* Aufklärung wird in Europa jedoch gewöhnlich nur die Epoche des 16. bis 18. Jahrhunderts gesehen. Sie wurde insbesondere geprägt durch Francis Bacon (1561 bis 1626), Hobbes (1588 bis 1679; vgl. Zweite Handreichung), Locke (1632 bis 1704), Berkeley (1684 bis 1753) und Hume (1711 bis 1776) in England/Irland/Schottland (vgl. Vierzehnte Handreichung), durch Montesquieu (1689 bis 1755), Voltaire (1694 bis 1778) und Rousseau (1712 bis 1778) in Frankreich, durch Leibniz (1646 bis 1716), Wolff (1679 bis 1754), Lessing (1729 bis 1781) und Kant in Deutschland. Friedrich der Große wird zu den prägenden *politischen* Gestaltern des Aufklärungszeitalters gezählt.

Charakteristisch für die Aufklärung ist ihre Ablehnung jeglicher echter Metaphysik. Die Aufklärung ist eng verknüpft mit naturwissenschaftlichem Denken und ist durch streng rationale Argumentation geprägt. Die Erziehung in der Aufklärung zielt auf die Gemeinschaft der Vernünftigen und ist die Basis für Bewegungen des politischen Liberalismus.

Das 19. Jahrhundert brachte mit einer Rückbesinnung auf die Metaphysik eine Überwindung der Aufklärungsphilosophie. Dazu trugen in Deutschland insbesondere Herder

(1744 bis 1803), Fichte (1762 bis 1814), Schleiermacher (1768 bis 1834), Hegel (1770 bis 1831) und Schelling (1775 bis 1854) bei, die sich teilweise gegen die Aufklärungsphilosphie als solche, teilweise gegen Kant wendeten. Aber Kant hatte selbst schon die Wege zur Überwindung einer engen, einseitigen Aufklärungsphilosophie aufgezeigt.

Auch der Nachfolger Friedrichs des Großen, Friedrich Wilhelm II., König von Preußen von 1786 bis 1797, stand der Aufklärung ablehnend gegenüber, beeinflußt durch aufklärungsfeindliche Geistliche, und verlangte von Kant „bei Vermeidung unserer höchsten Ungnade“ religionsphilosophische Mäßigung, „widrigenfalls Ihr Euch bei fortgesetzter Renitenz unfehlbar unangenehmer Verfügungen zu gegenwärtigen habt“ (Störig, S. 413).

In den Wissenschaften hält die Aufklärungsbewegung bis heute an.

Literatur zur Vertiefung

Lieber Leser: Den Originalaufsatz von Kant *Beantwortung der Frage: Was ist Aufklärung?* sollten Sie unbedingt lesen. Er ist – im Gegensatz zu den *drei Kritiken* – auch für den philosophischen Laien unmittelbar verständlich, anschaulich, überzeugend und mitreißend. Mitreißend ist auch die auf heute bezogene Interpretation *Um eine Mündigkeit von innen bittend*, der dritte Beitrag in dem Sammelband *Kant als Herausforderung an die Gegenwart* von Norbert Hinske (S. 67-85).

Aufklärung ist ein Thema ungebrochener Aktualität. Beispielsweise wurde das Heft 9-10/1989 von INNOVATIO ganz dem Thema Aufklärung gewidmet, vgl. dort meinen Beitrag *Ziel: innere Mündigkeit*. Auch gibt es seit 1986 die Zeitschrift *Aufklärung*, herausgegeben von Norbert Hinske.

Aufklärung ist ein wichtiges Stichwort in allen Wörterbüchern und Enzyklopädien: von Schischkoff bis Mittelstraß (Band 1, S. 213-218). In vielen historischen Übersichten der Philosophie stellt die Aufklärung eine ausgiebig erläuterte Epoche dar, beispielsweise bei Störig (S. 345-432).

Zum vertiefenden Studium über Kant sei auf die Literatur am Ende der Fünften Handreichung verwiesen.

Zehnte Handreichung

Immanuel Kant: Die Wahrheit im Irrtum*

Kant hat sich wiederholt und in vielfältiger Form für eine spezifische Toleranz im Umgang mit den Meinungen anderer ausgesprochen und dafür plädiert, auch in Irrtümern nach wahren Anteilen zu suchen. Dieses – keineswegs selbstverständliche – Prinzip läßt sich in vielfältiger Weise nutzen, als Aufforderung zum kreativen Zuhören, als grundlegendes Verhaltensmuster des Pluralismus, als Basis des Zusammenlebens und Zusammenarbeitens, als Grundeinstellung zur schöpferischen Kreativität.

Im folgenden Beitrag wird an eine breit angelegte Zusammenstellung und Interpretation der Kantischen Aussagen zu dieser Thematik angeknüpft, und zwar an „Norbert Hinske: Kant als Herausforderung an die Gegenwart".

Vollständiger Irrtum?

Wie oft hört oder liest man in – insbesondere politischen – Auseinandersetzungen, der Gegner habe *vollends* unrecht, nur weil er in einigen Teilen seiner Argumentation geirrt hat. Ist es nicht auch im Wissenschaftsbetrieb üblich, eine Arbeit mit *einem* argumentativen Fehler als *insgesamt*

---

* *aus: technologie & management, 38. Jg., 1989, Heft 3, S. 51-54*

falsch zu klassifizieren? Wird nicht oft auch eine andere Meinung als ganz und gar falsch bezeichnet und dem anderen auch ein bösartiges Motiv unterstellt, nur weil seine von der eigenen Meinung abweicht?

Ganz anders Kant: Für ihn gibt es keinen totalen Irrtum: *„Ein totaler Irrtum ist unmöglich"* (Hinske, S. 44). Und: *„Nie kann ein Mensch ganz und gar irren. Scheint es uns bisweilen: so haben wir den Menschen nicht verstanden."* Und: *„Nie kann aber ein Mensch ganz und gar irren, etwas Wahres ist immer in seiner Erkenntnis."* Und: *„Ganz falsch kann kein Urtheil, kann gar nichts seyn."* Und: *„Es giebt . . . natürlicher Weise daher keinen Totalen Irrthum."*

Daraus folgt für Kant auch sofort eine Regel für das Argumentieren mit Andersdenkenden: *„Man kann niemand belehren als nur durch den Rest des Verstandes, der noch in ihm ist"* (Hinske, S. 57). Und: *„Wir könen einen Menschen nur durch den rest seines eignen Gesunden Verstandes überzeugen. Spreche ich diesen ihm ab, so ist es thöricht, mit ihm zu vernünftlen."* Und: *„Wenn jemand glaubt, der andere habe ganz unrecht warum disputirt er dann mit ihm? Der ist wahnwitzig, der mit dem Wahnwitzigen vernünfftelt."*

Das Wahre im Falschen

Wenn nun aber der totale Irrtum nicht möglich ist, dann muß in jedem Irrtum etwas Wahres liegen. Das betont Kant in vielen Formulierungen: *„Es ist kein Urtheil was nicht particular wahr wäre"* (Hinske, S. 44). Und: *„Die Irrthü-*

mer, so groß und wichtig sie auch scheinen, sind doch alle nur particulär." Und: *„Aller Irrtum, in welchen der menschliche Verstand geraten kann, ist . . . nur partial, und in jedem irrigen Urteile muß immer etwas Wahres liegen.*"

Mit der Anerkennung von Wahrem im Irrtum zielt Kant nicht auf *logisch* oder *formal* falsche *Einzel*aussagen wie „2 hoch 3 ist 13" oder auf falsche *empirische* (z.B. historische) Behauptungen wie „Kant lebte vor Sokrates" oder „Belgien ist größer als Frankreich". Es geht ihm vielmehr um komplexe Argumentationen, um den Zusammenhang von Erkenntnissen, um „die Verknüpfung der Einzelerkenntnisse durch den Verstand bzw. durch die Vernunft" (Hinske, S. 46).

Bequemlichkeit oder Vernunft?

Die Anerkennung des Wahren im Irrtum und die daraus abgeleitete Aufforderung, nach den wahren Anteilen zu suchen, sind bei Kant nicht von oberflächlichen Motiven geleitet:

- Keine Rolle spielt bei ihm die *Bequemlichkeit*, lieber dem Andersdenkenden ein paar Aufmunterungen zu spenden, als ihn durch totale Widerlegung zu reizen.
- Sicher ist es bei Kant auch nicht ein Appell an den *Edelmut*, an die *Großherzigkeit*, dem Andersdenkenden eine gewisse Selbstachtung zu lassen.
- Wichtiger ist wohl schon die grundsätzliche *Einstellung zu anderen Menschen:* Ist es überhaupt möglich, daß ein

geistig gesunder Mensch mit seinem individuellen Verstand völlig falsch liegt – Ernsthaftigkeit vorausgesetzt?

- Es geht auch um das *vernünftige Zusammenleben* von Menschen. Wenn zwei Andersdenkende die Argumentatorik des jeweils anderen völlig ablehnen, dann gibt es zwischen ihnen keinerlei Brücke der Verständigung. Es ist aber logisch nicht möglich, daß beide Seiten im absoluten Recht sind. Neben die Logik tritt die Pragmatik: Wenn beide in dieser Welt irgendwie zusammenleben, d.h. irgendwie aufeinander angewiesen sind, dann *müssen* sie irgendwie miteinander auskommen.

- Ein zweiter Aspekt der Pragmatik: Mögen einem die anderen Ideen und Argumente auch noch so widersinnig und abstrus erscheinen, so ist zumindest die *Existenz dieser Argumente* ein Faktum. Die Ideen und Argumente werden dadurch, daß Menschen von ihnen überzeugt sind, zu einem Teil der Realität.

- Ein dritter Aspekt der Pragmatik: Ist es nicht spannend, in einem dialektischen Prozeß mit einem Andersdenkenden zu einer *höheren Einsicht* zu gelangen? Zwar mag es an der Kunst des Gebrauchs einer gesitteten, auf höhere Übereinstimmung gerichteten Dialektik fehlen, selbst wenn Hegel (1770 bis 1831) mit seiner Methodik „These – Antithese – Synthese“ (vgl. die Dreizehnte Handreichung) einen Weg andeutet, an den sich diese Kunst anhängen könnte; doch kann sich jeder in dieser Dialektik üben. Im übrigen ist Hegel als erklärter Kritiker von Kant keineswegs dem Kantischen Prinzip gefolgt, auch im (vermeintlichen) Irrtum des Andersdenkenden nach den wahren Anteilen zu suchen.

- Auch die Erkenntnisse der heutigen Kreativitätsforschung unterstützen im nachhinein Kants Aufruf zur Suche der Wahrheit im Irrtum. Man kann sich im *kreativen Hören* und im *kreativen Lesen* schulen und sich gerade durch die Gegenmeinungen zu eigenen neuen Ideen anregen lassen. Durch die Argumentationsnetze von Andersdenkenden und durch deren Integration in das eigene Argumentationsnetz lassen sich häufig interessante innovative Wege finden.
- Kants Überzeugung, ein totaler Irrtum sei unmöglich, ist eine wichtige Basis für einen jeglichen *Pluralismus*. Wenn nicht alle Mitglieder einer Gesellschaft allen anderen Mitgliedern – zumindest partiale – Wahrheitsfähigkeit zubilligen, kann kein pluralistisches System gedeihen. Begriffe wie *richtiges Bewußtsein, Parteilichkeit* und *Klassenstandpunkt* stehen einem solchen Verständnis entgegen (vgl. Hinske, S. 66). *Parteilichkeit* und *Klassenstandpunkt* bedeuten, daß man sich so intensiv einredet, das *richtige Bewußtsein* für sich und seine Klasse gepachtet zu haben, daß für andere Standpunkte von vornherein nur noch der Tadel *falschen Bewußtseins* bleibt.

Stärke oder Schwäche?

Kommen darin *Stärke und Sicherheit* oder *Schwäche und Unsicherheit* zum Ausdruck, daß man nach Wahrheit im

Irrtum der Andersdenkenden sucht? Zur Antwort darauf mag man sich einer zweidimensionalen Typologie bedienen, in der

- einerseits hinsichtlich Selbstwertgefühl, Willensstärke und Durchsetzungskraft zwischen *starken* und *schwachen* Personen,
- andererseits hinsichtlich der Bereitschaft, nach wahren Anteilen in den – vermeintlichen – Irrtümern der Andersdenkenden zu suchen, zwischen *Pluralisten* und *Singularisten* differenziert wird.

Durch Kombination erhält man vier (idealisierte) Typen:

- Der *starke Pluralist* hat seine eigenen Vorstellungen, steht aber gleichzeitig den Ideen von Andersdenkenden positiv und offen gegenüber, verbunden mit einem ausgeprägten und reflektierten Selbstwertgefühl: „Es schadet meinem Ansehen nicht, wenn ich meine Ideen revidiere und mit anderen Ideen kombiniere oder sie gar durch andere Ideen ersetze.“ Er ist ein potentieller *Schöpfer* von neuen Wegen, der Fremdideen und eigene Kreativität kombiniert.
- Der *starke Singularist* ist von sich und seinen Ideen so überzeugt, daß er andere Ideen gar nicht zur Kenntnis nimmt und nur nach seinen eigenen Überzeugungen handelt. Er hat ein unreflektiertes hohes Selbstwertgefühl: „Ich bin so gut, daß ich nicht auf andere zu hören brauche.“ Er ist ein *Kraftmeier*, der seine Ideen rücksichtslos in die Tat umsetzt.
- Der *schwache Pluralist* hat demgegenüber keine ausgeprägte eigene Meinung, die er in einen Gestaltungsprozeß

einzubringen vermag. Sein Selbstwertgefühl mag eher niedrig sein: „Die anderen haben so gute Ideen, daß ich gar keine eigenen zu erzeugen brauche.“ Er ist ein *Kopfnicker*, der allen anderen zustimmt, auch wenn sie miteinander streiten und völlig entgegengerichtete Meinungen vertreten.

- Der *schwache Singularist* stellt dagegen eine – zumindest vermeintlich – eigene Idee vor und kämpft für deren Ausführung. Ideen von Andersdenkenden lehnt er grundsätzlich ab, da sie seine eigene Idee herabmindern oder gar in Frage stellen könnten. Er hat ein eher schwaches Selbstwertgefühl: „Ich muß die Ideen der Andersdenkenden abwehren, damit meine eigene Idee keine Wertminderung erfährt.“ Er ist ein *Forschling*, der seine Unsicherheit mit forschem Argumentieren für die eigene Idee überspielt.

In dieser Typologie ist nur *einer*, der *starke Pluralist*, ein *natürlicher* Verfolger von Kants Vorschlag, die Wahrheit im Irrtum der Andersdenkenden zu suchen. Für die drei anderen Positionen der Typologie ist Kants Aufforderung gleichzeitig eine Herausforderung, über die eigene Position zu reflektieren und eine Verhaltensänderung zu erwägen.

Der intellektuelle Reiz

Es ist nicht nur vernünftig, sich mit den Gedanken Andersdenkender auseinanderzusetzen, sondern es ist oft auch von hohem intellektuellem Reiz. Das zeigt sich in vielen Situationen:

- *Lektüre:* Es ist reizvoll, gelegentlich Zeitungen zu lesen, die von des Lesers eigener Weltanschauung weit entfernt sind – je weiter, desto besser. Das können Parteizeitungen sein, Gewerkschaftszeitungen, stark ideologisch ausgerichtete Zeitungen aus unterschiedlichen gesellschaftlichen Bewegungen. Sortimentsvorschlag für eine zweistündige Eisenbahnreise: *Deutsche National-Zeitung* und die *Tageszeitung (taz), Deutscher Anzeiger* und *Emma.* Die Unterschiede zwischen den Sichten in diese Welt sind enorm. Diese Vielfalt wird dem Leser erst durch solche Sortimente bewußt. Die Argumentationen mögen einem – je nach eigener Position – irrig erscheinen, gleichwohl kaum *total* irrig. Und selbst das, was dem Leser irrig erscheinen mag, ist insofern Realität, als in den Redaktionen und auch bei den Lesern diese Argumente als richtig erscheinen. Der Schwache, der sich seiner eigenen Meinung unsicher ist, wird ein solches Sortiment ablehnen und sich auf das Blatt seiner eigenen gesellschaftlichen Gruppierung beschränken – zwecks Pflege der *eigenen* Meinung. Der starke Leser, der sich der Grundlagen seines Weltbildes sicher ist, mag solche Sortimente überaus anregend und stimulierend finden – auch wenn er sich über manche Plumpheiten zu ärgern anschicken mag.
- *Innovationsprozesse:* Gegenteilige Meinungen können überaus stimulierend sein. Das wird gezielt in Kreativitätssitzungen genutzt und ist letztlich die Basis für *Brainstorming*, für *Synectics*, für *Morphologie* nach Zwicky etc. Man könnte bei geeigneten Themen solchen Sitzun-

gen sogar eine *systematisierte Bestandsaufnahme* der vorhandenen Lehrmeinungen vorausschicken, in denen die Übereinstimmungen und die Gegensätze deutlich hervorgehoben werden. Man könnte Kreativitätssitzungen auch mit einem konzentrierten Dialog zwischen Meinungsgegnern beginnen.

- *Wirtschaftspolitik:* In erbitterter Gegnerschaft stehen sie sich gegenüber, die *Angebots*politiker und die *Nachfrage*politiker in der Nationalökonomie, schlagen aufeinander ein und reden aneinander vorbei. Wie wäre es, wenn man ihnen ein intensives „Wahrheit-im-Irrtum"-Training verordnete und sie anschließend in die Enklave steckte, bis sie etwas Gemeinsames produziert hätten? Das Ergebnis dürfte kein schwacher Kompromiß sein, sondern müßte die Qualität einer politisch umsetzbaren Theorie haben. Hegels *These-Antithese-Synthese*-Dialektik sei ihnen anempfohlen (Dreizehnte Handreichung).
- *Marketing:* Eine erfolgreiche Taktik des Marketing besteht darin, den Kunden als Informationsquelle zu nutzen, insbesondere bezüglich seiner Wünsche für neue Produkte. Das wird in der Automobilbranche intensiv betrieben. So sprach P.W. Schutz 1985, damals Vorstandsvorsitzender der Porsche AG: *„Wenn man genau genug zuhört, erklärt einem der Kunde das Geschäft"* (technologie & management 4/85, S. 40). Ganz ähnlich sprach es John Egan, Chief Executive von Jaguar, aus: *„We can even get to know why people buy our cars and can refine our marketing programmes accordingly"* (technologie & management 2/85, S. 28).

- *Führung:* Man kann das Schutz-Egan-Prinzip auf die Führung einer Unternehmung nach innen übertragen: „Wenn man genau genug hinhört, erklären einem die Mitarbeiter die künftige eigene Unternehmung." Das ist kein Plädoyer für eine „Führung von unten". Aber man erfährt bei den Mitarbeitern vieles, was einem sonst verborgen bliebe – Schwachstellen und Potentiale, Gefahren und Chancen, Quellen der Unzufriedenheit und der Zufriedenheit, Frustration und Freude. Eine starke Führungsperson wird besonders an kritischen und unbequemen Meinungen interessiert sein, denn diese enthalten das Potential für Verbesserungen.

Die gesellschaftliche Kultur pflegen

Die Aufforderung Kants, auch bei Andersdenkenden die wahren Anteile im (vermeintlichen) Irrtum zu suchen, kann auf vielen Ebenen zur Entwicklung einer humanen Kultur des Umganges miteinander genutzt werden:

- Die politische *Kultur der Demokratie* – in Bund, Ländern, Gemeinden, Unternehmungen, Gewerkschaften, Universitäten etc. – erfordert geradezu trotz Trennung in Regierung und Opposition die Orientierung am Gesamtwohl für die Gemeinschaft. Alle sind verpflichtet, nach der besten Lösung zu suchen, und das schließt die Suche bei den Meinungen der Andersdenkenden mit ein. Von diesem Idealzustand einer *reifen* Demokratie sind wir weit entfernt, und es scheint oft, als sei es das höchste politische Ziel, die Andersdenkenden als völlig unfähig zu entlarven.

- Ähnlich ist es zum Teil in der *wissenschaftlichen Auseinandersetzung*. Oft liest man Formulierungen wie „Kritik: Der Autor XY hat aber übersehen, daß . . .". Der kritisierte Autor XY wird also der partialen Dummheit bezichtigt, und man schafft sich selbst den Spielraum, die eigene Geistespotenz glänzen zu lassen. Sehr selten findet man dagegen Formulierungen wie „Der Autor XY hat mich zu der folgenden Ergänzung (Erweiterung, Vervollständigung . . .) angeregt."
- Ähnliches gilt für die *Kunst der Mitarbeiterführung*. Man kann Kritik von unten durch Gegenangriff, durch Vorwürfe, durch Schuldzuweisungen etc. sehr schnell abwehren – und eine Menge Frust erzeugen. Man kann aber auch Informationen über Unbehagen aufnehmen und zum Ausgangspunkt von Korrekturen in der Zusammenarbeit machen.

Durch Offenheit gegenüber fremden – auch unkonventionellen – Ideen entsteht eine *innovative Kultur.* Wo Ideen mit Killerphrasen abgetötet werden, wird man schnell auch die Kreativität töten. Wo Ideen positiv aufgenommen werden und ggf. zu Erneuerungen führen, entwickelt sich ein Klima der schöpferischen Veränderung.

Kant und der westliche Pluralismus

Kants Aufforderung, auch bei Andersdenkenden die Wahrheit im (vermeintlichen) Irrtum zu suchen, ist eine der

Grundsäulen des westlichen Pluralismus. Sie ließe sich noch weiter kultivieren und intensiver praktizieren, und dazu müßte das Bewußtsein für die Wahrheit im Irrtum noch tiefer entwickelt werden.

Der freiheitliche Wettbewerb in den westlichen Demokratien ist durch diesen Pluralismus geprägt. Das gilt für den Wettbewerb zwischen den Unternehmungen, für den Wettbewerb zwischen den Parteien, für den Wettbewerb im Sport, für den Wettbewerb der wissenschaftlichen Ideen etc. Von allen Wettbewerbsteilnehmern werden *Programme* angeboten, bestehend aus Produkten, Dienstleistungen, Ideengebäuden, Techniken etc. Nur selten ist ein Programm in jeder Hinsicht einem anderen überlegen; zumeist wird jedes Programm seine Stärken und auch seine Schwachstellen haben. Jeder kann aus den eigenen und fremden Stärken und Schwachstellen lernen.

Zentralistische Systeme halten dagegen einen Pluralismus nicht aus. Beispiel China: Im Frühjahr 1957 forderte Mao die Chinesen zur freien Meinungsäußerung auf: „Laßt hundert Blumen blühen, laßt hundert Schulen (geistige Ideen) miteinander wetteifern!" Viele glaubten, damit sei eine liberale Epoche eingeläutet; und vor allem aus den Hochschulen quoll eine Flut an kritischen Vorschlägen zur Erneuerung des Systems. Die Meinungsfreiheit fand im Sommer 1957 ein jähes Ende, und die Hochschulen mußten für die in ihnen geäußerte Kritik büßen. Hunderttausende von Intellektuellen wurden verhaftet und in Arbeitslager gesteckt. Während der *Kulturrevolution* von 1966 bis 1976 fand dann die Unterdrückung des Pluralismus ihren Höhepunkt. Nach Maos Tod 1976 entstanden neue Ansätze eines Liberalismus, insbesondere gefördert durch die Politik von Deng Xiaoping. In verschiedenen Anläufen drängten Studenten auf eine schnellere Verwirklichung von Demokratie und Pluralismus. Das Massaker vom 3./4. Juni 1989 brachte erneut ein Ende des Weges zur Gedankenfreiheit.

Marx: Kritik als Waffe, ihr Ziel die Vernichtung

Die Aufforderung von Kant, auch im Irrtum das Wahre zu suchen, mag uns ohne eine literarisch belegte Gegenposition als allzu selbstverständlich für menschenwürdiges Zusammenleben erscheinen. Daher sei die entgegengerichtete These des Marxismus, wie man mit Andersdenkenden stattdessen verfahren sollte, als Kontrast gegenübergestellt. Karl Marx (1818 bis 1883) schreibt in seinem Aufsatz „*Zur Kritik der Hegelschen Rechtsphilosophie*" (S. 378 bis 391; vgl. auch Hinske, S. 59f.):

„*Krieg* den deutschen Zuständen! Allerdings! Sie stehen *unter dem Niveau der Geschichte*, sie sind *unter aller Kritik*, aber sie bleiben ein Gegenstand der Kritik, wie der Verbrecher, der unter dem Niveau der Humanität steht, ein Gegenstand des *Scharfrichters* bleibt. Mit ihnen im Kampf ist die Kritik keine Leidenschaft des Kopfs, sie ist der Kopf der Leidenschaft. Sie ist kein anatomisches Messer, sie ist eine Waffe. Ihr Gegenstand ist ihr *Feind*, den sie nicht widerlegen, sondern *vernichten* will. Denn der Geist jener Zustände ist widerlegt. An und für sich sind sie keine *denkwürdigen* Objekte, sondern ebenso verächtliche als verachtete *Exi-*

stenzen. Die Kritik für sich bedarf nicht der Selbstverständigung mit diesem Gegenstand, denn sie ist mit ihm im reinen. Sie gibt sich nicht mehr als *Selbstzweck*, sondern nur noch als *Mittel*. Ihr wesentliches Pathos ist die *Indignation*, ihre wesentliche Arbeit die *Denunziation*" (Marx, S. 380).

So einfach ist es, aus *Parteilichkeit* und *Klassenstandpunkt* heraus für sich das *richtige Bewußtsein* (s.o.) zu pachten und daraus das Recht abzuleiten, die Vertreter einer Gegenmeinung zu *vernichten*.

Bei Marx heißt es dann weiter: „Die Kritik, die sich mit diesem Inhalt befaßt, ist die Kritik im *Handgemenge*, und im Handgemenge handelt es sich nicht darum, ob der Gegner ein edler, ebenbürtiger, ein *interessanter* Gegner ist, es handelt sich darum, ihn zu *treffen*" (Marx, S. 381).

Das ist tatsächlich in marxistischen Schriften und Reden immer wieder geübt worden: Herabwürdigung des Andersdenkenden, Verächtlichmachung, Unterstellung übler Motive, gezielte Fehlinterpretation, moralische Vernichtung. Wer diese und andere Bekenntnisse von Marx gelesen hat, ist gewarnt: Die Kritik als *Mittel*, als *Waffe* soll ihn *treffen*, ihn *vernichten*.

Die Vernunft des Andersdenkenden anerkennen

Die Behandlung Andersdenkender bei Marx steht in einem diametralen Gegensatz zu Kant. In unserer pluralistischen Gesellschaft werden die Lehren des Marxismus einschließlich ihrer Irrtümer nach guter Kantischer Tradition auf ihre Wahrheiten hin untersucht. Doch steht der Marxismus der Idee des Pluralismus entgegen und kann – im Gegensatz zur Kantischen Tradition – niemals zum Leitprinzip eines Pluralismus werden. Marx paßt zwar in eine durch Kant geprägte tolerante Gesellschaft, aber Kant nicht in eine an Marx gebundene ideologische Enge.

Hinske (S. 66) schließt sein Kapitel von 1974 (zum 250. Geburtsjahr von Kant) über die *Unmöglichkeit des totalen Irrtums* mit: *„Kant feiern bedeutet heute: sich auf seine Idee der allgemeinen Menschenvernunft zurückbesinnen, die immer auch die Vernunft der Andersdenkenden ist."* Dazu besteht nach wie vor aktueller Anlaß.

Literatur zur Vertiefung

Lieber Leser: Wieder sollten Sie Hinske lesen, und zwar *Kants Theorie von der Unmöglichkeit des totalen Irrtums*, den zweiten Beitrag seines Bandes *Kant als Herausforderung an die Gegenwart* (S. 31-66). In eine ähnliche Richtung, aber nicht auf die Interpretation von Kant zielend, geht sein Gastkommentar *Erinnerungen an Gesprächskultur*.

In einigen philosophischen Wörterbüchern und Enzyklopädien ist das Stichwort „Irrtum" behandelt, so bei Schischkoff und bei Mittelstraß (Band 2, S. 298-299).

Die Wahrheit im Irrtum zu suchen, ist ein integraler Bestandteil des Aufklärungsverständnisses von Kant. Insofern sei auch auf die Literatur zur Neunten Handreichung verwiesen, ferner in bezug zum gesamten Werk Kants auf die Literatur zur Fünften Handreichung.

Elfte Handreichung

Der Stoische Manager: Lehren aus der römischen „Staatsphilosophie"*

Die stoische Philosophie ist eine umfassende Grundlage der Lebenskunst, eine breite Sammlung von Prinzipien zur Lebensbewältigung, eine tiefreichende Anleitung zur inneren Zufriedenheit. Das wird in dieser Handreichung aufgegriffen, in der das reichhaltige Gedankengut der stoischen Philosophie in zwölf Leitsätzen zu einer Führungslehre verdichtet wurde. Sie sind dem Buch „Der Stoische Manager" entnommen.

Die Stoa bildet eine der längsten Perioden der Philosophie. Sie begann um 300 v. Chr. in Athen mit Zenon, Kleanthes und Chrysipp, erreichte dann in ihrer zweiten Epoche mit Panaitios und Poseidonios um 150 bis 50 v. Chr. ein Zwischenhoch und gelangte in ihrer dritten Epoche mit dem Staatsmann Seneca (4 v. Chr. bis 65), dem Sklaven Epiktet (ca. 50 bis 138) und dem Kaiser Marc Aurel (121 bis 180) als eine Art „römische Staatsphilosophie" zu ihrem Höhepunkt an praktischem Einfluß.

Die Stoa wirkt bis in die heutige Zeit hinein. Viele Philosophen, Wissenschaftler, Literaten und Politiker der Neuzeit haben sich auf die stoischen Lehren berufen, so Des-

---

* *aus: technologie & management, 39. Jg., 1990, Heft 4, S. 36-40*

cartes, Friedrich der Große, Kant, Goethe und viele Nachfolger. Auch in der modernen Psychotherapie wird auf die Stoa als gedankliche Quelle zurückgegriffen, vgl. „Stoizismus und rational-emotive Therapie" von Hoellen.

Stoische Führung, dreigeteilt

Stoisches Management, Führung in stoischer Kultur, bedeutet, *sich selbst* führen zu lernen, um *andere* besser führen zu können.

Die Lehre der stoischen Führung wird hier in drei Themenkreisen dargestellt, den Umgang mit den *Dingen* betreffend, den Umgang mit *Menschen* betreffend und den Umgang mit *sich selbst* betreffend, pro Themenkreis in vier Leitsätzen.

Gelassen und zielkonzentriert mit den Dingen umzugehen lernen:

Gebündelte Kraft der Sachwirksamkeit

Im Umgang mit den *Dingen* dieser Welt sind *Gelassenheit* und *Zielkonzentration* die Eckpfeiler, an denen sich das Verhalten orientiert. Zentral ist die Kunst zu unterscheiden, was in unserer Macht steht und was nicht in unserer Macht steht. Was nicht in unserer Macht steht, sollten wir mit Gelassenheit akzeptieren. Dagegen sollten wir unsere Kräfte auf das konzentrieren, was in unserer Macht steht, was also gestaltbar ist. In unserer Macht stehen in jedem Falle unsere *Vorstellungen* von den Dingen dieser Welt, auch wenn die Dinge selbst nicht in unserer Macht stehen.

Leitsatz 1: Erkennen, was in unserer Macht steht

Es klingt einfach, ist aber in der praktischen Anwendung schwierig, nämlich zu unterscheiden zwischen dem, was in unserer Macht steht, und dem, was nicht in unserer Macht steht.

Epiktet sagt: *„Von den Dingen hat Gott die einen in unsere Gewalt gegeben, die anderen nicht“* (S. 54).

- Wir haben keinen Einfluß auf das Wetter, aber wir können uns vor vielen Wetterschäden schützen.
- Wir haben keinen Einfluß auf einen Verkehrsstau, aber wir können ihn, wenn wir davon wissen, großräumig umfahren.
- Ein Politiker hat – nach einer Wahl – keinen Einfluß mehr auf das Ergebnis, aber er kann sich mit all seiner Kraft auf die nächste Wahl konzentrieren.
- Ein Produktmanager hat keinen Einfluß auf die Produkte der Wettbewerber, aber er kann durch die eigenen Produkte die der Wettbewerber in den Schatten zu stellen versuchen.

Was man auch immer tun mag, man sollte sich vorher fragen, welche Dinge in der eigenen Macht stehen und welche nicht.

Leitsatz 2: Annehmen, was nicht in unserer Macht steht

Wenn man erkannt hat, daß etwas nicht in der eigenen Macht steht, dann sollte man darauf auch keine Energie verwenden. Vielmehr sollte man es akzeptieren, es annehmen, wie es ist. Epiktet sagt dazu: *„Verlange nicht, daß alles so geschieht, wie du es wünschest, sondern sei zufrieden, daß es so geschieht, wie es geschieht, und du wirst in Ruhe leben“* (S. 25), ferner: *„Sich bilden heißt demnach, alles so zu wollen, wie es geschieht“* (S. 62).

In dieser Kunst liegt die sprichwörtliche *stoische Gelassenheit*, die vielgepriesene *stoische Ruhe*, der immer wieder betonte – jedoch oft als Fatalismus mißverstandene – *stoische Gleichmut*, für viele das wichtigste Kennzeichen eines Stoikers.

- Ein Stoiker regt sich in einem Verkehrsstau nicht auf, sondern nutzt die erzwungene Ruhe für Sinnvolles.
- Ein Stoiker bleibt unberührt, wenn er sein Flugzeug verpaßt hat, und verschwendet auf dieses Mißgeschick nachträglich keine nutzlose Energie.
- Ein stoischer Politiker läßt sich von keinen Mißerfolgen der Vergangenheit niederschlagen, sondern lernt aus den Mißerfolgen der Vergangenheit für die Erfolge der Zukunft.
- Ein stoischer Unternehmer läßt sich nicht durch Erfolge der Wettbewerber entmutigen, sondern nimmt sie hin als ständige Herausforderung an die eigene Leistung.

Es erfordert langes Üben, bei Dingen, die nicht in der eigenen Macht stehen, gelassen zu bleiben – aber die Saat des Übens bringt reiche Ernte: eine unerschütterliche innere Ruhe.

Man sollte sich der Gelassenheit gegenüber allen Dingen befleißigen, die außerhalb der eigenen Macht stehen.

Leitsatz 3: Die Macht über unsere Vorstellungen ausüben

Ein Stoiker unterscheidet zwischen den *Dingen* und seinen *Vorstellungen* von ihnen. Häufig haben wir zwar keine Macht über die Dinge, aber es bleibt uns *stets* die Macht über unsere Vorstellungen davon.

Epiktet sagt: „*Nicht die Dinge selbst beunruhigen die Menschen, sondern die Vorstellungen von den Dingen*" (S. 24), ferner: „*Jedes Ding hat zwei Handhaben; je nachdem man es faßt, wird es unerträglich oder erträglich*" (S. 45).

Marc Aurel spricht es ähnlich aus: „*Du kannst dich von vielen unnötigen Dingen, die dich quälen, befreien; denn sie existieren bloß in deiner Einbildung*" (S. 131).

Seneca gibt die ähnliche Empfehlung: „*Der Fehler liegt nicht in den Dingen, sondern in uns selbst*" (SfM, S. 19).

Wir alle sind nicht hinreichend gewohnt, zwischen einem *objektiven Tatbestand* und unserem *subjektiven Urteil* zu unterscheiden. Sprechen und denken wir nicht zu oft ‚*Es ist*' statt ‚*Ich meine, es sei*'?

- Äußern wir nicht oft Sätze wie ‚Jener Mensch *ist* unsympathisch' anstatt ‚Er *ist mir* unsympathisch'?
- Behaupten Politiker nicht oft, die jeweils andere Partei *sei* unfähig oder *plane* Böses anstatt ‚Ich *empfinde sie als* unfähig' und ‚Ich *glaube,* sie plant Böses'?
- Sagen nicht (und zwar seit jeher) viele Erwachsene apodiktisch ‚Die Jugend *ist* böse'? Da sie nur ihr eigenes Urteil aussprechen, müßten sie sagen ‚Ich *halte* die Jugend für böse'.

Viele statten das eigene *subjektive Urteil* mit dem Anspruch *objektiver Gültigkeit* aus und binden sich damit an ihre nunmehr als Wahrheit mißverstandene persönliche Meinung. Wer dagegen zwischen *Tatbeständen* und der *eigenen Meinung* zu unterscheiden weiß, wird bei der Suche nach objektiver Information *Fakten sammeln,* dagegen bei der Bewertung der Fakten sich seiner Freiheit, ein eigenes *Urteil bilden* zu können, zielgerichtet bedienen.

Man sollte sich der Unabhängigkeit seiner eigenen Vorstellungen von den (oft nicht in der eigenen Macht stehenden) Dingen stets bewußt sein.

Leitsatz 4: Unsere Kräfte auf das Gestaltbare konzentrieren

Stoiker sind *Menschen der Tat.* Das ist allerdings weniger bekannt als das Attribut des stoischen *Gleichmuts* und der stoischen *Gelassenheit.* Beides hängt miteinander zusammen. Da Stoiker das, was nicht in ihrer Macht steht, mit

Gelassenheit annehmen, können sie ihre Kräfte voll auf die Dinge konzentrieren, die in ihrer Macht stehen.

Sie planen zielorientiert und richten dabei ihre Gedanken auf die beeinflußbaren Dinge. Sie führen die Pläne aus und konzentrieren ihre Kräfte plangemäß auf das Gestaltbare. Sie schließen den Zufall durch Planung weitgehend aus.

So bescheinigt Marc Aurel einem anderen *„die unbedingte Festigkeit seines Grundsatzes, nichts dem Zufall zu überlassen"* (S. 3). In Erinnerung an seinen Vater betont er, *„daß seine Fürsorge weit in die Zukunft reichte und daß er die kleinsten Erfordernisse schon im voraus bedachte"* (S. 7).

Auch Epiktet stellt das Ausschalten des Zufalls und das vorausschauende Gestalten, das Planen, in den Vordergrund: *„Bei allem, was du tust, bedenke die notwendigen Voraussetzungen und die Folgen, dann erst beginne"* (S. 36), und: *„Es ist zweierlei: handeln und mit Bewußtsein handeln"* (S. 57).

Bei Seneca treten die Tat als solche und der Mut zur Tat mehr in den Vordergrund: *„Nicht weil es schwer ist, wagen wir's nicht, sondern weil wir's nicht wagen, ist es schwer"* (SfM, S. 77), und: *„Ein großer Teil des Fortschreitens besteht darin, daß wir fortschreiten wollen"* (SfM, S. 43).

Man sollte alle Energie auf die Gestaltung dessen richten, was in der eigenen Macht steht.

Resümee 1 bis 4: Gelassenheit und Zielkonzentration im Umgang mit den Dingen

Die vier ersten Leitsätze, den Umgang mit den Dingen *betreffend, in zusammenfassender Wiederholung: Wer gelernt hat, zwischen den Dingen, die nicht in seiner Macht stehen, und denen, die in seiner Macht stehen, zu* unterscheiden *(Leitsatz 1), kann sich bezüglich der ersteren in* Gelassenheit *üben (Leitsatz 2) und seine ganze* Gestaltungsenergie *auf die letzteren konzentrieren (Leitsatz 4). In jedem Fall stehen die* Vorstellungen *von den Dingen in der eigenen Macht (Leitsatz 3).*

Offen und abwehrbereit mit Menschen umzugehen lernen:

Kontrollierte Stärke der Personenwirksamkeit

Während der erste Themenkreis den Umgang mit den *Dingen* betrifft, geht es bei dem zweiten Themenkreis um den Umgang mit *Menschen.*

Auch hier steht eine Unterscheidung am Anfang, die zwischen *Anregung* und *Angriff:*

- Mit vielen Menschen arbeiten wir an *gemeinsamen Aufgaben* zusammen und verfolgen *gemeinsame Ziele*, selbst wenn über die *besten Wege* zu den Zielen unterschiedliche Auffassungen bestehen mögen. Verbesserungsvorschläge und auch Kritik sollten wir als *Anregungen* auffassen, denen gegenüber wir uns öffnen.

- Unser Verhältnis zu *anderen* Menschen mag dagegen durch einen *grundlegenden Konflikt*, auch durch einen *Gegensatz der Ziele* geprägt sein, und wir müssen damit rechnen, daß sie uns mit Angriffen attackieren. Diese müssen wir geschickt abzuwehren lernen.

Schließlich sollten wir ein Klima prägen, in dem Offenheit und Vertrauen gedeihen, Kritik nicht als Angriff mißverstanden wird und zerstörerische Angriffe unterbleiben.

Leitsatz 5: Zwischen Anregung und Angriff unterscheiden können

Die Welt ist voller Gegensätze, und zwischen den Menschen gibt es Meinungsunterschiede in großer Vielfalt.

Oft sitzt man mit anderen in demselben Boot, man gehört mit ihnen demselben sozialen System an, ist in das System durch dieselben Oberziele eingebunden und hat gemeinsam die in dem System entstehenden Aufgaben zu lösen, sei es eine Unternehmung, eine Universität, ein Sportverein oder – auf höherer Ebene – ein Land, ein Staat.

Über die Oberziele des Systems mag Konsens bestehen; Meinungsverschiedenheiten bezüglich der Zielgewichtung, bezüglich der Wichtigkeit und Dringlichkeit der einzelnen Aufgaben, bezüglich der besten Wege zur Lösung der Aufgaben sind jedoch an der Tagesordnung. Sie sind die Ursachen für die *eine* Art von Konflikten, für *Mittel*konflikte, für Konflikte auf der Suche nach der besten Zielerreichung.

Demgegenüber gibt es bei gegenläufigen Interessen Streitigkeiten von grundsätzlicher Natur, Konflikte der *anderen* Art, *Ziel*konflikte, Konflikte über die sinnvollen Oberziele als solche. Die Gegner möchten etwas völlig Unterschiedliches, oft sogar etwas Entgegengesetztes. Sie fühlen sich nicht durch Zielkonsens verbunden. Sie sitzen in getrennten Booten, deren Zielsetzungen gegeneinander gerichtet sind.

Wir müssen zu unterscheiden lernen zwischen denen, mit denen wir in demselben Boot sitzen, und denen, die ihr Boot gegen das unsere einsetzen.

Zwischen beiden zu unterscheiden, ist oft nicht einfach. Gleichwohl ist es fundamental wichtig. Wenn man im *gleichen* Boot sitzt, also durch gemeinsame Ziele und Aufgaben verbunden ist, dann sollten alle Argumente und Äußerungen auf ihren möglichen *Nutzen*, auf ihr *Problemlösungspotential* hin geprüft werden. Wenn man dagegen aus einem *anderen* Boot attackiert wird, dann sind *Abwehrstrategien* angebracht.

Seneca gibt eine vage Richtschnur: *„Beides ist falsch: allen zu trauen und keinem zu trauen. Aber der eine Fehler ist doch sozusagen der ehrenwertere, wenn auch der andere mehr Sicherheit bietet"* (S. 194; auch SfM, S. 9). Ferner deutet er eine potentielle Ursache an: *„Ein kleines Darlehen macht einen Schuldner, ein großes einen Feind"* (SfM, S. 21).

Das gilt es zu üben, zwischen *Anregungen* derer, die im gleichen Boot sitzen, und *Angriffen* derer aus anderen Booten zu unterscheiden.

Was auch immer gesagt wird und wie auch immer es vorgetragen wird, man sollte *vor* einer Reaktion entscheiden, ob eher eine Anregung oder ein Angriff vorzuliegen scheint.

Leitsatz 6: Für die Ideen anderer offen sein

Wenn man mit einem anderen in demselben Boot sitzt, also mit ihm durch dasselbe soziale System, Zielkonsens und gemeinsame Aufgaben verbunden ist, so sollte man alle Vorschläge von ihm zunächst einmal als *Anregung*, als produktive Ideen, als Gestaltungsbeiträge auffassen, selbst wenn ihre Formulierung ungeschickt, gar verletzend erscheinen mag. Mit einem gewissen Selbstbewußtsein wird man dann alle Ideen anderer, in welcher Art sie auch geäußert sein mögen, freudig begrüßen und auf verwertbare Bestandteile prüfen. Es ist der Typ des *starken Pluralisten* (Zehnte Handreichung), der diese Offenheit gegenüber Anregungen ständig praktiziert. Die anderen Typen, der *starke Singularist*, der *schwache Pluralist* und der *schwache Singularist* müssen das erst lernen.

Anregungen aus *Mittel*konflikten zu ziehen, entspricht der Suche nach *Wahrheit im Irrtum* (Zehnte Handreichung). Es erfordert eine gewisse menschliche Überlegenheit, eine *produktive Sensibilität* – im Gegensatz zu einer *Verletzbarkeit* als einer *abwehrenden Empfindlichkeit*.

Epiktet sagt: *„Sagt jemand zu dir: der oder jener hat dir Übles nachgeredet, so rechtfertige dich nicht erst lange,* *sondern antworte: er kennt eben meine anderen Fehler nicht, sonst hätte er wohl noch mehr gesagt"* (S. 41).

Wird man von einem anderen für eine schwache Leistung, für eine nicht zufriedenstellende Problemlösung etc. kritisiert, so akzeptiere man die Kritik als Anregung, denn alles kann noch verbessert werden. Das gilt auch für unpräzise Formulierungen, etwa in Fachbüchern, in Handbüchern, in Arbeitsanleitungen; Seneca: *„Offensichtliches kann immer noch offensichtlicher werden"* (SfM, S. 65). Es kommt auf diese Überzeugung an: Gutes kann immer noch besser werden; Starkes kann immer noch stärker werden; Leistungsfähiges kann immer noch leistungsfähiger werden.

Alles, was in gedanklichen Auseinandersetzungen auf uns einströmt, ist mit potentiell nutzbaren Anregungen durchsetzt. Man sollte durch innere Offenheit die Bereitschaft praktizieren, alle Anregungen zu erkennen und die besten von ihnen umzusetzen.

Leitsatz 7: Auf Bosheit geschickt reagieren können

Die Offenheit für *Anregungen* läßt sich wirksam kombinieren mit der Abwehrbereitschaft gegenüber *Angriffen.* Leben ist Kampf, zum Kampf braucht man Kampfgeist, und dieser entwickelt sich nicht ohne Erfahrung aus Niederlagen. Seneca: *„Ein Athlet, der nie braun und blau geschlagen worden ist, wird keinen großen Kampfgeist zum Wettkampf mitbringen"* (SfM, S. 17).

Auf die Verteidigung des Körpers mag man vorbereitet sein, aber nicht auf die Verteidigung der Seele. Epiktet: „*Du würdest unwillig sein, wenn jemand dem ersten besten auf der Straße deinen Körper überließe. Daß du aber dem ersten besten dein Gemüt überläßt, so daß es über seine Schmähungen in Aufregung gerät, dessen solltest du dich nicht schämen?*“ (S. 35). Auch gegenüber dem Versuch von Kränkungen der Seele ist Gelassenheit angesagt. Epiktet: „*Wenn dich einer kränkt mit Wort oder Tat, so tut er's im Glauben, er müsse es tun*“ (S. 45).

Wenn man die Technik beherrscht, seine Seele gegenüber Kränkungsversuchen abzuschirmen, so sollte man als zweites die Fähigkeit aufbauen, jeden Kampf unter die eigene Kontrolle zu bringen. Auch sollte man sich nicht in aussichtslose Kämpfe hineinziehen lassen. Epiktet: „*Du kannst als unbesiegbar dastehen; du mußt dich nur in keinen Kampf einlassen, in dem der Sieg nicht von dir abhängt*“ (S. 30). Dazu gehört auch die Selbstbestimmung des Zieles, zu dem man den Kampf hinsteuern will, z.B. Vernichtung, ewige Feindschaft oder künftige Kooperation – das ganze Spektrum dazwischen zur freien Wahl.

Der Stoische Manager verfügt über einen Köcher mit *Strategemen*, die ihn in seinem Abwehrkampf gegenüber Bosheit und Angriff unterstützen. Sie sind die Mittel, die er auf dem Weg zum selbstbestimmten Ziel des Kampfes einsetzt. Jeder kann sein Arsenal an Strategemen weiterentwickeln. Es kommt in der Praxis darauf an, das Arsenal schlagkräftig zu nutzen.

Auf jede Bosheit sollte man vorbereitet, für jeden Angriff abwehrbereit sein. Nur wenn man den Kampf unter Kontrolle bringt, wird man ihn in Richtung auf das selbstgesetzte Ziel steuern können.

Leitsatz 8: Ein Klima des Vertrauens schaffen

Stoiker belassen es nicht mit dem *Reagieren* auf Anregung einerseits und Angriff andererseits. Vielmehr *gestalten* sie ihren Einflußbereich mit längerfristiger Wirkung. Sie schaffen ein soziales Klima, eine *Kultur des Zusammenwirkens.* Dazu gehören:

- *Der Stil des Kritisierens:* Jede Anregung und Kritik orientiert sich an der Sache, soll aber niemals die Person treffen – ähnlich wie die 1-Minuten-Kritik beim Minuten-Manager von Blanchard und Johnson.
- *Persönlichkeitsentwicklung:* Vermittlung von Selbstbewußtsein, um als *starker Pluralist* Offenheit gegenüber Anregungen zu entwickeln. Das schafft auch Vertrauen und ermuntert zu – auch unbequemen – Vorschlägen. Pflege des Grundsatzes: *Ich empfinde jede offene Anregung und Kritik als Vertrauensbeweis.*
- *Vorbild sein:* Mit jeder Äußerung von Vorschlägen und mit jeder Reaktion auf Vorschläge trägt jeder zum Klima bei.
- *Strategeme:* Ein gutes Klima reduziert interne Angriffe und Bosheiten auf ein Minimum. Zur Abwehr äußerer Angriffe bedarf es einer durchtrainierten Abwehrbereitschaft mit einem Arsenal wirksamster Strategeme.

Die alten Stoiker helfen mit zahlreichen Ratschlägen. Epiktet: *„Merke: nicht wer dich schmäht, und nicht wer dich schlägt, kränkt dich, sondern nur deine Vorstellung, als ob sie dich kränkten"* (S. 31).

Seneca zeigt die Fernwirkung von Vorbildern auf: *„Glücklich jener, der andere nicht nur, wenn er gegenwärtig ist, sondern allein schon, wenn sie an ihn denken, bessert"* (SfM, S. 15).

Ferner fordert er zur offenen konstruktiven Kritik auf: *„Auch wenn du nicht willst, werde ich sagen, was dir nützt"* (SfM, S. 61).

Es steht in der Macht eines jeden, das soziale Klima seiner Umgebung mitzuprägen. Diese Chance und Verantwortung sollte man sich nicht nehmen lassen.

Resümee 5 bis 8: Offenheit und Abwehrbereitschaft gegenüber Menschen

Die zweiten vier Leitsätze, den Umgang mit Menschen *betreffend, in repetitiver Zusammenfassung: Wer gelernt hat, zwischen Anregung und Angriff zu* unterscheiden *(Leitsatz 5), kann sich gegenüber Anregungen einer zwanglosen* Offenheit *befleißigen (Leitsatz 6) und seine* Abwehrbereitschaft *auf den Kampf gegen Angriffe beschränken (Leitsatz 7). Langfristig wird man ein Klima des* Vertrauens *aufzubauen versuchen, aus dem innere Bosheiten weitgehend verdrängt sind (Leitsatz 8).*

Selbstkritisch und selbstbewußt mit sich selbst umzugehen lernen:
Überlegene Macht der Selbstwirksamkeit

Der erste Themenkreis betrifft den Umgang mit den *Dingen*, der zweite den mit *Menschen*, nunmehr der dritte den Umgang mit *sich selbst.*

- Führungskräfte übernehmen Verantwortung: Sie bekennen sich zu den Ursachen für Erfolg und Mißerfolg. Das gilt für alle Führungsebenen und ist ein Schlüssel für den Aufstieg.
- Führungsverantwortung setzt *Selbstdenken* voraus, eigene Urteilskraft, Unabhängigkeit in der Bewertung.
- Führung erfordert eine Orientierung am Ganzen, an der *Gesamtaufgabe.*
- Schließlich bedeutet Führen auch *Dienen*, Dienen aus freier Entscheidung – Friedrich den Großen als *ersten Diener seines Staates* zum Vorbild.

Leitsatz 9: Die Ursachen für Glück und Unglück bei sich selbst suchen

Wer Verantwortung für etwas trägt, bekennt sich dazu und trägt die Verantwortung sowohl bei Erfolg als auch bei Mißerfolg.

Epiktet: „*Ein Ungebildeter erwartet keinen Nutzen oder Schaden von sich selber, sondern alles von außen. Der Philosoph erwartet allen Nutzen und allen Schaden von sich selber.*“ (S. 47)

Seneca: *„Zwei Dinge verleihen der Seele am meisten Kraft: Vertrauen auf die Wahrheit und Vertrauen auf sich selbst"* (SfM, S. 67), ferner: *„Wenige sind es, die sich und ihr Leben mit Vernunft lenken. Die übrigen gleichen Schwimmern in einem Fluß: sie bestimmen ihren Kurs nicht, sie lassen sich treiben"* (SfM, S. 23).

Führen bedeutet auch, sich vor den Mitarbeitern zu Erfolg und Mißerfolg zu bekennen. Auch das schafft Vertrauen und motiviert die Mitarbeiter: Sie erwarten, daß man bei Mißerfolg nicht gleich die Flucht ergreift. Sie wünschen sich bei ihren Führungskräften einen Hauch vom Geiste Winkelrieds, des Schweizer Nationalhelden, der 1386 in der Schlacht bei Sempach mit entblößter Brust die Pfeile der Gegner auf sich zog und damit von seinen Mitstreitern ablenkte, die die Schlacht gewannen.

Vertrauen entwickelt sich nur gegenüber Menschen, die eine gewisse Konstanz des Wesens haben, die in gewissem Maße *berechenbar* sind. Epiktet: *„Nimm einen bestimmten Charakter an und eine Haltung, die du niemals aufgibst, ob du mit dir allein bist oder mit anderen Menschen zusammen"* (S. 40).

Epiktet macht uns auch Mut, uns zu unseren Taten zu bekennen: *„Tust du etwas in der Überzeugung, daß du es tun mußt, so schäme dich nicht, dabei gesehen zu werden, und kümmere dich nicht um das Urteil der andern. Ist dein Tun unrecht, so wirst du es selbst unterlassen; handelst du recht, so brauchst du ungerechten Tadel nicht zu fürchten"* (S. 43).

Was auch immer für Erfolge und Mißerfolge eintreten werden, man sollte sich zu seiner Verantwortung bekennen.

Leitsatz 10: Selbständig im Urteil werden

Verantwortung für Erfolg und Mißerfolg eines Weges setzt die vorhergehende Entscheidung über den Weg voraus, also auch das selbständige Urteil. Wer für das eigene Urteil die strengsten Maßstäbe anlegt, wird die fundierteste Urteilskraft haben, und es kommt nicht darauf an, wie andere urteilen.

Epiktet warnt: *„Wisse: sobald du dich mit der Außenwelt einlässest und einem da draußen zu gefallen wünschest, so hast du deinen Halt verloren“* (S. 32).

Seneca ermuntert: *„Die Wahrheit ist allen zugänglich“* (SfM, S. 29), also auch uns selbst.

Epiktet gibt eine Orientierungshilfe: *„Was ist nun dein eigen? Deine Vorstellungen. Wenn du also bei dem Gebrauch deiner Vorstellungen dich naturgemäß verhältst, so magst du stolz sein. Denn dann wirst du stolz sein auf einen Vorzug, der dein eigen ist“* (S. 24).

Die Lehren der Stoa sind voll von Aufrufen zum *Selbstdenken*, zum selbständigen eigenen Urteil. Gelegentlich findet man Parallelen zu Kants Aufruf, aus der selbstverschuldeten Unmündigkeit aufzubrechen (Neunte Handreichung).

Der Stoiker verschließt sich nicht gegenüber der Meinung anderer. Auch bewahrt er eine Sensibilität gegenüber anderen Meinungen, wie es im Leitsatz 6 ausdrücklich betont wurde. Er wägt fremde Ideen gegenüber den eigenen ab, aber letztlich bekennt er sich zu seinem eigenen Urteil.

Man sollte sich nicht dem Urteil anderer verschließen, stets aber um das eigene, voll begründete Urteil bemüht sein, insbesondere wenn sich eigene Entscheidungen und Handlungen (im Sinne von Leitsatz 4) anschließen.

Leitsatz 11: Sich an der Gesamtaufgabe orientieren

Eigene Urteilskraft, Selbstdenken, Unabhängigkeit im Bewerten setzt voraus, daß man die Belange, für die man Verantwortung trägt, im größeren Aufgabenzusammenhang sieht. Ein Gruppenleiter muß sich an den Aufgaben der Abteilung, ein Abteilungsleiter an den Aufgaben der Unternehmung, ein Unternehmungsleiter an den Aufgaben der Wirtschaft insgesamt orientieren. Jeder muß die Beziehung zwischen dem *Ganzen* und seinen *Teilen* im Blick haben und sie verinnerlichen (Vierte Handreichung).

Die Beziehungen zum Ganzen werden von den Stoikern unterschiedlich angesprochen, teilweise in bezug auf die Natur und ein naturgemäßes Leben, teilweise in bezug auf den Staat als Gemeinschaft, teilweise in bezug auf andere Menschen:

Marc Aurel: „*Darum mußt du . . . geradenwegs auf dein Ziel losgehen, indem du deiner eigenen und der allgemeinen Natur folgst*“ (S. 51).

Marc Aurel: „*Wenn daher jemand das richtige Gefühl und eine tiefere Einsicht in das Geschehen des Weltganzen hat, dann wird ihm beinah alles auch von den Dingen, die infolge einer Nebenwirkung geschehen, den Eindruck machen, als ob es auf seine besondere Weise zur Freude am Ganzen beitrüge*“ (S. 22).

Epiktet: „*Dann bist du ein Bürger dieser Welt, ein Teil von ihr, nicht ein untergeordneter, sondern ein bevorzugter; denn du hast ein Bewußtsein von dem Zusammenhang und von der Ordnung der Dinge.... In dieser Gesinnung würde niemand etwas versuchen, erstreben oder betreiben, was gegen das Wohl des Ganzen wäre*“ (S. 68f.).

Seneca: „*Halten wir fest zusammen; für die Gemeinschaft sind wir geboren. Die menschliche Gesellschaft gleicht einem Gewölbe, das zusammenstürzen würde, wenn sich nicht die einzelnen Steine gegenseitig stützten – gerade die Tendenz zum Einsturz hält den Bogen*“ (SfM, S. 71).

Marc Aurel: „*Denn wir sind zum Zusammenarbeiten bestimmt, wie die Füße, die Hände, die Augenlider, die Reihen der oberen und unteren Zähne. Einander entgegenzuarbeiten ist daher wider die Natur*“ (S. 12).

Es erfordert Übung, alles, auf das man Einfluß hat, in einen größeren Gesamtzusammenhang zu stellen und aus der Sicht des Ganzen zu verstehen.

Man sollte sich vor jeder Entscheidung fragen, welche Konsequenzen nicht nur für den eigenen Zuständigkeitsbereich entstehen, sondern auch für das Ganze.

Leitsatz 12: Sich in den Dienst stellen

Führungskräfte sollten sich frei fühlen, nicht als fremdbestimmte *Sklaven*, sondern als selbstbestimmte *Diener*. Mit seiner Rolle als *erster Diener seines Staates* könnte Friedrich der Große ihr Vorbild sein. Keiner kann sie in den Dienst *nehmen*, sie zum (abhängigen) Dienen zwingen – denn das wäre eine Position der Schwäche. Vielmehr agieren sie aus der eindeutigen Position der Stärke und *stellen* sich in den Dienst einer Sache. Damit übernehmen sie Pflichten.

Marc Aurel betont *„die Herrschaft über sich selber und das zielbewußte Wesen bei all seinem Tun"* (S. 5).

Epiktet: *„Zuerst bist du ein Mensch, das heißt einer, der nichts Höheres hat als seinen freien Willen; ihm ist alles andere untergeordnet, er selbst aber ist niemandes Sklave"* (S. 68), aber: *„Jede Lebensstellung hat ihre Pflichten"* (S. 37).

Was, wenn die Pflichten überhand nehmen und die Entscheidungsfreiheit einschränken? Es kommt nicht auf den Umfang der Pflichten und auf die Bürde an, sondern – wie immer – auf unsere Einstellung. Wer bereit ist, sich in den Dienst zu stellen, empfindet die Bürde nicht als Last. Wer sie aber als Last empfindet, der hat die Idee der freiwilligen und daher freien Dienstbarkeit nicht verinnerlicht.

Seneca: *„Wer Befehle gern ausführt, entrinnt dem bittersten Teil des Dienens"* (SfM, S. 39). Um Fehlinterpretationen vorzubeugen, dasselbe in anderen Worten: *Wer gern* *seinen Pflichten nachkommt, empfindet ihre Erfüllung nicht als bitter.*

Nur wer von seiner Stärke überzeugt ist, wird sich aus eigener Entscheidung zum Diener machen, während die Schwachen zu Sklaven gemacht werden. Für einen Stoiker ist der erste der Königsweg.

Resümee 9 bis 12: Selbstkritik und Selbstbewußtsein im Umgang mit sich selbst

Die dritten vier Leitsätze, den Umgang mit sich selbst *betreffend, in wiederholender Aufzählung: Wer sich zur Verantwortung bekennt, sucht die* Ursachen *für Erfolg und Mißerfolg bei sich selbst (Leitsatz 9). Der Verantwortung gehen* Selbstdenken *und* Selbständigkeit des Urteils *zwingend voraus (Leitsatz 10). Selbstdenken orientiert sich am* Ganzen, *an der* Gesamtaufgabe *(Leitsatz 11). Führungskräfte* stellen *sich in den Dienst und übernehmen Pflichten, lassen sich aber nicht in den Dienst* nehmen *(Leitsatz 12).*

Literatur zur Vertiefung

Lieber Leser: Bei den Stoikern kann man von dem Grundsatz abweichen, die Sekundärliteratur *vor* der Primärliteratur zu lesen. Die drei Römer haben ihre Anleitungen zur Lebensklugheit in anschaulicher, allen zugänglicher Weise formuliert, allerdings in großen Teilen aphoristisch und ohne übersichtliche thematische Ordnung. Es sind Epiktet mit seinem *Hand-*

büchlein, Marc Aurel mit seinen *Selbstbetrachtungen* und Seneca mit seinem *Glückseligen Leben*. Auf sie bezogen sich die Seitenangaben bei den Zitaten, ferner auf die Sammlung *Seneca für Manager* (oben mit SfM gekennzeichnet) von Schoeck.

Sekundärliterarische Einführungen in die Stoa (auch: Stoizismus) und deren wichtigste Philosophen findet man in praktisch allen philosophischen Wörterbüchern, ferner in den historischen Übersichten von Störig (S. 192-197), Russell (S. 260-276), Kranz (S. 293-317), De Crescenzo (Von Sokrates bis Plotin, S. 181-203), Schilling (S. 172-182), Gfeller (S. 89-100), Weischedel (S. 60-69) und Hossenfelder (Röd, Band III, S. 44-99).

Speziell auf die Stoa konzentriert sich Pohlenz mit zwei umfassenden Werken.

Eine knappe Einführung mit zahlreichen Originalquellen von Seneca, Epiktet und Marc Aurel gibt Schmidt mit *Seneca – Der Lebensmeister*. Eine Verbindung zur modernen Psychotherapie stellt Hoellen her, verbunden mit einer übersichtlichen Kurzeinführung in die Stoa.

Schließlich sei mein Buch *Der Stoische Manager* erwähnt. Diese Elfte Handreichung stellt eine Kurzform des Buches dar, in dem die zwölf Leitsätze umfassender behandelt werden.

Themenbereich E

Die eigene geistige Arbeit strukturieren

Vorgedanken zur Zwölften bis Vierzehnten Handreichung

Zahlreiche Philosophen haben methodische Werkzeuge geschaffen, die von hohem aktuellem Nutzwert sind. Sie helfen uns beim Ordnen unserer Gedanken und enthalten methodische Anregungen zum kreativen Entfalten schöpferischer Kraft. Systematik und Spontaneität, Ordnung und Unordnung, vertikales und laterales Denken, diese beiden Pole des Problemlösens finden ihre Fundamente in philosophischen Grundgedanken. Sie lassen sich harmonisch miteinander verbinden, etwa dem Satz von Claudel folgend: *„Die Ordnung ist die Lust der Vernunft, aber die Unordnung ist die Wonne der Phantasie."*

An drei Denkweisen wird angeknüpft:

- Vom Ordnen der Gedanken – In der Tradition von Aristoteles und Schopenhauer
- Mit Bezug auf Hegel: Problemlösen durch dreifaches Aufheben
- In Anlehnung an Berkeley: Was nicht bewußt wird, ist nicht passiert

Vom Ordnen der Gedanken: In der Tradition von Aristoteles und Schopenhauer

Der Systematiker Aristoteles hat u.a. über die *Ursachen* der Dinge dieser Welt nachgedacht und eine Vierteilung geschaffen, die *causa materialis*, die *causa formalis*, die *causa efficiens* und die *causa finalis*. Diese Teilung war maßgebend für das ganze Zeitalter der *Scholastik*, die ihren Höhepunkt mit Thomas von Aquin hatte. Schopenhauer knüpfte in einem umfassenden Werk daran an. Bei diesen dreien liegen die Wurzeln der heutigen Kunst des systematischen Ordnens der Gedanken (Zwölfte Handreichung).

Das Ordnen der Gedanken erfordert viererlei,

- die Methodik der formalen Strukturierung,
- die Systematik der inhaltlichen Gliederung,
- die Sorgfalt der empirischen Realitätserfassung und
- die Geschicklichkeit der anschaulichen Darstellung.

Diese Kunst ist ubiquitär, überall und immerfort anwendbar und nützlich. Sie hilft beim blitzschnellen Reagieren in einer Diskussion wie auch beim ausgedehnten Reflektieren über die innere Struktur der Welt und ihrer vielen Miniwelten – oft mit unmittelbarem praktischen Nutzen:

- bei jeder (nicht nur technischen) Art von Konstruktion,
- beim Entwurf von Informationssystemen,
- bei der Ordnung von Prozessen menschlicher Arbeit,

- bei der Gestaltung von Gesetzen, Verträgen, juristischen Schriftsätzen,
- bei der Strukturierung eines Faches (z.B. für eine Vorlesung),
- bei der Strukturierung von Büchern (wie diesem), von Handbüchern (für die Benutzung von Software), von Gebrauchsanleitungen (für technisches Gerät), für die Dramaturgie von Texten,

also zum Ordnen, Gestalten, Strukturieren jeglicher Dinge.

Das führt zu den Tugenden des *Systematischen Managers* (vgl. dazu den Epilog). Er denkt in Strukturen, in Kategorien, in Typologien, in Klassifikationen, in klaren Gliederungen. Er beherrscht die Methodik des formalen Strukturierens, verfügt gleichzeitig über inhaltliche Gliederungssysteme, kann diese auf empirische Erscheinungen anwenden und seine Ordnungen geschickt zur Geltung bringen.

Mit Bezug auf Hegel: Problemlösen durch dreifaches Aufheben

In eine ganz andere Richtung als das Ordnen und Systematisieren von Aristoteles und Schopenhauer geht die dreiteilige *Dialektik* von Hegel: *These* und *Antithese* bilden bei ihm die Basis für die sie aufhebende *Synthese*. In dieser dreiteiligen Dialektik liegt ein leistungsstarkes Potential für kreatives Problemlösen. Ferner bietet sie eine wirksame Basis für das Schlichten von Streit, für die Überwindung von Gegensätzen, für das Zurechtfinden zwischen gegenläufigen Meinungen (Dreizehnte Handreichung).

Die Dialektik von Hegel läßt sich unmittelbar für die Unternehmungsführung nutzen. Sie hilft bei der Suche nach besten Lösungen für Sachprobleme, und sie dient dem Leiten von Menschen, die sich in ihren Zielen, Methoden und Ansichten unterscheiden.

Der *Hegelsche Manager* (vgl. dazu den Epilog) ist stets auf der Suche nach dem *dritten Weg*, mit dem Gegensätze auf einer höheren Ebene aufgehoben werden. Er sucht Meinung und Gegenmeinung, Hinweg und Rückweg, Aufwärts und Abwärts, Vorwärts und Rückwärts, links und rechts sowie weitere polare Gegensätze in Spannungsfeldern, um sie auf einer Ebene höherer Weisheit zu überwinden. Er ist kreativ und systematisch zugleich. Er schafft Neues, ohne das Alte zu vernichten. Er ist der *kreative Systematiker*, der *systematische Innovator*, der ausgleichende Gestalter neuer Sichtweisen, der Schlichter zwischen Gegensätzen.

In Anlehnung an Berkeley: Was nicht bewußt wird, ist nicht passiert

Mit einer wiederum anderen Methodik sei an die Grundüberzeugung des irischen Aufklärungsphilosophen Berkeley angeknüpft. Mit seinem Satz *esse est percipi* (Sein ist Wahrgenommenwerden) hat er betont, daß nur existiere, was auch wahrgenommen werde. Darüber läßt sich streiten, und darüber ist auch schon viel gestritten worden.

Unabhängig von der Richtigkeit dieses Satzes läßt er sich abwandeln und in der Abwandlung schöpferisch nutzen: *Was nicht bewußt wird, ist nicht passiert* (Vierzehnte Handreichung).

Damit ist dreierlei angeregt, die *Sensibilität der Wahrnehmung*, die *Einwirkung auf die Perzeption* und die *Fernkreativität der Innovation:*

- Probleme entstehen erst durch unsere Wahrnehmung, beispielsweise Umweltbelastung, Ozonloch, Versteppung, Klimaveränderung, Ausbeutung nichtregenerativer Ressourcen, Übervölkerung der Erde etc. – aber auch in Sozialsystemen wie einer Unternehmung: Veränderung des Betriebsklimas, schleichend zunehmende Illiquidität, abnehmender Cash-flow etc. Erst die *Wahrnehmung*, die Bewußtwerdung, bringt die Probleme an den Tag. Die Wahrnehmung erfordert *Sensibilität*.
- Es reicht nicht aus, die richtigen Dinge zu tun, sondern man muß sie in das Bewußtsein der wichtigen Personen bringen. Hier geht es um *Marketing*. Produkte lassen sich nur verkaufen, wenn ihre Existenz positiv wahrgenommen wird. Politische Maßnahmen sind nur wirksam, wenn sie perzipiert werden. Alle Ideen über diese Welt werden nur dann Wirkung zeigen, wenn sie in das Bewußtsein eindringen.

- Es geht aber auch um das Vorausahnen von Chancen und Risiken, um eine *Fernkreativität.* Nur wer künftige Chancen und Risiken antizipiert, kann sie bei seinen Gestaltungsmaßnahmen für die Zukunft berücksichtigen. Es geht um die Zukunftstechnologien der Wettbewerber – und um die eigenen Zukunftstechnologien. Es geht um die Zukunftsprodukte der Wettbewerber – und um die eigenen Zukunftsprodukte. Es geht um die zukünftigen Produktionstechniken der Wettbewerber – und um die eigenen. Es geht um die zukünftigen Marketing-Maßnahmen der Wettbewerber – und um die eigenen Maßnahmen. Man wird nur das zur Wirkung bringen, dessen man sich bewußt ist.

Der *Berkeleysche Manager* (vgl. dazu den Epilog) zeichnet sich durch seine *Wahrnehmungssensibilität* und seine *Fernkreativität* aus. Seine Ideen führen ihn weit in die Zukunft hinaus. Seine Phantasien reichen zwanzig Jahre, seine Visionen fünfzehn Jahre, seine Vorstellungen zehn Jahre und seine Pläne fünf Jahre voraus. Dabei vergißt er nicht, die Realität sensibel wahrzunehmen und die Gegenwart kraftvoll zu gestalten. Auch pflegt er die Auseinandersetzung mit der Vergangenheit, aus der er die Erfahrung mit der dynamischen Entwicklung unserer Welt schöpft, dem *Heraklitischen Manager* (Erste Handreichung) in seiner Orientierung am ständigen Wandel der Welt verwandt.

Zwölfte Handreichung

Vom Ordnen der Gedanken - In der Tradition von Aristoteles und Schopenhauer*

Die klassische Tugend des Ordnens

Das Wissen über diese Welt zu ordnen, ist eine klassische Tugend von Wissenschaft und Philosophie. Diese Tugend erhielt in einigen Epochen und von ausgewählten Denkern spezifische Impulse. Dazu gehören Aristoteles (ca. 384 bis 322 v. Chr.), die Scholastik mit Thomas von Aquin (1225 bis 1274) und anderen, ferner Arthur Schopenhauer (1788 bis 1860). Sie bereicherten die Kunst des Ordnens der Gedanken um wesentliche methodische und inhaltliche Ideen.

Das Ordnen der Gedanken ist eine wichtige Kunst für das tägliche Berufs- und Privatleben. Vieles läßt sich von den großen Vordenkern abendländischer Geistesgeschichte übernehmen.

Thomas von Aquin sagt: *„Des Weisen Amt ist: ordnen“* (Störig, S. 261), und das Ordnen, Gliedern, Klassifizieren, Unterscheiden bildeten wichtige Pfeiler der Scholastik (12. bis 15. Jh.), insbesondere der Hochscholastik (13. Jh.). Viele Scholastiker beriefen sich dabei auf die *vier Gründe des*

---

* *aus: technologie & management, 40. Jg., 1991, Heft 1, S. 42-46*

Seienden von Aristoteles. Auf sie bezog sich auch Schopenhauer mit seiner Abhandlung *„Ueber die vierfache Wurzel des Satzes vom zureichenden Grunde“* (1847). Man kann viel von ihnen lernen.

Aristoteles: Die vier Gründe des Seienden

Aristoteles war ein Systematiker und hat die Philosophie mit zahlreichen Ordnungsgedanken bereichert. Dazu gehören die *vier Gründe* oder *Ursachen des Seienden*, d.h. eines Dinges, eines Objektes, eines Gegenstandes. Sie betreffen die *Entstehung* und die *Existenz* der Dinge, aber auch die *Erkenntnis* über Entstehung und Existenz. Es sind

- die *causa materialis*, der *Stoff*, aus dem etwas besteht,
- die *causa formalis*, die *Form*, in der sich etwas darstellt,
- die *causa efficiens*, die *bewirkende Ursache*, durch die etwas entstanden ist, und
- die *causa finalis*, also *Ziel* bzw. *Zweck*, dem etwas dient.

In seiner *Metaphysik* hat Aristoteles diese Vierteilung angelegt, wenn auch nicht in konsequenter Schärfe vertieft. In einer anderen Stelle seiner Schriften wird es klarer: *„Causae autem quatuor sunt: una quae explicat quid res sit; altera, quam, si quaedam sint, necesse est esse; tertia, quae quid primum movit; quarta id, cujus gratia“* (Schopenhauer, § 6). Bei den Scholastikern wurde diese Vierteilung zum Leitfaden des Ordnens.

Sie ist auch heute noch von aktuellem Nutzen:

- Man beschreibt ein Segelschiff: *Causa materialis:* Rumpf aus glasfaserverstärktem Kunststoff, Innenausbau in Holz, Mast aus Aluminium. *Causa formalis:* Länge, Breite, Lateralplan, Rigg. *Causa efficiens:* Hersteller, Herstellverfahren, evtl. auch bisheriger Einsatz und Vorbesitzer. *Causa finalis:* Einsatzzweck (Tourenboot oder Regattaboot), Gewässereignung (Binnenseen, geschützte offene See, Weltmeere).
- Die Vierteilung ist auch gängige (oft wohl unbewußte) Praxis, etwa in der Dokumentation von Produkten in Industriebetrieben: *Causa materialis*: Die Stücklisten. *Causa formalis:* Die Konstruktionszeichnungen. *Causa efficiens:* Die Arbeitspläne. *Causa finalis*: Die Produktbeschreibungen für die Anwender – vom Werbeprospekt bis zum Handbuch.
- Die Reihenfolge der vier *causae* ist nicht zwingend. Als Beispiel die Beschreibung des *PC 2000* (technologie & management 3/88, S. 40f.): *Causa finalis:* Ein Gerät für jedermann, den heutigen Notizblock ersetzend, gleichzeitig den Anschluß an Informationsverbindungen jeglicher Art herstellend. *Causa formalis:* Größe 8,5 x 11 Zoll (etwa DIN A4), keine mechanischen Tasten und Schalter, austauschbare Speicher in Kreditkartengröße. *Causa materialis:* LCD-Touchscreen (über 20 Pixelzeilen pro mm), LaserCard-Speicher (Kapazität in Gigabytes), Infrarotkopplung zu anderen Geräten und zu Datenleitungen. *Causa efficiens* als Beschreibung der relevanten technischen Entwicklungslinien, die im PC 2000 münden.

Konstruktion, Dokumentation und Diagnose nach klassischem Muster

Das Gliederungsprinzip des Aristoteles ist von zeitloser Aktualität. Unter der Vielfalt der Anwendungsbereiche seien drei herausgegriffen und an Beispielen vertieft, nämlich *Konstruktion, Dokumentation* und *Diagnose.* Die vier *Gründe des Seienden* von Aristoteles bilden dabei eine Art Grundschema des Denkens, welches sich in problemspezifischer Verästelung verfeinern läßt.

Konstruktion à la Aristoteles

Es sei ein Produkt zu konstruieren, eine Maschine, ein Möbelstück, ein Haus, ein elektrisches Gerät, eine Kamera etc. Hier sei beispielsweise ein Autositz betrachtet. In Anlehnung an Aristoteles hätte man in vier Richtungen zu denken:

- *Causa materialis:* Welches Material soll verwendet werden für den Rahmen und seine Verankerung, für die Federung und Polsterung, für die Oberfläche (Kontaktflächen und Seitenflächen)?
- *Causa formalis:* Welche Form soll der Sitz haben, und welche Formveränderungen sollen möglich sein? Das betrifft den Rahmen, die Federung und Polsterung, in geringem Maße auch die Oberfläche.
- *Causa efficiens.* Wie soll der Sitz gefertigt werden? Der Fertigungsprozeß sollte einfach sein, Reparaturarbeiten sollten mit geringem Aufwand durchgeführt werden kön-

nen, für den Zeitpunkt der Außerbetriebnahme sollte an eine recyclingorientierte Demontage gedacht werden.

- *Causa finalis:* Der Sitz dient den Benutzern des Autos und sollte an deren Bedürfnissen bezüglich Bequemlichkeit, Sicherheit und Ästhetik orientiert sein.

Sind das Selbstverständlichkeiten? Für einen guten Konstrukteur vielleicht, für einen mittelmäßigen Konstrukteur vermutlich nicht. Eine Konstruktionslehre könnte mit einer solchen Vierteilung an Aristoteles anknüpfen. Auch solche methodischen Konstruktionshilfsmittel wie der *morphologische Kasten* von Zwicky und die *Wertanalyse* könnten durch Aristoteles eine Bereicherung erfahren.

Entwurf von Informationssystemen in scholastischer Tugend

Wenn Thomas von Aquin heute ein Informationssystem in einer Unternehmung zu entwerfen hätte, ob er wohl der von ihm gepflegten Vierteilung gefolgt wäre:

- *Causa finalis:* Wer soll wann welche Information (Output) erhalten, und wer kann welche Information (Input) bereitstellen?
- *Causa formalis:* In welcher Struktur soll die Information aus- bzw. eingegeben werden, und in welcher internen Struktur soll die Information gespeichert werden? Es geht also um den Entwurf von Graphik, Tabellen und Masken sowie um den Entwurf von internen Datenbanken.

- *Causa materialis:* Welche inhaltliche Bedeutung steht hinter der ein- und ausgegebenen sowie gespeicherten Information? Was sagt die Information aus, welche Effekte werden durch sie erklärt, wie läßt sie sich interpretieren, welche Bewertungen läßt sie zu?
- *Causa efficiens:* Wie wird die Information intern verarbeitet, und wie wird die maschinelle Informationsverarbeitung in die organisatorischen Abläufe eingebaut? Es geht also um den Entwurf der Programme und um den Entwurf der Mensch-Maschine-Schnittstellen.

Für qualifizierte Gestalter von Informationssystemen mögen das wieder Selbstverständlichkeiten sein, für Gestalter mittlerer Qualifikation jedoch nicht notwendigerweise. Eine allgemeine Gestaltungsmethodik, die sich an dieser Vierteilung orientiert, könnte ihnen eine wertvolle Hilfe sein.

Prozeßdokumentationen nach klassischem Vorbild

Auch bei der Dokumentation von Prozessen beliebiger Art kann man sich mit Nutzen an Aristoteles orientieren. Beispielsweise lassen sich Studiengänge in dieser Vierteilung darstellen, hier in abgewandelter Reihenfolge:

- *Causa finalis:* Zielrichtung des Studienganges, Bezeichnung des Abschlusses, Beschreibung der globalen Lernziele (Kenntnisse und Fähigkeiten) – evtl. ergänzt um charakteristische Berufsfelder.
- *Causa materialis:* Zusammenstellung der Fächergruppen und Fächer (sowohl Pflichtfächer als auch Wahlfächer),

der Wissensgebiete – evtl. ergänzt um charakteristische berufliche Einsatzfelder und die dafür erforderliche Qualifikation.

- *Causa formalis:* Prüfungsvorschriften, Musterplan für die Gesamtheit der Leistungsnachweise und Prüfungen.
- *Causa efficiens:* Darstellung der Lehrveranstaltungen, quasi als Netz der Wege, die zu den Leistungsnachweisen bzw. Prüfungen führen.

Wem dieses Schema als ungeeignet erscheinen mag, der soll es durch ein anderes Schema ersetzen. Allerdings ist in vielen Studienordnungen oder sonstigen Beschreibungen von Studiengängen kein vergleichbares Gliederungsschema zu finden, und sie verwirren in ihrer Strukturlosigkeit. Ähnliches gilt für Prozesse unterschiedlichster Art. Häufig muß sich der Leser durch eine strukturarme und in ihrem Strukturmangel verwirrende Dokumentation quälen.

Scholastische Diagnose von Flop-Ursachen

Die vier *causae* dienen nicht nur der *Konstruktion* und *Dokumentation*, sondern auch der *Diagnose* von Fehlern und Flops. Ein neues Produkt erweise sich (zunächst) als Mißerfolg. Aristoteles und die Scholastiker seien als Paten einer Checkliste herangezogen:

- *Causa materialis:* Liegt es am Material, an der Härte oder Weichheit, an der Konsistenz, an der Oberfläche, an dem Image des Materials, an der (vermeintlichen) mangelnden Umweltverträglichkeit des Materials etc.?

- *Causa formalis:* Liegt es an der Form des Produktes, d.h. der inneren Struktur bzw. der äußeren Erscheinung? Ist es zu groß oder zu klein, zu eckig oder zu glatt, erweckt die Form angenehme oder abstoßende Assoziationen, oder ist die Form als solche zu wenig markant?
- *Causa efficiens:* Ist das Produkt (im Herstellverfahren und daher auch im Markt) zu teuer? Ist das Herstellverfahren, der Produktionsbetrieb oder das Herstellungsland mit einem negativen Image belegt?
- *Causa finalis:* Entsprechen der Nutzen, die Verwendungsmöglichkeiten, die Vorzüge, der Zweck des Produktes überhaupt den Bedürfnissen der Zielgruppen? Ist das Produkt hinreichend bekannt? Welches sind die Zielgruppen, und sind diese gezielt angesprochen worden?

Auf ähnliche Weise kann man bei vielen anderen Arten von Diagnose auf Grundschemata zurückgreifen, wie sie u.a. von Aristoteles und den Scholastikern vorgedacht wurden. Solche Schemata helfen, in die *Breite* zu denken und sich nicht durch einseitige Fragen einer *einzigen* Art in eine Eingleisigkeit treiben zu lassen.

Schopenhauer: Die vierfache Wurzel des Satzes vom zureichenden Grunde

Die vier *causae*, die bei Aristoteles noch gar nicht so deutlich in den Vordergrund traten, wurden in der Scholastik zu einer beherrschenden Methodik. Später folgten Descartes (1596 bis 1650), Spinoza (1632 bis 1677), Leibniz (1646 bis 1716), Wolff (1679 bis 1754), Hume (1711 bis

1776), Kant (1724 bis 1804) und viele andere, die sich um Gliederungen von den Ursachen der Dinge bzw. von den Gründen unserer Erkenntnis bemüht haben. Schopenhauer (§§ 7-13) knüpft an sie an, kritisiert einige, bewertet sie und macht einige lächerlich. Er unterscheidet dabei streng zwischen den *Ursachen realer Objekte* und dem *Grund menschlicher Erkenntnis* (§ 6 und §§ 15f.), womit er die Rolle der Wissenschaften explizit anspricht. Er kommt zu einem eigenen System, der *vierfachen Wurzel des Satzes vom zureichenden Grunde*, gegliedert in den *Satz vom zureichenden Grunde* des *Seyns*, des *Werdens*, des *Erkennens* und des *Handelns* – für unseren heutigen Sprachgebrauch eher fehlleitende Begriffe. Jede dieser Wurzeln ist bei ihm für jeweils eine Gruppe von Wissenschaften vorherrschend:

- Formalwissenschaften: Der *Seynsgrund* (§§ 35-39), etwa der *causa formalis* entsprechend, ist bei Schopenhauer der Hauptleitfaden in der *reinen Mathematik*. Es gehe um die *reine Anschauung* von *Raum* und *Zeit*, also die *Lage* eines Dinges im *Raum* und die *Folge* eines Ereignisses in der *Zeit*.

- Erklärende Naturwissenschaften: Das *Gesetz der Kausalität* (§§ 17-25), der *causa efficiens* verwandt, erhält bei ihm Dominanz für *Physik, Chemie, Geologie* und weitere Wissenschaften, in denen feststellbare Ursache-Wirkungs-Beziehungen in der Qualität von *Naturgesetzen* vorherrschen. Das *Gesetz der Kausalität* betreffe über die *Materie* als solche hinaus vor allem die sie verändernden *Naturkräfte* als Träger aller Veränderung. Schopenhauer spricht auch vom *Satz vom zureichenden Grunde des*

Werdens. Die *anschaulichen, vollständigen, empirischen Vorstellungen* stehen im Mittelpunkt.

- Klassifizierende Naturwissenschaften: Den *anschaulichen, empirischen* stünden die *abstrakten* Vorstellungen gegenüber, die *Begriffe*. Auf sie richte sich der *Satz vom zureichenden Grunde des Erkennens* (§§ 26-34), der *causa materialis* nahestehend. Er sei Hauptleitfaden der klassifizierenden Wissenschaften wie *Botanik, Zoologie, Mineralogie*. Die Begriffsbildung spiele hier eine zentrale Rolle für das *Erkennen*, für die *Wahrheitsfindung*, für die *Urteilskraft*, für die *Vernunft*.
- Sozialwissenschaften: Schließlich trete der Mensch als *Subjekt* auf. Er sei das Subjekt des Wollens, der durch das *Gesetz der Motivation* (§§ 40-45) geprägt ist. Der *Wille* des Subjekts steuere die Erkenntnis und das Handeln, also eine Analogie zur *causa finalis*. Durch das *Gesetz der Motivation* lasse sich menschliches Handeln erklären, und Schopenhauer erhebt es zum Hauptleitfaden für *Geschichtswissenschaft, Politik, pragmatische Psychologie*, heute zu erweitern um alle Zweige der Sozialwissenschaften.

Wenn auch in jeder Wissenschaft eines der vier Gesetze (bzw. Sätze) dominant sei, betont Schopenhauer (§ 51), daß in jeder Wissenschaft „auch die andern, nur mehr untergeordnet, Anwendung finden“.

Benutzerdifferenzierte Dokumentation, angeregt durch Schopenhauer

Auch Schopenhauers Vierteilung läßt sich für aktuelle Aufgaben nutzen. Das sei an drei Beispielen der Dokumentation gezeigt. Viele Dinge werden nur *einmal* dokumentiert und sollen in gleicher Weise *sämtlichen* Benutzergruppen dienen. Nach Schopenhauers *vierfacher Wurzel* kommt es auf das Wissenschaftsgebiet an, welche Wurzel zum Hauptleitfaden werde.

Nun prägen die Wissenschaftsgebiete aber auch das *Denken* ihrer Fachvertreter. Sie seien hier als *Formalist* (für die Formalwissenschaften), als *Theoretiker* (für die erklärenden Naturwissenschaften), als *Klassifizierer* (für die klassifizierenden Naturwissenschaften) bzw. als *Kommunikator* (für die Sozialwissenschaften) bezeichnet. Folgt daraus nicht die Anregung, einen Gegenstand mehrfach zu beschreiben, ihn also benutzerdifferenziert zu dokumentieren? Das sei an Beispielen von Kochbüchern, vom Sprachunterricht und von Software-Handbüchern gezeigt.

Vier Arten von Kochbüchern

Es gibt unterschiedliche Kochbücher. Sie richten sich an unterschiedliche Lesergruppen und stoßen je nach deren Neigung auf Ablehnung oder Zustimmung.

- *Dem Theoretiker:* Es gibt Kochbücher, die von Physikern bzw. Chemikern geschrieben wurden. In ihnen stehen die *physikalischen und chemischen Prozesse* im Mittelpunkt, die bei der Vorbereitung von Speisen und bei ihrer Verarbeitung im Körper ablaufen. Sie sind für naturwissenschaftlich denkende, an Schopenhauers *Gesetz der Kausalität* orientierte Leser geeignet. Wenn diese das physikalisch-chemische Prinzip der Prozesse verstanden haben, besitzen sie eine ihrem Denken gerechte Basis zum Zubereiten von Speisen. Auf dieser Basis werden sie Speisen von schöpferischer Schmackhaftigkeit kreieren.

- *Dem Formalisten:* In anderen Kochbüchern stehen die *Regeln* des Kochens im Mittelpunkt. Man braucht sie nur wie Algorithmen zu befolgen, und es entstehen Speisen von vorprogrammierter Köstlichkeit. Regelorientierte Köche im Sinne von Schopenhauers Mathematikern werden diese Bücher präferieren.

- *Dem Klassifizierer:* In wiederum anderen Kochbüchern stehen nicht die Verarbeitungsregeln, sondern die *Zutaten* im Vordergrund, also nicht die Ablaufvorschriften, sondern die *Mengenrezepte*. Die Köche, die diese Bücher präferieren, denken in Kategorien stofflicher Differenzierung. In ihrer Orientierung an „Man nehme ..." werden sie Speisen von ausgewogener Bekömmlichkeit erschaffen.

- *Dem Kommunikator:* In anderen Kochbüchern stehen die *Anlässe* im Mittelpunkt: Geburtstag, Feiertag mit Familiengästen, Abendmenü für Geschäftsfreunde, Wochenendgrill mit Freunden, kleine Leckereien für den Skatabend, Zaubereien für den Überraschungsgast. Schopenhauers *Gesetz der Motivation* prägt diese Kochbücher, und der dankbare Benutzer wird durch Gerichte anlaßgerechter Komposition beeindrucken.

Jede Art von Kochbuch hat ihre eigene Klientel, und innerhalb jeder Klientel wird es das ganze Spektrum vom *Breiverderben* bis zur *Haute Cuisine* geben. Jeder kocht auf der Basis seines eigenen individuellen Vorverständnisses.

Schülerdifferenzierter Sprachunterricht

Ganz ähnlich kann man für jede Art von Lernen zwischen verschiedenen Denkanlagen differenzieren und die Unterschiede im Unterricht entsprechend berücksichtigen. Das gilt u.a. für Fremdprachen:

- *Dem Formalisten:* Für Menschen, deren Denken sich an Regeln, an Strukturen, an Prinzipien orientiert, eignen sich Sprachkurse, in denen die Grammatik im Vordergrund steht, Schopenhauers Mathematiker. Erst wenn sie die Struktur einer Sprache verstanden haben, ist der Zugang zu der Sprache eröffnet.
- *Dem Klassifizierer:* Andere Sprachschüler benötigen am Anfang einen entsprechenden Wortschatz, vor allem aus ihrem eigenen Wissensbereich. Erst wenn sie die Gegenstände ihres Interesses bezeichnen können, folgt anschließend die Bereitschaft, sich mit den Regeln zu beschäftigen.
- *Dem Theoretiker:* Wiederum andere finden den Zugang zu einer Sprache am ehesten über die Beschäftigung mit der Kultur der Länder, in denen die Sprache gesprochen wird. Was bedeutungsvoll für eine Kultur ist, schlägt sich in der Sprache nieder.

- *Dem Kommunikator:* Anderen dient die Sprache als praktisches Kommunikationsmittel mit den Menschen, als Schlüssel zur Verständigung. Ihnen mag jedes landesferne Lernen unbehaglich sein, aber sie nehmen eine Sprache um so rascher im unmittelbaren Umgang mit den Menschen an.

Jeder Weg kann zu einer guten Beherrschung einer Sprache führen. Kompetenz läßt sich aber nicht erreichen durch den Zwang zu einem der Eigenart des Schülers nicht entsprechenden Unterricht. Häufig lassen sich auch Mittelwege finden.

Benutzerdifferenzierte Anleitungen zur Softwarebenutzung

Entsprechende Differenzierungen können bei Handbüchern für jegliche Art von technischem Gerät nützlich sein, u.a. bei Anleitungen zur Nutzung von Software. Als Beispiel sei die elektronische Textverarbeitung betrachtet, deren Benutzergruppen hier aus dem Bezug zu den nach Schopenhauer gebildeten Typen gelöst wurden.

- Eine große Benutzergruppe der Textverarbeitung bilden die *Sekretärinnen*. Sie haben gewöhnlich eine reichhaltige Erfahrung mit der schriftlichen Anfertigung von Texten, können Schreibmaschinen, Telex, Diktiermaschinen und vielerlei Geräte der Bürokommunikation bedienen, haben aber im allgemeinen keine Grundausbildung in Datenverarbeitung oder im Programmieren.

- Eine zweite große Benutzergruppe sind *Studenten*. Sie haben gewöhnlich eine Grundausbildung in Programmieren und in Datenverarbeitung hinter sich und besitzen eine Grunderfahrung im Umgang mit PCs.
- Eine weitere Gruppe sind die *Computer-Freaks*. Sie leben gedanklich *im* Computer, und jedes neue System verstehen sie ohne Mühe und ohne besondere Einarbeitungszeit.

Man könnte weiter differenzieren nach solchen Anwendern, die bereits mit einem anderen Textverarbeitungssystem Erfahrung gewonnen haben, und solchen, die sich mit ihrem ersten System vertraut machen wollen.

In jedem Fall sollte man bei der Dokumentation, bei den Lehrunterlagen, bei den Fehlermeldungen und bei den *Hilfe*-Funktionen zwischen den Anwendergruppen differenzieren. Dem Computer-Freak genügen stichwortartige Hinweise, und jeder ergänzende Text hält ihn nur auf. Studenten (und andere Anwender) mit Programmierkenntnissen und grundlegender PC-Erfahrung benötigen etwas ausführlichere Anleitungen, aber zumeist auch keine weit ausholenden Erklärungen. Für Anwender, die ansonsten über keine Computererfahrung verfügen, sind Lehrtexte mit verständnisvollen Hinwendungen erforderlich. Daran gebricht es aber den meisten Dokumentationen.

Das Ordnen der Gedanken als Kunst

In dieser kleinen Auswahl von Beispielen ging es um das Ordnen von Dingen, von Objekten, von Gegenständen, letztlich um das Ordnen der Gedanken. Das ist ein sehr umfassendes Thema, welches weit über *Konstruktion, Dokumentation* und *Diagnose* hinausreicht. Die Kunst des Ordnens der Gedanken läßt sich methodisch unterstützen. Dazu gehören die Ideen von Aristoteles, den Scholastikern und Schopenhauer, wie sie hier angedeutet wurden. Diese Vordenker haben damit unser Verständnis von der Welt und ihren Teilen potentiell verstärkt.

Literatur zur Vertiefung

Lieber Leser: Zum *Ordnen der Gedanken* gibt es eine Fülle an Literatur, teilweise mit, überwiegend ohne expliziten Bezug zu Aristoteles, der Scholastik und Schopenhauer.

Die vier *causae* von Aristoteles werden in der philosophischen Literatur häufig genannt, zunächst in den philosophischen Wörterbüchern, dort teilweise unter Aristoteles, teilweise unter *causa*, teilweise unter *Grund*, teilweise unter *Ursache*, so beispielsweise bei Mittelstraß unter *causa* (Band 1, S. 383) und unter *Grund* bzw. *Satz vom Grund* (Band 1, S. 823-825), bei Brugger (S. 159-161), in Meyers Kleines Lexikon (S. 84 und 177-178). Ferner werden die vier *causae* in zahlreichen Übersichtswerken dargestellt, zumeist im Zusammenhang mit der Metaphysik von Aristoteles, dort aber überwiegend in recht knapper Form, so bei Russell (S. 181), bei Störig (S. 183), bei De Crescenzo (Von Sokrates bis Plotin, S. 133-134).

Gut lesbar ist Schopenhauer mit seiner *vierfachen Wurzel*. Diese Arbeit ist anregend, in der Argumentation tiefer und weiter verzweigt, als es hier zitiert werden konnte. Einige Leser mögen über seinen Stil die Nase rümpfen, der von Bosheiten gegenüber anderen Denkern geprägt ist, vor allem gegenüber Hegel. Anderen mögen gerade diese menschlichen Ausrutscher Lesefreuden vermitteln.

Dreizehnte Handreichung

Mit Bezug auf Hegel: Problemlösen durch dreifaches Aufheben*

Mit einer zweiten methodischen Anleitung zum Strukturieren geistiger Arbeit sei an Georg Wilhelm Friedrich Hegel (1770 bis 1831) angeknüpft. Es geht hier nur um die Hegelsche Dialektik, also um einen *methodischen* Aspekt, nicht jedoch um die *Inhalte* seiner Lehre; diese sind umstritten:

- Rudolf von Delius schrieb 1922 über Hegel: *„Dieser Schwabe ist vielleicht die tiefste und reichste Intelligenz, die bisher auf Erden gelebt hat“* (S. 47).
- Betrand Russell (1872 bis 1970) zeigt dagegen eine deutliche Reserve gegenüber Hegel. Er schreibt: *„Even if (as I myself believe) almost all Hegel's doctrines are false, he still retains an importance which is not merely historical . . .“* (S. 701), und er schließt seine ausführliche Interpretation von Hegels Lehre mit der vielseitig interpretierbaren Wertung: *„Hegel thought that, if enough was known about a thing to distinguish it from all other things, then all its properties could be inferred by logic. This was a mistake, and from this mistake arose the whole imposing*

* *aus: technologie & management, 39. Jg., 1990, Heft 1, S. 40-50*

edifice of his system. This illustrates an important truth, namely, that the worse your logic, the more interesting the consequences to which it gives rise“ (S. 715).

Im folgenden wird Hegels *methodisches* Grundprinzip betrachtet, das Grundprinzip seiner Dialektik. Charakteristisch für sie ist das Denken, das Fragen, die Erkenntnis in dem Dreierschritt „*These – Antithese – Synthese*“. Hegel selbst hat dieses Prinzip in seinen Werken teilweise bis an die Grenze des Erträglichen praktiziert; er hat es bis an die Schwelle der Unglaubwürdigkeit strapaziert. Gleichwohl ist es von vielfältigem Nutzen, insoweit man es mit Bedacht einsetzt. Es läßt sich auch heute als mächtiges Werkzeug kreativer Gestaltung, umfassenden Verstehens und wirksamer Führung verwenden.

Der Dreiklang T – A – S

Der Dreiklang von *These, Antithese* und *Synthese* (TAS) wurde von Hegel als Grundraster seiner Dialektik entwickelt. Die Denkkultur der TAS-Methodik (Bild 1) läßt sich an vielen Beispielen studieren und üben. Nur einen plumpen Kompromiß, eine blasse *Randform* der TAS-Methodik liefert das erste Beispiel:

T: Elke hat *grüne* Augen.
A: Nein, sie hat *blaue* Augen.
S: Die Farbe liegt im Grenzbereich zwischen grün und blau und mag als *blaugrün* bezeichnet werden.

Solche schlichten Kompromisse lassen noch nicht die Tiefe und Kraft der TAS-Methodik erahnen. Anders steht es schon mit der folgenden Formulierung desselben Sachverhalts, gefühlvoller und vorsichtiger zum Ausdruck gebracht:

T: Die Farbe dieser Augen erinnert mich an dunkelgrünes, samtglänzendes *Schilf.*

A: Auf mich wirkt die Farbe der Augen wie das dunkle Blau einer *Edeltanne.*

S: Die Farbe dieser Augen wandelt sich nuancenreich und geheimnisvoll zwischen dunklem Grün und dunklem Blau wie die Farbe des *Mondsees.*

Je nach der Ausdrucksweise wirken die Differenzen krasser und unverbindlicher oder weicher und versöhnlicher. Das zweite Gespräch zeigt Ansätze der blumenreichen japanischen Argumentationskunst, mit der man weder sich selbst noch einen anderen isoliert und keiner das Gesicht zu verlieren Gefahr läuft.

Ein anderes Gespräch:

T: *V* baut die sichersten Autos.

A: Die Autos von *B* und *D* sind in ihrer Gesamtkonzeption noch sicherer.

S: Es läßt sich nicht klären, denn es gibt keine eindeutige Methode der Sicherheitsquantifizierung. Die Sicherheit bei *B* und *D* und *V* und anderen Autos mag vergleichbar sein. Nur hat *V* den Sicherheitsaspekten – auch in der Werbung – immer besondere Bedeutung beigemessen.

Es kann auch um Fachfragen gehen:

T: *Technischer Fortschritt* ist der Zünder für wirtschaftliches Wachstum.

A: Nein, erst muß das *wirtschaftliche Wachstum* einsetzen, so daß sich technischer Fortschritt überhaupt finanzieren läßt.

S: Technischer Fortschritt und wirtschaftliches Wachstum entwickeln sich im *gegenseitigen Verbund*, und beides hängt voneinander ab. Anfangs vollzieht sich beides in kleinen Schritten.

Ein früherer Streit aus der Physik:

T: Licht ist eine elektromagnetische *Strahlung*.

A: Nein, Licht besteht aus *Teilchen*, den *Lichtquanten*, den *Photonen*.

S: Licht ist *beides* und hat sowohl die Eigenschaften der Strahlung als auch die von Teilchen. Je nach der betrachteten Erscheinung bringt die eine oder die andere Sichtweise die geeignetere Erklärung.

Oder zur Künstlichen Intelligenz:

T: Computer werden immer intelligenter, und mit zunehmender *Maschinenintelligenz* werden die Computer mehr und mehr die geistige Arbeit des Menschen übernehmen.

A: Computer haben überhaupt keine Intelligenz, die allein eine Eigenschaft der *Lebewesen* bleiben wird. Trotz ihrer ungeheuren Arbeitsgeschwindigkeit bleiben sie Sklaven der Programmierer.

S: Die Zukunft liegt in *Mensch-Computer-Tandems*, einer organisierten Kooperation von Menschen und Maschinen, in denen menschliches Wissen und maschinelle Informationsverarbeitung sich gegenseitig ergänzen und zu Systemen bisher unbekannter intellektueller Leistungsfähigkeit führen (vgl. Fünfzehnte Handreichung).

Vom Aufheben

Die Hegelsche Kultur des Denkens in *These, Antithese* und *Synthese* ist durch *dreifaches Aufheben* gekennzeichnet, durch Aufheben in drei verschiedenen Wortbedeutungen:

- Durch die Synthese werden die Ideen der These und der Antithese auf eine *höhere Ebene* gebracht, also aufgehoben im Sinne von *hinaufgehoben* oder *emporgehoben*.
- Durch die Synthese werden die These und die Antithese aber auch *bewahrt*, also aufgehoben im Sinne von *erhalten*.
- Durch die Synthese werden die These und die Antithese aber auch gleichzeitig *außer Kraft gesetzt*, also aufgehoben im Sinne von *beseitigt, negiert* oder *vernichtet*.

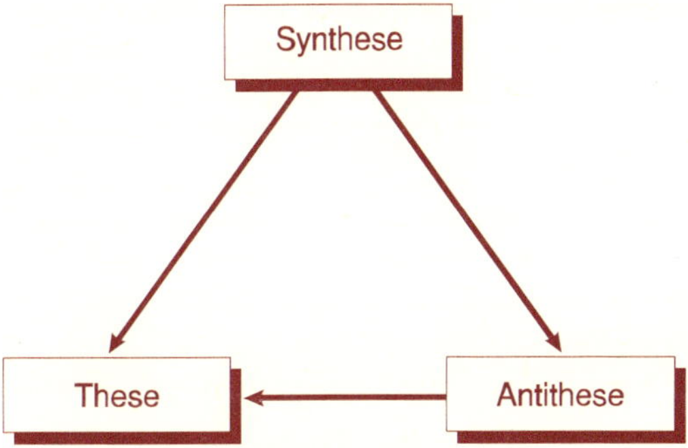

Bild 1: Schema der TAS-Methodik: Die Antithese nimmt Bezug auf die These und steht ihr als Widerspruch entgegen. Die Synthese nimmt Bezug auf die These und auf die Antithese und hebt sie im dreifachen Wortsinne auf.

Ein eigenartiges Wort, das *„aufheben"*, eines derjenigen, deren Bedeutungen einander zu widersprechen scheinen, sich aber doch so trefflich ergänzen.

Die Synthese als dritter Weg

Die dreiteilige Denkkultur, die Hegelsche Dialektik von These, Antithese und Synthese, läßt sich in vielfältiger Weise nutzen:

- Sie dient der *Strukturgebung des Denkens* und läßt sich wirkungsvoll für das kreative Suchen neuer Wege verwenden.
- Sie dient der ordnenden *Organisation von Gesprächen* (auch Streitgesprächen), in denen jeder Beteiligte die Position seines Arguments als These oder Antithese bestimmen und nach Wegen zur Synthese suchen kann.
- Sie dient schließlich dem *äußeren Eingreifen* beim Zusammenführen von Gegenmeinungen und beim Schlichten von Streit.

In jedem Fall trägt die Synthese, wenn eine solche gefunden wird, zu einer Erkenntnis, zu einer Lösung, zu einer Erlösung bei. Die Synthese führt zu einem neuen, einem *dritten* Weg.

Drei Typen

Vermutlich übt die dreiteilige Methodik von These, Antithese und Synthese eine unterschiedliche Faszination auf unterschiedliche Menschen aus. Möglicherweise neigen unterschiedliche Menschen zu einer verschiedenartigen Position im TAS-Schema:

- Ein ausgesprochener T-Typ mag dazu neigen, seine Meinung als These frühzeitig (oft voreilig) und in eindeutiger Klarheit (oft mit Schärfe) vorzustellen und gegen jeden Widerspruch zu verteidigen – sei es aus Überheblichkeit oder aus Bequemlichkeit, aus Glauben an sich selbst oder aus innerer Unsicherheit.
- Ein ausgesprochener A-Typ mag zu Widerspruch neigen und wird zu jeder Meinung zunächst einmal in Opposition gehen – sei es aus Prinzip oder aus Nörgelei, aus Freude am Gegensatz („mit boshafter Lebendigkeit Fragen durchkreuzend", wie Kafka in „Elf Söhne" über den zehnten Sohn sagt) oder aus Misanthropie.
- Ein ausgesprochener S-Typ würde mit Interesse die These und die Antithese verarbeiten und nach einer Synthese suchen, durch die die These und die Antithese im dreifachen Wortsinn aufgehoben werden – sei es aus Freude an kreativer Gestaltung oder aus Entscheidungsschwäche, aus Verantwortung für Schlichtung oder aus Angst vor Parteinahme.

Man mag sich diese drei *reinen* Typen als extreme Punkte in einem Dreieck vorstellen (Bild 2). Der reine T-Typ würde weder für die Antithese noch für die Synthese Verständnis haben; der reine A-Typ mag sich jeder vorgebrachten Meinung entgegenstellen; und der reine S-Typ mag unfähig sein, selbst eine These oder eine Antithese zu kreieren und für sie zu kämpfen. Die drei Eckpunkte des Dreiecks spannen ein Kontinuum auf. In ihm würde jeder *reale* Mensch irgendeine TAS-Position einnehmen, der eine in der ausgeglichenen Mitte, der andere in der Nähe zu einer der Ecken oder Seiten.

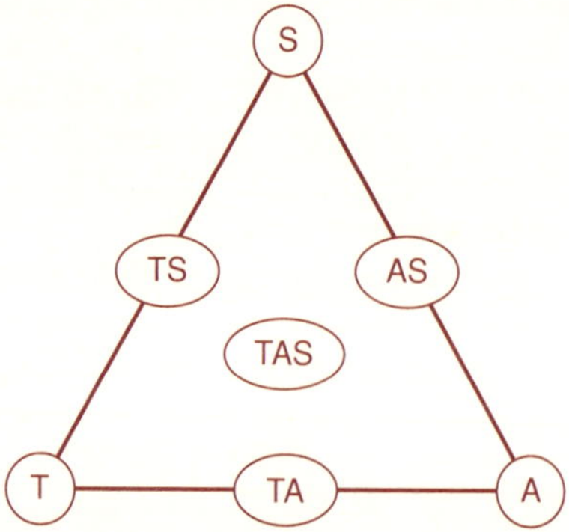

Bild 2: Schema psychologischer Typen im Dreieck von These, Antithese und Synthese.

Synthese und Kompromiß

Die Synthese in der Hegelschen Dialektik zielt auf etwas Höheres als auf einen einfachen Kompromiß. Ein Kompromiß liegt gewöhnlich irgendwo zwischen zwei Dingen, *zwischen* der These und der Antithese – falls eine solche Zwischenposition überhaupt existiert. Eine Synthese liegt dagegen *über* der These und der Antithese und bildet eine Vereinigung von beiden. Ein Kompromiß zielt quasi auf einen *Mittelwert*, eine Synthese jedoch auf einen *höheren Wert*. Ein Kompromiß bildet bestenfalls eine Randposition der Synthese.

Dieser Unterschied läßt sich an dem erstgenannten Beispiel der Augenfarbe vertiefen. Wenn die Einigung auf *blaugrün* nur ein bequemes Einbeziehen der anderen Meinung bedeutet, ist ein Kompromiß erreicht. Wenn sich dagegen eine erweiterte Einsicht einstellt, zeichnet sich eine Synthese ab.

Ein Kompromiß fordert gewöhnlich von den Beteiligten einen *Teilverzicht*, während die Synthese auf *allseitigen Nutzen* gerichtet ist.

Im Falle eines Streites würde ein *sachgerechter* Schlichter nach einem Kompromiß suchen, ein *zielgerichteter* Schlichter jedoch nach einer Synthese.

Mathematische Optimierung

Der Unterschied zwischen Kompromiß und Synthese läßt sich auch an formalen Beispielen zeigen. Die Unternehmungen X und Y stellen beide zwei gleichartige Produkte her, mit denen sie auf demselben Markt konkurrieren, der von jedem Produkt nur 160 Mengeneinheiten (ME) aufnehmen kann. Aufgrund innerbetrieblicher Unterschiede bringen die Produkte den beiden Unternehmungen unterschiedliche Deckungsbeiträge und belasten die Fertigungskapazitäten auf verschiedene Weise.

Mit Hilfe der linearen Optimierung läßt sich für jede der beiden Unternehmungen ein optimales Produktionsprogramm berechnen.

- Die Unternehmung X erwirtschafte einen Deckungsbeitrag von 800 DM/ME für das Produkt 1 und von 900

DM/ME für das Produkt 2, darzustellen in der Zielfunktion (mit x_1 und x_2 als Herstellmengen der beiden Produkte); die Deckungsbeitragssumme (DBS) sei zu maximieren:

$$\text{Max DBS} = 800\ x_1 + 900\ x_2$$

Die Mengenbegrenzungen durch die Fertigungskapazitäten mögen lauten:

$$2x_1 + x_2 \leq 300$$
$$x_1 + 3x_2 \leq 400$$

Als optimale Lösung erhält man:

$$x_1 = 100,\ x_2 = 100 \text{ und DBS} = 170.000 \text{ DM.}$$

- In der Unternehmung Y betrage umgekehrt der Deckungsbeitrag für das erste Produkt 900 DM/ME und für das zweite Produkt 800 DM/ME. Mit y_1 und y_2 als Produktionsmengen lautet die Zielfunktion:

$$\text{Max DBS} = 900\ y_1 + 800\ y_2$$

Die durch die Fertigungskapazitäten bestehenden Grenzen mögen lauten:

$$3y_1 + y_2 \leq 400$$
$$y_1 + 2y_2 \leq 300$$

Als optimale Lösung ergibt sich:

$$y_1 = 100,\ y_2 = 100 \text{ und DBS} = 170.000 \text{ DM.}$$

Wenn beide Unternehmungen ihr optimales Produktionsprogramm realisieren wollten, würden von jedem der beiden Produkte 200 ME Angebot auf 160 ME Nachfrage (s.o.) stoßen.

- Ein *Kompromiß* würde darin bestehen, daß sich beide Unternehmungen den Markt aufteilten und jeweils von jedem Produkt 80 ME produzierten, so daß jede nur noch DBS = 136.000 DM realisierte.

- Weitsichtiger wäre die *Synthese:* ein *übergeordnetes Optimum,* bei der jede der beiden Unternehmungen einen etwas höheren Anteil des für sie günstigeren Produktes herstellte, nämlich

  $x_1 = 40$ und $x_2 = 120$ sowie $y_1 = 120$ und $y_2 = 40$,

  so daß jede Unternehmung DBS = 140.000 DM realisieren könnte.

Der Wille zum dritten Weg

Der dritte Weg, die Synthese, liegt häufig nicht auf der Hand, und man bewegt sich zunächst oft *zwischen* These und Antithese. Das erinnert an das häufig veröffentlichte Bild von den beiden durch eine Leine verbundenen Eseln, von denen jeder vor einem Heuhaufen steht. Allerdings kann keiner wegen der zu kurzen Leine seinen Heuhaufen erreichen; beide bleiben hungrig und zerren immer stärker an der gemeinsamen Leine. Erst der dritte Weg führt zu einer Lösung, nämlich das gemeinsame Verspeisen zunächst des einen Heuhaufens und anschließend des anderen Heuhaufens.

Der dritte Weg erfordert häufig eine innere Überwindung, ein zielorientiertes Bewußtsein, einen auf Synthese gerichteten Willen. Wer die dreiteilige Hegelsche Denkkultur nicht kennt, mag sich mit dem ersten Weg, der *These*, zufriedengeben. Ein anderer mag dem einen zweiten Weg, die *Antithese*, entgegenstellen. Aus beiden aber einen dritten Weg, die *Synthese*, zu suchen, drängt sich nicht von vornherein auf, sondern erfordert eine bewußte Zielstrebigkeit, ein internalisiertes Bekennen zur TAS-Methodik, zum *Aufheben* von These und Antithese.

Markt und Plan und MITI

Man vermißt den dritten Weg häufig in der Diskussion um die beste Wirtschaftsordnung.

T: In den westlichen Industrienationen wird das Banner der *Marktwirtschaft* hochgehalten – und zwar mit beachtlichem ökonomischem Erfolg. Dabei schützen unterschiedlich starke Netze die sozial Schwächeren vor den Konsequenzen eines übermäßigen Wettbewerbs.

A: Marktwirtschaft, in der jeder seine wirtschaftlichen Aktivitäten selbst bestimmten könne, sei vernunftlos, man brauche vielmehr eine zentrale Planung und Steuerung, so heißt es bei den Gegnern der Marktwirtschaft, und es wird *Planwirtschaft* betrieben – bis heute mit erschreckend geringem Erfolg, wie man in Osteuropa, in China und in vielen Ländern der Dritten Welt beobachten konnte.

Erstaunlicherweise konzentriert sich die Wirtschaftsordnungsdiskussion in vielen Ländern eindimensional auf die Schiene *Marktwirtschaft versus Planwirtschaft*, These gegen Antithese. Japan hat dagegen einen dritten Weg gefunden, der sich als Synthese interpretieren läßt.

S: In Japan ist die Marktwirtschaft vorherrschend. Über ihr gibt es aber langfristige Ziele und Pläne, die übergreifend und kooperativ entwickelt werden. Dabei ist das MITI (Ministry of International Trade and Industry) zwar federführend, jedoch wirken hier die Unternehmungen, die Wissenschaft, die Gewerkschaften und weitere sachkundige Gruppen partnerschaftlich zusammen. Unter Leitung des MITI wurde u.a. Anfang der 80er Jahre die Systemarchitektur der fünften Computergeneration entworfen. Dort werden auch Ziele und Schritte der Forschung koordiniert, bevor Entwicklung, Herstellung und Absatz der Produkte wieder in die Hand der miteinander konkurrierenden Unternehmungen übergehen.

Negation und Kreation

Die TAS-Methodik kann überaus nützlich sein beim Suchen von Innovationen. Das ist allerdings bisher wenig bekannt. Zahlreiche Kreativitätstechniken hören mit der *Antithese*, mit der Negation, mit dem Infragestellen vorhandener Lösungen auf.

- So gehört die „Negation und Konstruktion" in den Methodenkasten der *Morphologie* von Fritz Zwicky (1898 bis 1974). Ihm geht es darum, durch Infragestellen von Bekanntem und Gewohntem zu neuen Einsichten und zu neuen Lösungen vorzustoßen. Er glorifizierte damit die *Antithese*, brach aber nicht zur *Synthese* durch. Die TAS-Methodik bietet sich jedoch für kreatives Gestalten geradezu an. Die These und die Antithese sind dabei als Bausteine der Synthese im dreifachen Wortsinn aufzuheben, also gleichzeitig zu beseitigen, zu bewahren und hinaufzuheben.

- Edward de Bono stellt in vielen seiner Bücher das *laterale* (kreative, sprunghafte) Denken dem *vertikalen* (systematischen, logischen, analytischen) Denken gegenüber. Er kritisiert die Vorherrschaft des vertikalen Denkens in der Denkkultur des Abendlandes und hebt eine Überlegenheit des lateralen Denkens hervor. Zu einer *Synthese* von vertikalem und lateralem Denken kommt es in seinen Arbeiten allerdings nicht.

Den Streitenden das Spielzeug wegnehmen

Die TAS-Methodik bietet sich auch an zur Führung von Menschen und zur Schlichtung bei Gegensätzen. Ein eindrucksvolles Erlebnis aus der eigenen Beratungstätigkeit:

Zwei Abteilungen einer Unternehmung hatten sich im Laufe der Erstellung einer Software heillos zerstritten, und zwar über alle Ebenen vom Sachbearbeiter bis zum Abteilungsleiter hin. Der den beiden übergeordnete Leiter des Unternehmungsbereichs (UB) lud die Abteilungsleiter zu einem klärenden Gespräch ein. Zehn Minuten lang schoben sich die Abteilungsleiter gegenseitig die Schuld in die Schuhe und spielten verbissen „These gegen Antithese“. Der UB-Leiter nahm ihnen dann ihr Spielzeug aus der Hand, indem er sagte: *„Ich verstehe nicht, warum Sie sich gegenseitig die Schuld zuweisen. Alle Schuld liegt doch eindeutig bei mir!“* Das war das unüberhörbare Synthesesignal, daß nunmehr nur über den gemeinsamen künftigen Weg gesprochen werden durfte. Das Signal bestand nicht nur in dem Streitverbot durch den Vorgesetzten, sondern im Aufheben von These und Antithese.

Führungsaufgaben in der Demokratie verstehen

Mit der TAS-Methodik läßt sich auch ein Führungsverständnis für demokratische Systeme herleiten.

T: Grundsätze wie „Alle Staatsgewalt geht vom Volke aus" (Artikel 20 Abs. 2 Satz 1 GG) lassen sich (miß-)interpretieren in dem Sinne, daß die Führung keine eigenen Zielsetzungen und Wege zur Zielerreichung entwikkeln dürfe, sondern daß dies alles durch das Kollektiv der Mitglieder geschehe – ob es sich um einen Staat handelt, eine Unternehmung oder einen Fußballclub. Das Kollektiv soll bestimmen, wie auch immer man das organisieren mag, doch stehe den gewählten oder eingesetzten Volksvertretern kein Recht auf eigene Zielsetzung und eigene Wege zur Zielerreichung zu.

A: Die alleinige Weisheit liege bei der „Führungselite" – sei es eine Partei, eine Hierarchie nach Vorbild des chinesischen Mandarin-Systems (technologie & management 2/89, S. 31) oder ein Diktator. Das Volk habe keinen Überblick, und jeder einzelne denke nur an sich selbst, so daß sich nur auf höherer Ebene (eben von der vermeintlichen „Führungselite") Ziele und Wege zur Zielerreichung festlegen ließen. Anschauungsmaterial über diese Systeme liefert die jüngere Geschichte in Fülle.

S: Demokratie bedeutet ebensowenig die Degradierung der Führung zu reinen Ausführungsbeamten wie die Entmündigung des Volkes zu reinen Befehlsempfängern, sondern etwas Höheres: Eine demokratische Regierung wird mit Sensibilität und Einfühlungsvermögen die Bedürfnisse und Wünsche aller Mitglieder wahrnehmen, in weltoffener Weitsicht und mit realistischem Augenmaß Ziele formulieren und Wege zur Zielerreichung anvisieren, sodann im unvoreingenommenen Verantwortungsbewußtsein für alle die formulierten Ziele mit den Wünschen der Mitglieder zusammenführen sowie die Bedürfnisse der Mitglieder in den Wegen zur Zielerreichung berücksichtigen.

Eine positive Stellung zur Mitbestimmung einnehmen

Zu den Mitbestimmungsregeln in den Unternehmungen (auch in den Universitäten und anderen staatlichen und privaten Organisationen) kann man unterschiedliche Positionen beziehen:

T: Alles sollte sich am Wohlergehen der Unternehmung orientieren, denn diese diene einerseits dem Wohlergehen der Volkswirtschaft, und andererseits komme die Stärke der Unternehmung allen Mitgliedern der Unternehmung zugute.

A: Nein, alles sollte sich am Wohl der Arbeitnehmer der Unternehmung orientieren, denn diese seien die Abhängigen bei allen Maßnahmen einer Unternehmung. Die Unternehmungspolitik müsse daher direkt und unmittelbar auf die gegenwärtigen Bedürfnisse der heutigen Mitarbeiter ausgerichtet sein.

S: Jede Unternehmung trägt Verantwortung gegenüber einer Vielfalt von Menschen und Institutionen, nach innen gegenüber den Gesellschaftern und Mitarbeitern, nach außen gegenüber den Kunden, Lieferanten, Finanziers, dem Staat und allen Bereichen der Umwelt. Alles sollte sich also sowohl an der Unternehmung als eigenem System als auch an dieser vielfältigen Umgebung orientieren. Entsprechende Formulierungen in Mitbestimmungsregelungen deuten diese Vielfalt an, so im Betriebsverfassungsgesetz der § 2 Abs. 1: „Arbeitgeber und Betriebsrat arbeiten . . . zum Wohl der Arbeitnehmer und des Betriebs zusammen", und der § 74 Abs. 1: „Arbeitgeber und Betriebsrat . . . haben über strittige Fragen mit dem ernsten Willen zur Einigung zu verhandeln".

Mit Gegnern angemessen umgehen

Mit der TAS-Methodik findet man auch einen Weg zum vernünftigen Umgang mit Gegnern. Die Bibel gibt zweierlei Rat:

T: Im Alten Testament heißt es eindeutig: „Auge um Auge, Zahn um Zahn, Hand um Hand, Fuß um Fuß, Brandmal um Brandmal, Beule um Beule, Wunde um Wunde" (2. Mose 21, 24-25).

A: In der *Bergpredigt* wird der entgegengesetzte Rat gegeben: „Wenn dir jemand einen Streich gibt auf deine rechte Backe, dem biete die andere auch dar. Und wenn jemand mit dir rechten will und deinen Rock nehmen, dem laß auch den Mantel“ (Matthäus 5, 39-40).

S: Beide Empfehlungen lassen sich kombinieren. Wer aus Einsicht zu lernen verspricht, dem mag man die andere Backe darbieten. Wer dagegen keine hinreichende Sensibilität zu solcher Einsicht besitzt, der mag nur durch Verlust des eigenen Auges, Zahnes oder Fußes etc. zur Raison gebracht werden. In dem vielfältigen Spektrum der Wege einen angemessenen, glättenden, zu einer besseren Gemeinsamkeit führenden Weg zu finden, ist eine Herausforderung an die individuelle Vernunft.

Die eigene Einstellung zum Lebenszweck finden

In der TAS-Methodik liegt auch eine Handreichung, um sich seiner eigenen Einstellung zum Leben bewußt zu werden.

T: Nach christlicher Lehre hat jedwedes menschliche Leben einen *letzten Sinn*. Jedes Leben dient einem höheren Ganzen.

A: Nach Meinung des Existentialisten Albert Camus (1913 bis 1960) ist das Leben dagegen *absurd*. Es gebe keinen höheren Sinn, kein umfassendes Weltziel, keinen allgemeinen Lebenszweck.

S: Jeder muß zu seinem eigenen Urteil kommen und seine eigene Einstellung zum Leben finden. Je nach eigener Einstellung kann dieselbe Sache absurd oder sinnvoll erscheinen. Liegt hinter jeder scheinbaren Absurdität dennoch ein tieferer Sinn? Oder steht hinter jedem scheinbaren Sinn doch der Abgrund des letztlich Absurden? Weder das eine noch das andere läßt sich beweisen, und das schafft die Lücke, die durch die eigene Weltanschauung zu füllen ist.

Sich auf eigene Vernunft oder auf göttlichen Rat verlassen

Worauf sollte man sich in praktischen Dingen verlassen, auf die Vernunft oder auf die Führung durch eine göttliche Hand?

T: Die Psalmen 118/119 lassen uns auf göttliche Führung hoffen: „Der Herr ist Gott, der uns erleuchtet" (118, 27), und: „Ich rede von dem, was du befohlen hast, und schaue auf deine Wege. Ich habe Freude an deinen Satzungen und vergesse deine Worte nicht" (119, 15-16), und: „Laß mich verstehen den Weg deiner Befehle . . ." (119, 27). Viele Gläubige erbitten bei den höheren Mächten praktischen Rat für ihre täglichen Probleme. Sie erbitten einen Fingerzeig, eine Anweisung, einen Vorschlag, eine Leitung.

A: Ganz anders Kant (1724 bis 1804) und viele philosophische Lehren nach ihm (auch der Existentialismus). Kant als Aufklärer (Neunte Handreichung) appelliert an die menschliche Vernunft. In seinem *kategorischen Imperativ* gibt er uns die allgemeine Handlungsanweisung: „Handle so, daß die Maxime deines Willens jederzeit zugleich als Prinzip einer allgemeinen Gesetzgebung gelten könne“ (Kant: *Kritik der praktischen Vernunft*, S. 54). Bei Sartre (1905 bis 1980) steht der Mensch ohne göttlichen Rat ganz allein vor einer breiten Verantwortung: „Und wenn wir sagen, daß der Mensch für sich selber verantwortlich ist, so wollen wir nicht sagen, daß der Mensch gerade eben nur für seine Individualität verantwortlich ist, sondern, daß er verantwortlich ist für alle Menschen“ (Gfeller, S. 215). Weder Kant noch Sartre hätte die höheren Mächte um praktischen Rat gebeten.

S: In praktischen Fragen sich auf die eigene Vernunft verlassen und diese in der Empfindung für die eigene umfassende Verantwortung realisieren. Sich dabei als Gehilfe eines sinnvollen Gesamtsystems verstehen und sich einer umfassenden Leitung bewußt sein, welchem Glauben man auch immer anhänge.

Literatur zur Vertiefung

Lieber Leser: Hegel ist im Originaltext schwer zu lesen, und ich rate Ihnen von der Lektüre der Primärliteratur ab. Es geht hier ja auch nicht um die *Inhalte* seiner Lehre, sondern um die *Methodik*, seine dreiteilige *Dialektik* von *These, Antithese* und *Synthese*. Die meisten philosophischen Wörterbücher und Enzyklopädien enthalten sowohl das Stichwort „Hegel“ als auch das Stichwort „Dialektik“, letzteres gewöhnlich im umfassenderen Zusammenhang, gleichwohl die Dreiteilung von Hegel hervorhebend, etwa bei Schischkoff oder bei Mittelstraß (Band 1, S. 463-471, und Band 2, S. 48-59). In den philosophischen

Übersichtswerken wird Hegel gewöhnlich durch ein eigenes Kapitel gewürdigt, so bei Störig (S. 453-465), bei Russell (S. 701-715), bei Weischedel (S. 209-220), auch bei Schilling (S. 357-364).

Die dreiteilige Dialektik wird oft besonders gewürdigt, so von Störig (S. 454-457), von Russell (S. 702-704), von Weischedel (S. 213-217).

Vierzehnte Handreichung

In Anlehnung an Berkeley: Was nicht bewußt wird, ist nicht passiert*

Es geht bei den Philosophie-Splittern nicht in erster Linie um die Vermittlung von philosophischem Wissen, sondern um die *Nutzung philosophischer Erkenntnis* zur *Bewältigung der Aufgaben von heute*. Auch der Beitrag über Berkeley dient der Anregung für praktische Nutzung: Über Berkeley kann man eine höhere *Problemsensibilität* erreichen, Ideen für wirksames *Marketing* ableiten und ein Gerüst für *Fernkreativität* aufbauen.

Esse est percipi

In die Grundlagendiskussion des Aufklärungszeitalters mischte sich ein junger Ire ein, George Berkeley (1685 bis 1753). Seine Hauptwerke erschienen zwischen 1709 und 1713. Nach ihm wurde die kalifornische Stadt Berkeley am Ostufer der *San Francisco Bay* mit der heute berühmten Universität benannt.

Soweit Berkeleys Beitrag zur Philosophie heute noch erwähnt wird, ist es der bemerkenswerte Satz *„Esse est*

* *aus: technologie & management, 39. Jg., 1990, Heft 3, S. 42-45*

percipi" (Sein ist Wahrgenommenwerden). Er leugnete die vom Wahrnehmen und Denken unabhängige Existenz empirischer Dinge. Störig schreibt über seine Lehre: *„Ein Ding ist weiter gar nichts als eine konstante Summe von Empfindungen im Bewußtsein. Das Sein der Dinge besteht nur in ihrem Wahrgenommenwerden"* (S. 352).

Diese Auffassung fand damals eine große Aufmerksamkeit, insbesondere Widerspruch. Gleichwohl hatte sie Einfluß auf das Aufklärungszeitalter. Man befand sich im Übergang von der *Renaissance* und dem *Barock* mit Francis Bacon (1561 bis 1626), Descartes (1596 bis 1650), Malebranche (1638 bis 1715) und vom britischen *Empirismus* mit Boyle (1627 bis 1691) und Newton (1643 bis 1727) in das *Aufklärungszeitalter*, beginnend etwa mit John Locke (1632 bis 1704). Gelegentlich werden der englische Locke, der irische Berkeley und der schottische David Hume (1711 bis 1776) als die drei grundlegenden Säulen der britischen Aufklärungsphilosophie genannt.

Von vielen wurde Berkeley mißverstanden und völlig abgelehnt. Andere, so Schopenhauer, haben ihn zutiefst verehrt. Zum 300. Geburtstag widmete ihm die FAZ am 12. März 1985 zwei volle Spalten; ganz vergessen ist er also noch nicht.

Esse est aut percipere aut percipi

Esse est percipi, eine eigenartige Behauptung. Hat die Antarktis, als sie noch nicht entdeckt war, nicht existiert? Sind die Planeten unseres Sonnensystems in dem Moment geboren worden, in dem man sie entdeckt hat? Muß man gar das Sprichwort *„Aus den Augen, aus dem Sinn“* ergänzen um *„. . . aus der Welt“?* Verliert ein Auto seine Existenz, sowie es in der Garage eingeschlossen worden ist?

Nein, so hätten wir ihn mißverstanden. Man wird seiner Idee besser gerecht durch Ausdehnung des Satzes: *„Sein ist Wahrgenommenwerden oder ‚Wahrgenommenwerdenkönnen‘“* (Störig, S. 352), oder: *„Das Sein der Dinge besteht in ihrer Wahrnehmbarkeit“* (Röd, Bd. VIII, S. 124).

Berkeley selbst hatte den zitierten Satz in einer anderen Dimension erweitert, und zwar: *„Esse est aut percipere aut percipi“* (Sein ist Wahrnehmen oder Wahrgenommenwerden). Der Wahrnehmende existiert also auch, das *cogito ergo sum* von Descartes einschließend.

Beide Dimensionserweiterungen sollte man kombinieren und auch das *Wahrnehmenkönnen* einbeziehen (Bild): Sein ist Wahrnehmen oder Wahrgenommenwerden oder Wahrnehmenkönnen oder Wahrgenommenwerdenkönnen.

Sein ist *(Esse est)*		
Wahrgenommen werden *(percipi)*	Wahrnehmen *(percipi)*	als Tatbestand
Wahrgenommenwerdenkönnen	Wahrnehmenkönnen	als Möglichkeit
eines Objektes	durch ein Subjekt	

Die 4 Felder des *esse est*

Darauf kommt es Berkeley wohl vor allem an: Empirische Dinge werden erst durch unser Bewußtsein *relevant*, erst durch unser Wahrnehmen und Denken *bedeutungsvoll*. Die Planeten bewegen sich nicht erst seit Kepler auf Ellipsenbahnen um die Sonne – doch sind die elliptischen Planetenbahnen erst durch Kepler in unser Bewußtsein gelangt. Benzol ist nicht erst seit Kekulé ein Ringmolekül – doch erst durch Kekulés Entdeckung der Ringstruktur des Benzolmoleküls sind Ringmoleküle für die Arbeit der Chemiker bedeutungsvoll geworden.

Es existiert *für uns* also nur das, was in unser Bewußtsein eingedrungen ist. Störig hebt hervor, daß nach Berkeley *„alles, was wir wahrnehmen und erkennen, ob durch äußere oder innere Wahrnehmung, ob als primäre oder sekundäre Eigenschaft, ob als einfache oder zusammengesetzte Idee, uns stets nur als Phänomen unseres Bewußtseins, als Zustand unseres Geistes gegeben ist – eine Erkenntnis, die Schopenhauer später in dem Satz ‚Die Welt ist meine Vorstellung' ausgesprochen hat"* (S. 352).

Staub von 280 Jahren?

Berkeleys Werke haben in den rund 280 Jahren seit ihrem ersten Erscheinen Staub angesetzt. Nur wenige kennen ihn und haben sich mit ihm beschäftigt. Bei vielen neueren philosophischen Sammelwerken scheint es eine Pflichtübung gewesen zu sein, ihn überhaupt einzubeziehen – häufig in liebloser Gleichgültigkeit. Keiner scheint seine ungebrochene Aktualität zu sehen.

Doch es lohnt sich, den Staub abzupusten! Man sollte Berkeley dreifach küren, zum *Ehrenhaupt* der *Umweltbewegung*, zum *Schutzpatron* des *Marketings* und zum *Schutzheiligen* von *Forschung und Entwicklung*. Alle drei Gebiete finden bei Berkeley fundamentale Anregungen und werden im folgenden vertieft.

Hier soll weder die Lehre Berkeleys neu interpretiert noch die alte Diskussion seiner Auffassungen aufgewärmt werden. Es geht um etwas anderes: Anregungen zu übernehmen, seinen Kernsatz *esse est percipi* pragmatisch umzusetzen und in Abwandlungen nutzbar zu machen.

Aktivierte Problemsensibilität

Erste Abwandlung seines Kernsatzes:

Was nicht bewußt wird, ist nicht passiert.

Esse est percipi ist eine ständige Aufforderung an jeden, der Führungsverantwortung trägt – ob in der Politik, in der Wirtschaft oder in der Wissenschaft: Probleme, die uns nicht bewußt sind, existieren (für uns) nicht. In diesem Sinne ist *esse est percipi* eine fortgesetzte Anregung, die eigene Problemsensibilität zu aktivieren.

Umweltbewußtsein

Daß alles, was außerhalb unseres Bewußtseins bleibt, *für uns* nicht existiert, zeigen zahllose Fälle aus dem Umweltbereich:

- Zum Beispiel die Wirkung von *Fluorchlorkohlenwasserstoffen* (FCKW) auf das *Ozonloch:* Das Ozonloch und die Wirkung der FCKW existieren (in unserem Bewußtsein) erst, seitdem sie bemerkt und durch wissenschaftliche Untersuchungen bestätigt wurden.
- Zum Beispiel das *Waldsterben:* Es existiert (für uns) erst, seitdem es von Fachleuten erkannt wurde und die Medien laufend darüber berichten.
- Zum Beispiel die *Verschmutzung der Meere:* Sie wurde erst dadurch (für uns) relevant, daß Wissenschaftler darauf aufmerksam machten und die Medien für Verbreitung sorgten.

Gleiches gilt für *Pelzmäntel* aus Robbenbabyfellen und Mäntel aus Pelzen von Tieren, die vom Aussterben bedroht sind. Entsprechendes gilt auch für die unbekümmerte Nutzung von *nichtregenerativen Ressourcen.*

Weitere Beispiele ließen sich anfügen in Fülle. Sie stehen nicht für menschliche Bosheit, sondern für späte Kenntnisnahme der Probleme und späte Entwicklung des Problembewußtseins.

Das Problembewußtsein in vielen Umweltfragen dieser Art wurde durch *Greenpeace* und andere Umweltorganisationen gefördert. Sie setzten *esse est percipi* in die Tat um: Erst gegenüber dem, was uns bewußt wird, verlieren wir die Gleichgültigkeit; was aber nicht bewußt wird, ist (für uns) nicht passiert. Die Umweltschützer sollten Berkeley als ihr *Ehrenhaupt* einsetzen.

Einfühlsame Führung

Problemsensibilität ist in allen Führungsbereichen notwendig, weit über Umweltfragen hinaus. Wahrnehmungs*fähigkeit* und Wahrnehmungs*bereitschaft* für Meinungen anderer, für Stimmungen, für soziales Klima sind erforderlich.

- Ein guter Politiker spürt Meinungsverschiebungen in der Wählerschaft. Er hat ein aufmerksames Gefühl für sich wandelnde Wertstrukturen und für sich verändernde Ansichten.
- Eine gute Führungskraft in einer Unternehmung hat eine Antenne, ein sensibles Empfinden für Zustimmung und Widerstand, für Zufriedenheit und Unruhe, für jeden Stimmungswandel, für jede Veränderung des Betriebsklimas.
- Ein guter Hochschullehrer nimmt Zufriedenheit und Unzufriedenheit, Überforderung und Unterforderung seiner Studenten wahr.

Die Führung von Menschen erfordert Sensibilität gegenüber den Stimmungen von Menschen, sowohl in ihrer Individualität als auch in ihrer Sozialität (als Gruppen) bis hin zur „öffentlichen Meinung". Teilweise lassen sich solche Stimmungen mit Methoden der empirischen Sozialforschung *messen*, vgl. etwa die von Noelle-Neumann (1989) gesammelten Erfahrungen; darüber hinaus besitzen manche ein inneres *Gespür* für soziale Stimmungen. Einige können auch künftige Meinungsverschiebungen und bevorstehende Veränderungen des sozialen Klimas antizipieren. Jedenfalls bilden die Meinungen von Menschen einen Teil der Realität und sollten als Realität ernstgenommen werden.

Frühwarninstrumente

Problemsensibilität ist nicht nur eine Angelegenheit der eigenen Sinne. Vielmehr gibt es vielfältige Frühwarnsysteme, die sich in hoher methodischer Reife installieren lassen. Sie informieren über meßbare Entwicklungen, die ansonsten gar nicht oder erst spät erkannt werden. Durch Nutzung von Frühwarninstrumenten kann man auf Gefahren frühzeitig reagieren und Chancen frühzeitig wahrnehmen.

- Ein professionelles Controlling-System verfolgt laufend die Entwicklung von Kennziffern der Unternehmung und weist frühzeitig auf Besonderheiten hin.
- Ein professionelles Marketing mißt ständig die Entwicklungen in den relevanten Märkten, wertet die Informationen aus und regt damit Aktionen an.
- Ein professionelles Qualitätsmanagement steht in fortwährendem Kontakt zu den Kunden und nimmt Mängelrügen, Beanstandungen, aber auch Wünsche, Anregungen und Vorschläge sorgfältig auf, wertet sie in der Gesamtheit aus und leitet sie um zu Produktionsverbesserungen.

Die meiste Information, die in den umfangreichen Zahlenwerken der Buchhaltungen, Betriebsdatenerfassungen und Statistiken gesammelt wird, landet ungenutzt im Archiv. In den Archiven liegen Schätze an Informationen begraben, die man nur zu heben bräuchte. Auf viele Chancen und Gefahren könnte man sich mit ihnen früher einstellen.

Marketing als „Perzeptions-Engineering“

Esse est percipi regt nicht nur die eigene Problemsensibilität an, sondern auch die bewußte *Einwirkung auf andere*, wie es etwa durch Marketing betrieben wird.

Man könnte für das Marketing den Kernsatz Berkeleys in einer zweiten Abwandlung formulieren:

> *Es existiert (für den Kunden) nur das, was (von ihm) wahrgenommen wird. Was (ihm) nicht bewußt wird, gibt es (für ihn) nicht.*

Das Marketing kann sich direkt an den vier Feldern des obigen Bildes (siehe S. 250) orientieren: Das *Wahrnehmenkönnen* zielt auf das gesamte Kundenpotential ab, das *Wahrnehmen* umfaßt im Kundenpotential diejenigen, in deren Bewußtsein die angebotenen Produkte eingedrungen sind. Das *Wahrgenommenwerdenkönnen* richtet sich auf alle (bekannten und unbekannten) Eigenschaften, mit denen die eigenen Produkte ausgestattet sind, das *Wahrgenommenwerden* dagegen nur auf die Eigenschaften, die auch tatsächlich perzipiert werden.

Berkeleys *esse est* . . . kann somit zu einem Arbeitsschema eines systematischen Marketings werden, welches sich ganz auf die Perzeption, die Wahrnehmung bei den potentiellen Kunden konzentriert. Die Protagonisten des Engineering-Begriffs (wie *knowledge engineering, social engineering, value engineering*) mögen schon einen Begriff bereithalten: *Perzeptions-Engineering* – ein Begriff, der die

Orientierung der eigenen Aktivitäten an der Wahrnehmung bei anderen beleuchtet. Das betrifft u.a. das Marketing von *Produkten*, von *Politik* und von *Ideen*.

Marketing von Produkten

Manche meinen, ein Produkt sei gut, wenn es *objektiven* Kriterien genüge. Das reicht nicht aus. Ein Produkt muß auch den *subjektiven* Ansprüchen der potentiellen Kunden gerecht werden.

- Manche Entwicklungsingenieure mögen meinen, durch *ihre* Leistung entstehe ein neues Produkt. Sie denken unvollständig. Die volle Existenz ist erst erreicht, wenn das neue Produkt einen Platz im Bewußtsein der potentiellen Kunden eingenommen hat.
- Ein Designer mag von einem Produktentwurf begeistert sein. Das ist nicht genug. Die Begeisterung bei den potentiellen Kunden muß hinzukommen.

In Anlehnung an den eingangs zitierten Satz von Störig sollten sich alle Produktentwickler ständig vergegenwärtigen: *Ein Produkt ist nichts als die Gesamtheit der Empfindungen im Bewußtsein der Kunden.*

Marketing von Politik

Auch in der Politik reicht es bei weitem nicht, nach vermeintlich *objektiven* Maßstäben erfolgreich zu sein. Die Erfolge müssen in der Bevölkerung *subjektiv* empfunden werden.

- Konkrete politische *Maßnahmen* (Steuerreform, Gesundheitsreform, Vereinigung Deutschlands etc.) sind nur dann *gute Maßnahmen*, wenn sie auch von der Bevölkerung als gute Maßnahmen empfunden werden.
- Politische *Konzepte* (etwa das Programm zur Schaffung des Europäischen Binnenmarktes) sind nur dann durchsetzbar, wenn sie von der Bevölkerung als sinnvoll anerkannt werden.
- Ein Politiker muß nicht nur selbst an seine eigene *Weltanschauung* glauben, sondern muß sie der Bevölkerung vermitteln können, muß die Bevölkerung für seine Weltanschauung gewinnen.

Politisch wirken heißt *Wege gehen*, die man selbst für richtig hält, und *andere von diesen Wegen überzeugen.*

Marketing von Ideen

Überhaupt alle Ideen bedürfen des Marketings, wenn man sie zur Wirkung bringen will. Insofern bedeutet Marketing, vor allem an die Sicht des anderen zu denken, nicht zuerst an die eigene Sicht.

- Wer Anzeichen von Umweltkatastrophen, vom großen Zusammenbruch des Finanzsystems etc. sieht, der kann diese Einsicht zwar für sich behalten – er mag sich aber auch an die Öffentlichkeit wenden und seine Einsicht der Allgemeinheit mitteilen; nur so kann seine Einsicht Wirkung erzielen.

- Wer Ideen zur Gestaltung eines erfolgreichen, eines zufriedenen oder eines glücklichen Lebens hat, dem stehen ebenfalls beide Wege offen.

Eine Idee mag noch so gut sein; wenn man für sie nicht wirbt, wird sie keine Breitenwirkung haben. Wenn man sich eine Breitenwirkung einer Idee wünscht, muß man auch das Marketing für die Idee in die Hand nehmen.

Um was es auch immer gehen mag: Das, was man selbst für wahr, richtig oder gut hält, wird sich *nicht von selbst* durchsetzen. Vielmehr muß man das *Bewußtsein anderer* darauf lenken, also auf das Bewußtsein anderer einwirken. Bei Berkeley liegt der Schlüssel dazu. Er sollte zum *Schutzpatron* des Marketings berufen werden.

Fernkreativität

Esse est percipi kann auch für einen ganz anderen Aufgabenbereich zum Credo werden, für *Forschung und Entwicklung* (FuE). Man kann Berkeleys Kernsatz zu einem Aufruf zur *Fernkreativität* abwandeln:

> *Es wird nur das existieren, was heute schon gedacht wird. Das heutige Bewußtsein entscheidet über die Welt von morgen.*

Wer die Zukunft in technischer, ökonomischer oder gesellschaftlicher Hinsicht mitgestalten will, dessen Ideen müssen weit hinaus in die Zukunft reichen. Seine Pläne müssen der Gegenwart fünf Jahre vorauseilen, seine Vorstellungen zehn Jahre, seine Visionen 15 Jahre, seine Phantasien 20 Jahre.

- Die Planung neuer Produkte benötigt Visionen von den künftigen Technologien und Vorstellungen über die künftigen Märkte.
- Zur Planung einer neuen Fabrik sind Visionen von der künftigen Fertigungstechnik und Vorstellungen über die späteren Arbeits- und Personalstrukturen wichtig.
- Wer für die nahe Zukunft Informationssysteme entwirft, sollte sich an den weiterreichenden Visionen und Vorstellungen über die Informations- und Kommunikationstechniken orientieren.

Sind nicht auch die Japaner so vorgegangen mit ihren Computern der fünften Generation – allerdings wohl kaum unter expliziter Anleitung von Berkeley? Sie haben Anfang der achtziger Jahre das in intensiver Beratung entwickelte Konzept der fünften Computergeneration als Vision vorgestellt und sich bei ihren zwischenzeitlichen Computerentwicklungen an diesem umfassenden Konzept orientiert. Die fünfte Generation ist in ihrem Bewußtsein, und sie können die Gegenwart daran ausrichten.

Die heutigen Kreativitätstechniken wie *Brainstorming, Synectics* und das *laterale Denken* sind zukunftsfreie methodische Hilfsmittel. In die Zukunft zielen dagegen die *Szenario-Techniken.* Beides könnte man in Techniken der Fernkreativität gezielt verknüpfen.

Fernkreativität erfordert, sich in die Zukunft hineinzudenken und aus der Zukunft zurückzublicken in die zu gestaltende Gegenwart. Nur was dabei gesehen wird und in das Bewußtsein eindringt, kann Einfluß auf die bewußte *Gestaltung* der Gegenwart haben.

Mit *esse est percipi*, abgewandelt im Sinne der Fernkreativität, könnte Berkeley die Kultur von Forschung und Entwicklung um eine neue Dimension bereichern und zu größerer Wirksamkeit führen. Die FuE-Zunft sollte ihn zu ihrem *Schutzheiligen* ernennen.

Entwürdigung philosophischer Weisheiten?

Berkeley ging es nicht um Problemsensibilität, um Marketing, um Fernkreativität. Er dachte als Repräsentant des Aufklärungszeitalters über Prinzipien, Wege und Grenzen der *Erkenntnis* nach. Wurde er mit diesem Philosophie-Splitter entweiht, in den profanen Sumpf heutigen Zweckmäßigkeitsdenkens herabgezogen? Das mag auf den ersten Blick so scheinen.

Hier sollte jedoch etwas anderes erreicht werden. Von Berkeley können wir eindrucksvoll die Bedeutung der *subjektiven Wahrnehmung* für die (subjektive) *Existenz* empirischer Dinge lernen. Manchem mag das *prima facie* als trivial erscheinen, manchem als nutzlos, manchem gar als unsinnig. Seine Lehre hatte ja auch damals viel Widerspruch gefunden.

Aber hilft sein Kernsatz *esse est percipi* uns nicht, die Welt besser zu verstehen? Ist Berkeley nicht durch die

Betonung des *subjektiven Wahrnehmens* als Bedingung für die (subjektive) *Existenz* empirischer Dinge von ungebrochener Aktualität? Hilft er uns nicht, uns unseres eigenen Bewußtseins bewußt zu werden – und das für unsere Lebensbewältigung dankbar zu nutzen?

Literatur zur Vertiefung

Lieber Leser: Bei den Darstellungen der Lehre Berkeleys steht sein Satz *„Esse est percipi"* im Vordergrund. Die Wörterbücher enthalten dazu Beiträge unter seinem Namen sowie unter diesem Satz, so bei Schischkoff, ausführlicher bei Mittelstraß (Band 1, S. 285-287 und S. 590). Störig widmet ihm gut zwei Seiten (S. 351-353).

Ausführlicher wird er von Russell (S. 623-633) und vor allem von Röd (Band VIII, S. 111-132) vorgestellt. Diese Sekundärliteratur führt trefflich in Berkeleys Lehre ein, insbesondere in die damalige Diskussion von „Esse est percipi". Darüber hinaus ist sein Gesamtwerk auch in deutscher Sprache verfügbar.

Themenbereich F

Eine Einstellung zur Technik finden

Vorgedanken zur Fünfzehnten und Sechzehnten Handreichung

Die geistige Welt, die Universitäten, die Wissenschaften sind heute zweigeteilt in *Natur- und Ingenieurwissenschaften* auf der einen Seite, *Sozial- und Geisteswissenschaften* auf der anderen Seite. Das ist vielfach betont und beklagt worden, u.a. von Snow in *The Two Cultures* (vgl. auch die Dritte Handreichung). Nur wenige Philosophen von heute, sich den Geisteswissenschaften zugehörig fühlend, nehmen daher sachkundig zur Entwicklung von Naturwissenschaft und Technik Stellung. Eine Ausnahme ist Hans Jonas (Sechzehnte Handreichung). Früher war das anders: Viele Naturwissenschaftler, vorn an der Front der Technikentwicklung, waren gleichzeitig Philosophen, und die Philosophen waren mit der Entwicklung von Naturwissenschaft und Technik vertraut.

Ist es nicht sogar eine interessante Aufgabe für zeitgenössische Philosophen, die Entwicklungen von Naturwissenschaft und Technik sachkundig zu begleiten, zu kommentieren und mitzuprägen? Die Philosophie kann uns in unserer Einstellung zur Technik unterstützen. Das geschieht hier in zwei Handreichungen.

- Platon: Expertensysteme und Urteilskraft
- Hans Jonas: Verantwortung und neue Technologien

Zwischen Platon und Hans Jonas liegen rund 23 Jahrhunderte. Kann der alte Platon uns bei unserer Einstellung zur Technik überhaupt noch behilflich sein? Ja, und wie!

Platon: Expertensysteme und Urteilskraft

In seinem berühmten Dialogstück *Phaidros* läßt Platon seinen Lehrer Sokrates mit dem Schüler Phaidros diskutieren. Es geht – man staune! – um eine ganz moderne Technik von heute: um *Expertensysteme.* Phaidros ist davon begeistert, aber Sokrates hat nur Spott für sie übrig. Expertensysteme würden „die Seelen der Lernenden verunsichern". Sie würden keine Weisheit vermitteln, sondern „nur den Schein der Weisheit" (Fünfzehnte Handreichung).

Die Argumente von Sokrates bohren sich tief in den Kern der heutigen Informations- und Kommunikationstechnologie (IKT). Sie werden die Weiterentwicklung der IKT nicht verhindern können – und sollen es auch nicht. Sie regen aber an, über die Konsequenzen der IKT nachzudenken. Gleichzeitig kann man die Warnungen des Sokrates umlenken in Ideen zur *Gestaltung* von Informationssystemen und zur vernünftigen *Nutzung* von IKT, etwa in Form der *Mensch-Maschine-Tandems.* Sind die IKT denn so bedeutungsvoll? Ja, immerhin wird ihre Nutzung heute schon vielfach als *vierte Kulturtechnik* angesehen, etwa von Zimmerli in seinem Beitrag über die *kulturverändernde Kraft der Computertechno-*

logie, auch von Müller-Merbach in der Arbeit über *Komprehensive Informationssysteme*; im Informatik-Duden wird der Begriff der „neuen Kulturtechnik" sogar auf der vierten Umschlagseite verwendet. Die Nutzung der IKT tritt damit in die Nachbarschaft zu den drei klassischen Kulturtechniken des *Sprechens, Rechnens* und *Schreibens*.

Die Weiterentwicklung der IKT wird umfassende Wirkungen auf alle geistigen Tätigkeiten haben, und Mittelstraß fragt in seinem Aufsatz *Das ethische Maß der Wissenschaft* besorgt, ob wir alle zu *Informationsriesen*, gleichzeitig aber zu *Wissenszwergen* würden.

Die Entwicklung der IKT ist nicht nur eine *technische* Angelegenheit, sondern bedarf wegen ihrer Breitenwirkung einer gestaltenden Einbeziehung *aller* Disziplinen (vgl. Dritte Handreichung), wobei die Philosophie eine Schlüsselrolle spielen könnte. Die Warnungen des Sokrates bilden den Ausgangspunkt.

Es geht also um IKT-Nutzung und *Informationsmanagement* im weiten Sinne. Der *Sokratische Informationsmanager* (vgl. dazu den Epilog) läßt sich bei der Gestaltung von Informationssystemen und bei der IKT-Nutzung nicht durch die Technik verführen, sondern versteht die IKT-Nutzung aus ihrer Bedeutung als vierte Kulturtechnik heraus. Der *gesellschaftliche Wandel* durch die IKT ist für ihn mindestens ebenso bedeutungsvoll wie der damit verflochtene *technische Fortschritt* und das ihn begleitende *wirtschaftliche Wachstum*.

Hans Jonas: Verantwortung und neue Technologien

In einer gewissen inneren Verwandtschaft zu Sokrates bzw. zu Platon stehen die Warnungen von Hans Jonas vor neuen technischen Entwicklungen, selbst wenn er auf das Dialogstück *Phaidros* nicht eingeht, zumindest nicht in seinem *Prinzip Verantwortung*.

Hans Jonas warnt vor einer zu schnellen, einer bezüglich der gesellschaftlichen Veränderung unreflektierten Entwicklung von Technik. Dabei spielt die *Gentechnologie* in seinen Argumenten eine besondere Rolle. Aber auch auf die oft bedenkenlose Ausbeutung nichtregenerativer Ressourcen und die unbedachte Umweltverschmutzung zielen seine Warnungen (Sechzehnte Handreichung).

Zwinge denn nicht der internationale Wettbewerb zu einer immer schnelleren Technikentwicklung? Das schon, aber soll sich denn die ganze Welt diesem ökonomischen Diktat unterordnen, so würde Jonas fragend entgegenhalten.

Jonas warnt zurecht. Gleichwohl besteht wohl Einigkeit unter allen Realisten, daß man die Entwicklungsdynamik dieser Welt nicht von heute auf morgen stoppen kann – und auch nicht stoppen sollte. Aber man kann einiges an Entwicklung umlenken, man kann mit besonderer Vorsicht an potentiell gefährlichen Technologien arbeiten, man kann die gesellschaftlichen Konsequenzen im Auge behalten – nein: man *muß* sie im Auge behalten.

Die Warnungen von Hans Jonas richten sich an alle, die Technik entwickeln, Technik produzieren, Technik vertreiben, Technik finanzieren und Technik nutzen. Der *Jonassche Manager* (vgl. dazu den Epilog) betreibt dieses alles mit Bedacht, mit Vorsicht, mit einem tiefen Verantwortungsbewußtsein für die Entwicklung der Menschheit. Die *Fernverantwortung*, ein zentraler Begriff bei Hans Jonas, ist das charakteristische Attribut des *Jonasschen Managers*. Sie macht ihn nicht langsamer als den nur in technischen Kategorien denkenden Kollegen. Wohl macht sie ihn aber wirkungsvoller durch seine größere Umsicht, und damit letztlich auch überlegen. Der *Jonassche Manager* denkt interdisziplinär (Dritte Handreichung) und steht in seiner ganzheitlichen Weltsicht dem *Aristotelischen Manager* (Vierte Handreichung) und dem *Kantischen Manager* vom Typ I (Fünfte Handreichung) nahe.

Fünfzehnte Handreichung

Platon: Expertensysteme und Urteilskraft*

Die Bewältigung neuer Technologien ist eine ständig an Komplexität zunehmende Herausforderung – insbesondere in den Industrieländern, in denen das Rad des technischen Fortschritts immer mehr beschleunigt wird. Viele Fragen sind offen und warten auf eine Antwort. Dazu lassen sich wertvolle Anregungen bei zahlreichen Philosophen holen.

Hier wird Platon wiedergegeben, der sich kritisch zu neuen Kulturtechniken geäußert hat.

Eine neue Kulturtechnik?

Gesellt sich neben die klassischen Kulturtechniken des Sprechens, Rechnens und Schreibens eine neue hinzu, nämlich die der Informationsverarbeitung, der Computer-Nutzung, der Künstlichen Intelligenz, der Expertensysteme? Wird in Zukunft Computer-Unwissenheit einen vergleichbaren Makel in unserer Gesellschaft zum Ausdruck bringen wie heute die Unfähigkeit zu sprechen, zu rechnen, zu schreiben? Werden wir künftig von Computer-Analphabetentum und von Computer-Legasthenie sprechen? Werden

---

* *aus: technologie & management, 37. Jg., 1988, Heft 1, S. 58-60*

die Computer, werden die Expertensysteme als Partner von den Menschen anerkannt werden, die die menschliche Urteilskraft erhöhen? Es ist faszinierend, was schon Platon (427 bis 347 v. Chr.), der große griechische Philosoph, in seinem Dialogstück *Phaidros* über Expertensysteme geschrieben hat. In einem Dialog läßt Platon seinen Lehrer Sokrates (469 bis 399 v. Chr.) mit Phaidros diskutieren.

Dialog zwischen Sokrates und Phaidros

SOKRATES: *Nun aber bleibt uns noch die Frage nach der Angemessenheit und der Unangemessenheit der* Expertensysteme, *wo sie am Platze sind und wo unangebracht. Nicht wahr?*

PHAIDROS: *Ja . . .*

SOKRATES: *Ich habe also dies gehört: Zu Naukratis in Ägypten lebte einer der alten heimischen Götter, dem auch der Vogel heilig war, der Ibis heißt: der Dämon selbst aber hatte den Namen Theuth. Er erfand zuerst die Zahlen und die Rechenkunst, die Meßkunst und die Sternkunde, dann das Brett- und Würfelspiel und dann noch die* Expertensysteme. *Als König über ganz Ägypten herrschte damals Thamos in der großen Stadt des oberen Landes; bei den Hellenen heißt sie das ägyptische Theben, der Gott aber Ammon. Zu dem also kam Theuth, wies ihm seine Künste und sagte, man müsse sie nun den anderen Ägyptern mitteilen. Thamos aber fragte nach dem Nutzen jeder Kunst, und je nachdem er das, was Theuth darüber vorbrachte, für gut oder schlecht hielt, lobte oder tadelte er. Vieles nun soll*

Thamos dem Theuth für und gegen jede Kunst gesagt haben; es wäre zu weitläufig, auf alles näher einzugehen. Als er aber auf die Expertensysteme *kam, da sagte Theuth: Diese Kunst, König, wird die Ägypter weiser machen und sie zu besseren* Urteilen *befähigen. Ich habe sie als Mittel für die* Urteilskraft *und für die Weisheit erfunden. Der König erwiderte: Oh du kunstreicher Theuth, der eine ist imstande, eine Kunst zu erfinden, der andere kann beurteilen, wieviel Schaden und Vorteil sie denen bringt, die sie üben wollen. Du bist der Vater der* Expertensysteme, *aber aus Liebe zu deinem Kinde schreibst du ihm das Gegenteil dessen zu, was es vermag. Die* Expertensysteme *nämlich werden die Seelen der Lernenden* verunsichern, *weil sie die* Urteilskraft *vernachlässigen werden; im Vertrauen auf die* Expertensysteme *werden sich die Menschen nur noch äußerlich an fremden Zeichen, nicht aber aus sich selbst erinnern. Nicht für die* Urteilskraft *also, sondern nur für die* Wissensspeicherung *hast du ein Mittel erfunden, und deinen Schülern bringst du nur den Schein der Weisheit bei, aber nicht die Weisheit selbst. Sie werden nun vieles ohne Unterricht erfahren und sich auch für* Experten *halten und werden doch zum größten Teile unwissend und schwer zu behandeln sein; sie sind scheinweise geworden und nicht wirklich weise.*

PHAIDROS: *Wie leicht erdichtest du Märchen aus Ägypten, Sokrates.*

SOKRATES: *Wer also glaubt, er könne* Wissen *in* Expertensystemen *hinterlassen, und wieder, wer sie hinnimmt, in der Meinung, es werde aus den* Expertensystemen *etwas deutlich und sicher werden, der möchte wohl großer Einfalt voll sein und in Wahrheit nichts von der Weissagung des Ammon wissen, indem er glaubt,* Expertensysteme *seien mehr als bloße Gedächtnishilfe für einen, der schon weiß, was das* Expertensystem *enthält.*

PHAIDROS: *Sehr richtig.*

SOKRATES: *Denn dieses Sonderbare, Phaidros, haben die* Expertensysteme, *und darin gleichen sie der Malerei. Auch die Schöpfungen der Malerei stehen wie lebendig da; wenn du sie aber fragst, so schweigen sie recht ehrwürdig. Ebenso die* Expertensysteme. *Man könnte meinen, sie sprechen, als verständen sie etwas; fragst du sie aber lernbegierig nach etwas, das in ihnen steht, so sagen sie immer nur eines und dasselbe. Und wenn es einmal geschrieben ist, so treibt sich jedes* Expertensystem *überall umher, in gleicher Weise bei denen, die es verstehen, wie bei denen, für die es nicht bestimmt ist, und es weiß nicht, wem es* Expertenwissen *liefern soll und wem nicht. Und wird es vernachlässigt oder ungerecht verleumdet, so bedarf es immer seines Vaters als eines Helfers; denn ein* Expertensystem *selbst ist nicht imstande, sich zu wehren oder sich zu helfen.*

PHAIDROS: *Auch hierin hast du durchaus recht.*

SOKRATES: *Wie aber weiter? Wollen wir nicht ein anderes* Expertenwissen *ansehen, die Schwester der* Expertensysteme, *auf welche Weise es entsteht und wieviel besser und kräftiger es gedeiht als jene?*

PHAIDROS: *Welches meinst du und wie soll es entstehen?*

SOKRATES: *Das mit Einsicht geschrieben wird in die Seele des Lernenden und nicht nur imstande ist, sich selbst zu helfen, sondern auch zu reden und zu schweigen weiß, gegen wen es sein soll.*

PHAIDROS: *Du meinst das lebendige und beseelte* Wissen des Experten, *von dem man die* in Computer übertragenen Expertensysteme *mit Recht als Abbild betrachten könnte. . . .*

SOKRATES: *Bevor nicht jemand die wahre Beschaffenheit eines jeden Dinges kennt, über das er* urteilt, *bevor er nicht imstande ist, es an sich vollständig zu erklären und danach wieder in seine Unterarten bis zum Unteilbaren zu teilen und ebenso, mit der Natur der Seele vertraut, die einer jeden angemessenen Art des* Wissens *aufzufinden weiß und sie danach setzt und anordnet, einer vielgestaltigen Seele also vielgestaltige und immer zusammenstimmende* Wissensaspekte vermittelt, *einer einfachen aber einfache, eher wird er nicht imstande sein, die Gattung des* Wissens, *soweit die Sache es erlaubt, kunstgemäß zu handhaben, weder, wo es zu belehren, noch, wo es zu* urteilen *gilt.*

So läßt Platon seinen Lehrer Sokrates am Ende seines Dialogstücks *Phaidros* (oder: *Über das Schöne*) argumentieren. Der Dialog beginnt mit dem Gespräch zwischen Sokrates und Phaidros über Lysias, der *Expertensysteme* schreibt.

Reden, schriftlich verfertigt

Nein, *nicht Expertensysteme:* Der Dialog beginnt mit dem Gespräch zwischen Sokrates und Phaidros über Lysias, der Reden in *schriftlicher* Form verfaßt. Natürlich läßt Platon die beiden nicht über Expertensysteme diskutieren. Vielmehr steht die *Schrift,* die *schriftliche* Verfertigung von Reden, im Mittelpunkt der Diskussion.

Es geht um den Nutzen bzw. um die Unzulänglichkeit des Schreibens – einer für uns heute grundlegenden Kulturtechnik. Für Sokrates, der selbst kein einziges schriftliches Werk verfaßt hat, ist die *geschriebene* Rede zweitklassig gegenüber der *gesprochenen* Rede. Platon, sein Schüler, hat dagegen ein umfassendes schriftliches Werk hinterlassen. Platon läßt Sokrates in diesem Dialog überzeugend argumentieren.

Expertensysteme, hier als Inbegriff künftiger Informationsverarbeitung, erweitern die Kulturtechnik des Schreibens um eine neue Dimension und stellen somit etwas Neues dar.

Die schriftliche Niederlegung von Wissen betrifft *zwei Dimensionen*, die der *Speicherung* und die der *Übertragung*. Die Speicherung dient der Überwindung der *Zeit*, die Übertragung der Überwindung des *Raums*. Beides hat durch die zur Zeit Platons noch lange unbekannten Vervielfältigungstechniken eine Wirkungsmultiplikation erfahren, beginnend mit der Buchdruckerkunst von Gutenberg (1397 bis 1468) über das Trockenkopieren bis zum *Desk Top*

Publishing. In Schriftwerken niedergelegtes Wissen kann heute in hoher Auflage Zeit und Raum überwinden.

Die neue Dimension: Transformation von Wissen

Durch Expertensysteme erhält die Informationsverarbeitung eine neue Dimension. Sie liegt in der Funktion der *Transformation* von Wissen, also der inhaltlichen Veränderung und Aufbereitung. Durch Expertensysteme läßt sich Wissen gezielt suchen und auswählen, durch formale (mathematische, statistische, logische) Operationen umwandeln und in vielfältiger Form ausgeben, und zwar optisch durch Schrift, Bild und Lichtsignal sowie akustisch durch Sprache, Melodie und Tonsignal.

Platon auf den Müll?

Also, so mag man meinen, sei Platons Dialog zwischen Sokrates und Phaidros nun vielfältig widerlegt. Seine Warnungen seien nicht mehr relevant. Wir sollten, statt Platons olle Kamellen zu lesen, uns doch lieber in einer Programmiersprache wie PROLOG oder LISP üben, mag mancher empfehlen. Werft doch den Platon auf den Müll!

Halt, stopp! Platons Dialog ist hochaktuell. Die Menschheit hat einige tausend Jahre Zeit gehabt, sich an die schriftliche Niederlegung von Wissen zu gewöhnen, über fünfhundert Jahre an die Multiplikationswirkung durch die handwerklichen Vervielfältigungstechniken seit Gutenberg. Die zeitüberwindende *Speicherung* und die raumüberwindende *Übertragung* von Wissen gehören seit langem zu den Selbstverständlichkeiten unserer Zivilisation.

In atemberaubendem Tempo entwickelt sich die neue Dimension der maschinellen *Transformation* von Wissen. Sie war bis vor kurzem dem menschlichen Geist vorbehalten, und zwar ausschließlich. Viele Arten der Wissenstransformation werden sich von Maschinen wirksamer bewältigen lassen als von Menschen. Es werden neue Formen von Arbeitsteilung entstehen, *intelligente Mensch-Maschine-Tandems.* Diese müssen vorgedacht und gestaltet werden. Vor allem müssen die Menschen darauf vorbereitet werden.

Die intelligenten Mensch-Maschine-Tandems werden neben die uns vertrauten Mensch-Schriftgut-Tandems treten, die durch jede Generation wieder neu unter Einbeziehung der jeweiligen Vervielfältigungstechniken weiterentwickelt wurden. Die Mensch-Schriftgut-Tandems beschränken die Arbeitsteilung aber nur auf die Dimensionen der *zeitlichen* Speicherung und *räumlichen* Übertragung von Wissen.

Platons Lehren: aktuell

Die neue Dimension der maschinellen *Transformation* von Wissen wird von einer neuen Dimension der Arbeitsteilung begleitet. Zu ihrer Bewältigung läßt Platon seinen Lehrer Sokrates hilfreiche Empfehlungen geben.

- Sokrates hat Recht: Sicherlich wird die Kulturtechnik des Schreibens von der Gefahr begleitet, das Gedächtnis zu vernachlässigen. Andererseits versorgen uns aber die

Schriftwerke dieser Welt mit der Chance, gezielt aus einer gewaltigen Wissensmenge, die in dem gesamten Schriftenbestand der Welt niedergelegt ist und in ihrer Quantität die Kapazität jedes einzelnen Gehirns um das Vielmillionenfache übersteigt, Wissen herauszuziehen. Die Expertensysteme werden darüber hinaus von der Gefahr begleitet werden, daß wir unsere Urteilskraft vernachlässigen. Andererseits werden sie uns auf vielfältige Weise Fragen beantworten und sich als nützliche Ratgeber einsetzen lassen. Es ist eine Herausforderung, Expertensysteme so zu gestalten, daß die intelligenten Mensch-Maschine-Tandems im arbeitsteiligen Prozeß gegenüber der Vergangenheit zu einer Urteilskraft höherer Reife führen.

- Sokrates hat Recht: Schriften dienen nur dem Wissenden, nicht aber dem Unwissenden. Aber dienen die Schriften nicht auch der wirksamen und vielfältigen Erweiterung des Wissens bei den schon Wissenden? Dienen sie ihm nicht dazu, sein Wissen zu stützen, zu bestätigen, zu mehren, zu vertiefen? Auch Expertensysteme werden nur den Experten dienen. Sie werden aber schon den *kleinen* Experten unterstützen und ihn auf dem Weg zum *kompetenten* Experten fördern. Dieser Weg erfordert allerdings Aktivität des Experten und ist kein passives Geführtwerden durch die Maschine. Die Ausbildung zu solchen Experten stellt neue Anforderungen an die Ausbildungssysteme.
- Sokrates hat Recht: Schriften erreichen sowohl solche Leser, die sie verstehen, als auch solche, für die sie nicht bestimmt sind. Hier bestehen durchaus Gefahren des

Mißverständnisses, der Fehlinterpretation und auch des Mißbrauchs. Jeder kann heute, angeleitet durch Lehrbücher der Chemie, Gift produzieren. Die Gefahr des Mißbrauchs besteht auch bei Expertensystemen. Je wirkungsvoller die Möglichkeiten sind, Schaden zu stiften, desto höher sind die Herausforderungen an die menschliche Vernunft und an organisatorische Schutzmaßnahmen, diese Gefahren einzudämmen.

- Sokrates hat Recht: Schriften können, wenn sie einmal fertiggestellt sind, nicht mehr auf die Seele des Lernenden abgestimmt werden. Aber gibt es nicht in fast jedem Wissensgebiet spezifische Darstellungen für Leser unterschiedlichen Wissensstandes? Expertensysteme werden darüber hinausgehen und eine auf den Wissensstand des Anwenders abgestimmte Nutzung ermöglichen. Sie werden zwar auch, wie Sokrates sagt, auf dieselbe Folge von Fragen „immer nur eines und dasselbe" antworten. Doch werden sie – im Gegensatz zu Schriftwerken – auf Fragennuancierungen beweglich reagieren und nuanciert antworten. Beides wird man lernen müssen, einerseits die gegenüber Nuancen sensible Gestaltung von Expertensystemen, andererseits ihre nuancenreiche Nutzung.

Das Ziel: Der mündige Benutzer

Expertensysteme zu entwickeln ist eine Sache. *Mündige Benutzer* heranzubilden ist die andere. Sie ist die umfassendere und schwierigere Aufgabe. Platons Dialog von Sokrates und Phaidros führt uns dabei:

- Der mündige Benutzer stützt seine Urteilskraft auf die Arbeitsteilung intelligenter Mensch-Maschine-Systeme.
- Der mündige Benutzer kann nicht darauf verzichten, Experte seines Faches zu sein.
- Der mündige Benutzer trägt Verantwortung für den vernünftigen Einsatz von Expertensystemen und bemüht sich, die Gefahr des Mißbrauchs niedrig zu halten.
- Der mündige Benutzer ist nicht nur Experte seines Faches, sondern auch Experte in der Nutzung der fachspezifischen Expertensysteme.

Literatur zur Vertiefung

Lieber Leser: Die Nutzung der Informations- und Kommunikationstechnologien (IKT) wird auf uns alle in steigendem Maße zukommen, im Beruf und im privaten Bereich. Das Leben eines jeden wird sich durch die IKT, die in dieser fünfzehnten Handreichung durch den Begriff *Expertensystem* versinnbildlicht wurden, grundlegend verändern. Darauf sollte man sich vorbereiten, nicht nur durch eine aktive IKT-Nutzung, sondern durch das *Reflektieren* über die *Veränderung der Welt* durch die IKT.

Es gibt eine Vielfalt an begeisterter (unreflektierter) *IKT-Euphorie* (quasi als These), eine Fülle an unsachgemäßer IKT-Feindschaft und *IKT-Angst* (quasi als Antithese), schließlich auch eine reiche Auswahl an kritischem, distanziertem, abgewogenem *IKT-Realismus* (quasi als Synthese). Dazu gehört u.a. *Künstliche Intelligenz* von Dreyfus und Dreyfus (vgl. auch den Kommentar dazu von Möhrle). Bedeutungsvoll ist auch die

Warnung von Mittelstraß vor unserer möglichen künftigen Situation als *Informationsriesen* und *Wissenszwerge* in seinem *ethischen Maß der Wissenschaft*.

Zur Verantwortung des Wissenschaftlers, auch des Politikers, gehört es, sich und andere auf die zunehmende Bedeutung der IKT vorzubereiten. Diesbezüglich empfiehlt die Expertenkommission „Wettbewerbsfähigkeit und Beschäftigung" der Landesregierung von Rheinland-Pfalz, „sämtliche Studiengänge um ein Mindestangebot des Faches Informatik bzw. Informations- und Kommunikationstechnologie anzureichern" (S. 107-108). Das ist erforderlich, wenn die IKT-Nutzung die Rolle einer *vierten Kulturtechnik* einnehmen wird, wie es insbesondere Zimmerli voraussieht.

In meinen Augen ist die Veränderung der Welt durch die IKT seit langem ein Thema besonderer gesellschaftlicher Relevanz, und ich habe mich dazu vielfach geäußert, beispielsweise in *Künstliche Intelligenz – eine Sackgasse?*, in *Der Generalist als Manager der technischen Entwicklung – Plädoyer für eine interdisziplinäre Ausbildung,* in *Komprehensive Informationssysteme* und in *Gedanken über die Bestgestaltung eines Universitätsstudiums.*

Zurück zu Sokrates und Platon: Lesen Sie doch einmal im *Phaidros*, zumindest im letzten Teil, die Warnung des Sokrates vor der schriftlichen Verfertigung von Reden. Viele empfinden gerade dieses Dialogstück als eines der literarisch schönsten Stücke Platons – und es ist von ungebrochener Aktualität.

Bezüglich der Sekundärliteratur über Platon sei auf die Literatur zur Dritten Handreichung verwiesen. In unmittelbarer Nähe zu Platon finden Sie auch Darstellungen über Sokrates, der Hauptfigur im Dialog über Expertensysteme, der selbst keine Werke geschrieben hat und somit nur durch das Urteil anderer, insbesondere seines Schülers Platon, zu bewerten ist. Über ihn berichten Weischedel (S. 29-38), Störig (S. 148-154), Russell (S. 101-111), De Crescenzo (Von Sokrates bis Plotin, S. 9-74), Kranz (S. 111-137) und Graeser (Röd: Band II, S. 86-123).

Sechzehnte Handreichung

Hans Jonas: Verantwortung und neue Technologien*

Ein Teil der Philosophie feiert ein großes Comeback auf breiter Basis: die Ethik. In den USA gehört *Business ethics* zum Lehrangebot in fast jedem wirtschaftswissenschaftlichen Studium. An der Hochschule St. Gallen, Schweiz, gibt es einen *Lehrstuhl für Wirtschaftsethik,* neuerdings auch an der Katholischen Hochschule Eichstätt. Im traditionsreichen *Verein für Socialpolitik* empfahl die temporäre Arbeitsgruppe *„Ethik und Wirtschaftswissenschaft"* in dem 1988 veröffentlichten Abschlußbericht (vgl. Hesse, Helmut) die Einbeziehung der Ethik in das wirtschaftswissenschaftliche Universitätsstudium. Nationale wie internationale wissenschaftliche und technische Vereinigungen verabschiedeten ihren spezifischen *Code of ethics*, u.a. die *International Federation of Automatic Control (IFAC).*

Die Ethik als Lehre von Gut und Böse, als Lehre von verantwortlichem Tun, als Lehre der Verantwortung des Handelnden, hat durch Hans Jonas und sein Buch *„Das Prinzip Verantwortung"* einen neuen und grundlegenden Impuls erhalten. Mit einer Skizze seiner Verantwortungslehre sei der Reigen der sechzehn Handreichungen beendet.

---

* *aus: technologie & management, 36. Jg., 1987, Heft 3, S. 50-51*

Das Prinzip Verantwortung

Hans Jonas, 1903 in Mönchengladbach geboren, erhielt 1987 eine hohe Ehrung: Ihm wurde am 11. Oktober der Friedenspreis des deutschen Buchhandels verliehen. Sein faktischer Einfluß war auch vor diesem Preis schon bedeutend. Er beruht auf seinem 1979 erschienenen Buch *„Das Prinzip Verantwortung – Versuch einer Ethik für die technologische Zivilisation"*, das schnell zu einem Bestseller wurde.

Quasi über Nacht wurde Jonas zum Schutzheiligen der Warner vor unreflektierter Technikeuphorie, nicht notwendigerweise der unreflektierten Aussteiger, wohl aber der über die Folgen der technologischen Entwicklung Besorgten. In fast jeder Diskussion über *Technology assessment* (Technologiefolgen-Abschätzung und -Bewertung) beruft man sich auf ihn, zu Recht, denn er zeigt ein grundlegendes Prinzip auf, das *Prinzip Verantwortung.*

Alte und neue Imperative

Dieses Prinzip baut auf dem von Hans Jonas formulierten neuen Imperativ auf: *Handle so, daß echtes menschliches Leben auch für die Zukunft nicht gefährdet wird.* Jonas stellt diesen Leitsatz verantwortlichen Handelns dem kategorischen Imperativ von Kant (1724 bis 1804) gegenüber (S. 35-38). Kant hatte gefordert, daß jeder die Zielsetzung (Maxime) seines *eigenen* Handelns daraufhin überprüfe, ob sie sich als Grundsatz des Handelns *aller* eigne. Die bekannteste Formulierung seines kategorischen Imperativs lautet: *„Handle so, daß die Maxime deines Willens jederzeit zugleich als Prinzip einer allgemeinen Gesetzgebung gelten könne“* (Kant: Kritik der praktischen Vernunft, S. 54; vgl. auch die Fünfte und Neunte Handreichung).

Dieser Imperativ setze keine inhaltlichen moralischen Normen, sondern richte sich als nur *logischer* Grundsatz an die Menschen als *handelnde Vernunftwesen*, sagt Jonas (S. 35). Wenn alle Menschen dieser Vernunft folgten, lebten wir dann schon in der besten aller Welten?

Nein, das reicht nicht aus, meint Jonas. Es könnte ja sein, daß wir uns alle einig sind, die Gegenwart auf Kosten der Zukunft zu genießen. Und in gewisser Weise tun wir das ja auch schon. Man denke an die Ausbeutung der Rohstoffe und an die Belastung der Umwelt. Ein neuer Imperativ muß her, so Jonas, der uns auch inhaltlich bindet, nämlich in der Verantwortung für alle kommenden Generationen. Jonas setzt bewußt das Fortexistieren der Menschheit und ihr Leben in einer menschenwürdigen Welt als Obernorm, als Wert in sich, als durch Glauben, nicht aber nur durch Logik begründbaren Maßstab. Er schreibt (S. 36):

„Ein Imperativ, der auf den neuen Typ menschlichen Handelns paßt und an den neuen Typ von Handlungssubjekt gerichtet ist, würde etwa so lauten: ‚Handle so, daß die Wirkungen deiner Handlung verträglich sind mit der Permanenz echten menschlichen Lebens auf Erden‘; oder negativ ausgedrückt: ‚Handle so, daß die Wirkungen deiner Handlung nicht zerstörerisch sind für die künftige Möglichkeit solchen Lebens‘; oder einfach: ‚Gefährde nicht die

Bedingungen für den indefiniten Fortbestand der Menschheit auf Erden'; oder, wieder positiv gewendet: ‚Schließe in deine gegenwärtige Wahl die zukünftige Integrität des Menschen als Mit-Gegenstand deines Wollens ein'."

Die technologische Zivilisation

Der in dem Imperativ von Jonas zum Ausdruck kommende Grundsatz, daß man an die Folgen des eigenen Handelns denken müsse, ist in der Philosophie keineswegs neu. So heißt es schon bei dem Stoiker Epiktet (ca. 50 bis 138): *„Bei allem, was du tust, bedenke die notwendigen Voraussetzungen und die Folgen, dann erst beginne; andernfalls wirst du zwar voll Eifer darangehen, da du eben die Umstände nicht bedacht hast; wenn aber Schwierigkeiten kommen, wirst du mit Schande aufhören"* (S. 36), vgl. auch die Elfte Handreichung.

Es geht Jonas aber nicht um die Folgen an sich, sondern vielmehr um die *Dimension* der Folgen. Es geht ihm nicht um Schande, Spott oder persönlichen Mißerfolg als Konsequenzen planlosen Handelns, sondern um globale Auswirkungen auf die Menschheit. Durch den Fortschritt in Naturwissenschaft und Technik besteht heute die Möglichkeit, die Erde aus den Angeln zu heben und die Lebensbedingungen vielfältig zu verändern.

Die Natur sei zu einem *bloßen Objekt* naturwissenschaftlichen Denkens degradiert worden, betont Jonas in vielen seiner neueren Arbeiten. Die Ehrfurcht vor der Natur in ihrer umfassenden Ordnung, ihrer (nicht letztlich verstandenen) Gesetzmäßigkeit und ihrer (nicht letztlich erklärbaren) Schönheit sei verlorengegangen.

Daß die Natur zum – gestaltbaren – Objekt des naturwissenschaftlichen Denkens geworden ist, ist an sich noch nicht gefährlich. Es wird erst dadurch zu einer Gefahr, daß die Menschen durch Naturwissenschaft und Technik seit wenigen Jahren die Möglichkeit haben, die Natur als unsere Lebenswelt fundamental zu formen und zu verformen. Dadurch entsteht die neue Verantwortung der Menschen, und zwar aller Menschen.

Das ethische Vakuum

Um dieser Verantwortung gerecht zu werden, bedürfe es einer neuen Ethik. Gegenwärtig sei jedoch ein *ethisches Vakuum* vorherrschend. So schreibt Jonas über das *„moderne Wissen in Gestalt der Naturwissenschaft“* (S. 57): *„Erst wurde durch dieses Wissen die Natur in Hinsicht auf Wert ‚neutralisiert‘, dann auch der Mensch. Nun zittern wir in der Nacktheit eines Nihilismus, in der größte Macht sich mit größter Leere paart, größtes Können mit geringstem Wissen davon, wozu.“* Hat er nicht recht – zumindest im Grundsatz? Wissen wir wirklich, weshalb wir immer mehr Energie verbrauchen, weshalb wir immer leistungsfähigere Computer benötigen, weshalb wir ein immer umfassenderes Kommunikationsnetz benötigen, welchen fernen Zielen die Gentechnologie dienen soll, weshalb überhaupt immer schnellerer technischer Fortschritt erforderlich ist? Gewiß, es gibt den Wirkungsverbund zwischen technischem Fortschritt, wirtschaftlichem Wachstum und gesellschaftlichem Wandel, und es gibt ökonomische Sachzwänge durch den globalen, internationalen Wettbewerb. Das aber mag zwar die *Zwecke* erklären, denen unsere Bemühungen prima facie dienen, aber sicher nicht die *Normen* und *Werte*, die wir mit den Zwecken verfolgen (S. 105ff.). Gewiß, wir alle tragen auch Verantwortung für den Wohlstand *unserer* Generation, und einige fühlen sich dieser Verantwortung voll verpflichtet. Diese Verantwortung wird den Führungskräften in Wissenschaft, Wirtschaft und Politik täglich neu bewußt. Aber auch sie ist keine Antwort auf die Frage nach den dahinter verborgenen Normen und Werten.

Es gibt keine Patentantwort auf die Normen- oder Wertefrage, keinen Katalog und keine Check-Liste zur bequemen Bedienung. Auch Jonas bietet sie nicht an. Gleichwohl fordert er nachdrücklich, das die naturwissenschaftliche Erkenntnis und den technischen Fortschritt begleitende ethische Vakuum zu füllen. Die durch die Technik so gewaltig gewordene Macht der Menschen, das *„neuartige Vermögen des Handelns“*, erfordere, so Jonas, *„neue Regeln der Ethik und vielleicht sogar eine neuartige Ethik“* (S. 58).

Fernethik?

Das Neuartige dieser Ethik liege in der zeitlichen Dimension. Es ist eine Zukunftsethik oder *Fernethik*. Ihre Begründung liegt in der Verantwortung für die *künftige* Menschheit. Diese Verantwortung zu empfinden, sei besonders schwierig, es mangele ihr an Reziprozität, denn die Frage *„Was hat die Zukunft je für mich getan?“* (S. 84) läßt sich nur mit „Nichts.“ beantworten. Hier liegt die Schwierigkeit. Wir kennen die Mehrheit derjenigen nicht einmal, für die wir Verantwortung tragen, denn sie sind noch gar nicht geboren. Für sie setzt sich auch noch keine Lobby ein, und sie haben auch noch keinen Sitz in den Gremien der demokratischen Willensbildung.

Um so wichtiger wird das Bewußtsein um die Verantwortung dafür, *„daß eine Menschheit sei“* (S. 90), die *„ontologische Verantwortung für die Idee des Menschen“* (S. 91), die Verantwortung dafür, daß diese Erde, diese Welt, weiterhin von Menschen bewohnt werden kann, und zwar in menschenwürdiger Weise.

Das Dilemma technischer Neuerungen

Nun tritt aber mit jeder technischen Neuerung eine grundlegende Schwierigkeit auf: Man kennt zwar ihre *„gewollten Naheffekte“*, kann jedoch die *„ungewollten Ferneffekte“* (S. 68) nicht hinreichend umfassend voraussagen. Jonas verweist auf *„die jeder (auch elektronischen) Rechenkunst spottende Komplexität gesellschaftlicher und biosphärischer Wirkungsganzheit“* (S. 66).

Diese Unvollkommenheit des Wirkungswissens hat alle technische Entwicklung begleitet. Diese Erfahrung und die Wirkungsbreite neuer Techniken erzwingen die Frage: Darf Neues überhaupt entwickelt werden, solange die Ferneffekte nicht geklärt sind? Das wäre ideal: Erst Klärung der

Ferneffekte, dann die Entscheidung über Forschung und Entwicklung der Technik selbst. Aber daraus folgt das Dilemma: Kann man die Ferneffekte überhaupt erforschen, wenn man die Sache selbst nicht erforscht und bis zur Anwendungsreife entwickelt und sodann praktisch erprobt hat?

Forschung und Entwicklung erfordern aber Investitionen, und die Erprobung schafft Fakten. Die damit begonnene Eigendynamik läßt sich nur schwer bremsen. Sie beginnt bereits beim ersten Gedanken. Dürrenmatt läßt in *„Die Physiker"* Möbius sagen: *„Was einmal gedacht wurde, kann nicht mehr zurückgenommen werden."* Was nützte es dann, wenn nur einzelne sich einer Selbstdisziplin unterzögen? Wiederum Dürrenmatt: *„Jeder Versuch eines einzelnen, für sich zu lösen, was alle angeht, muß scheitern."*

Die politische Dimension

Neben der Ethik des einzelnen ist vielmehr eine umfassende gesellschaftliche, politische, die ganze Welt einbeziehende Dimension angesprochen. Da fangen aber die wirklichen Schwierigkeiten erst an.

Solange Fragen zu Technikfolgen mangels eindeutiger wissenschaftlicher Erkenntnis unbeantwortet bleiben, werden die Antworten durch *spekulative Furcht* ersetzt werden. Solche Furcht ist heute gesellschaftliche Realität. Jonas zieht diese Furcht in seine Argumente ein, spricht von der *„Heuristik der Furcht"* (S. 63ff.) und von der Vorschrift, daß der *„Unheilsprophezeiung mehr Gehör zu geben ist als* *der Heilsprophezeiung"* (S. 70). Auf diese Argumentation berufen sich die Technik-Warner und die Befürworter eines institutionalisierten und mit politischer Macht ausgestatteten *Technology assessment.*

Aber wer soll das tun, wer soll „mehr Gehör geben"? Welche politische Organisationsform ist geeignet, verantwortliches Handeln bei Entwicklung und Einsatz von Technik zu garantieren – oder zumindest zu ermöglichen? Jonas vergleicht den Marxismus mit dem Kapitalismus, setzt aber hinter beide Organisationsformen ein großes Fragezeichen (S. 256-268).

Wenn aber die politischen Organisationsformen nicht die Sicherung der Zukunft garantieren können, muß dann nicht das Heil in einer *„Utopie vom erst kommenden eigentlichen Menschen"* (S. 280ff.) gesucht werden? Jonas entwirft solche Utopien, verwirft sie aber wieder. Er kommt schließlich auf die *„Ethik der Verantwortung"* (S. 388 ff.) zurück, eine Forderung an jeden einzelnen – ebenso schwierig wie notwendig.

Anläßlich seines 80. Geburtstages hieß es in der FAZ vom 9. Mai 1983: *„Erst als 1979 der damalige Bundeskanzler Schmidt ‚Das Prinzip Verantwortung' in den Urlaub mitnahm und das auch dem Fernsehen mitteilte, da fragte man nach seinem Autor."*

Literatur zur Vertiefung

Lieber Leser: Hans Jonas sollten Sie im Originaltext lesen, insbesondere sein *Prinzip Verantwortung*. In die philosophischen Wörterbücher und Übersichtswerke ist Hans Jonas mit dieser neuen Arbeitsrichtung noch nicht eingearbeitet worden; vielmehr findet man ihn dort zumeist mit seinen früheren Arbeiten über die Gnosis.

Das Prinzip Verantwortung wird seit gut zehn Jahren intensiv diskutiert, sowohl in der aktuellen philosophischen Fachliteratur als auch im Zusammenhang mit Umweltschutz, mit Technologiefolgen-Abschätzung, mit Verantwortung des technischen Fortschritts. Dieses Buch ist zu einem Dreh- und Angelpunkt der Fortschrittsdiskussion geworden.

Epilog

16 verschiedene Führungstypen oder ein Allroundtyp?

Die sechzehn *Handreichungen* dieses Buches wurden bereits als *Philosophie-Splitter* in der Zeitschrift *technologie & management* seit Anfang 1987 veröffentlicht. Hinzugekommen in diesem Buch sind die *Vorgedanken* zu den sechs Themengruppen A bis F, die *Literaturempfehlungen* (zu den einzelnen Handreichungen wie auch im an den Epilog anschließenden Abschnitt), dieser *Epilog* sowie das Vorwort *„Zur Einstimmung"*.

Der Zusammenhang der Handreichungen

Die sechzehn Handreichungen dieses Buches sind weitgehend unabhängig voneinander entstanden, im Quartalsrhythmus, jeweils für das nächste Heft von *technologie & management*. Die Philosophen, an die sich die einzelnen *Philosophie-Splitter* anhängten, habe ich nicht nach einer umfassenden Systematik ausgewählt – zwar nicht ganz zufällig, aber auch nicht zufallsfrei – zwar nicht ganz planlos, aber auch nicht nach einem festen langfristigen Konzept. Mehr nach Stimmung und aktueller Neigung, gelegentlich auch beeinflußt durch private, berufliche und manchmal übergeordnete, politische Ereignisse habe ich mich einmal für dieses Thema, das andere Mal für jenes entschieden.

Beim Zusammenstellen der sechzehn *Philosophie-Splitter* aus *technologie & management* für dieses Buch war ich überrascht, wie gut sich Gruppen bilden ließen. Die Erklärung ist einfach: Es kommt in den einzelnen Handreichungen nicht nur der grundlegende Gedanke des jeweiligen philosophischen *Paten* zum Ausdruck, sondern auch meine persönliche Wahrnehmung dieses Gedanken: Ich bin vom Nutzen einer *ganzheitlichen Sicht* der Welt zutiefst überzeugt, so daß mich diese Überzeugung geführt haben muß bei der Auswahl der Dritten, Vierten und Fünften Handreichung. Ich glaube intensiv an die *Kraft der Harmonie*, so daß die Sechste, Siebte und Achte Handreichung, wenn auch im Verlauf von über vier Jahren entstanden, letztlich eine Wiederholung desselben Themas vor unterschiedlichem Hintergrund darstellen. Auch daß sich die Fähigkeit zu führen über den Weg der *Selbstführung* entwickelt, gehört zu meinen Grundüberzeugungen, kein Wunder also, daß die Thematik der Neunten, Zehnten und Elften Handreichung – wenn auch an verschiedene Quellen anknüpfend – zu einem im Grunde übereinstimmenden Ergebnis führt. Ferner gehören nach meiner Erfahrung *Systematik und Kreativität*, Ordnung und Unordnung, vertikales und laterales Denken zusammen und bilden gemeinsam das Potential des Problemlösens, so daß sich die Zwölfte, Dreizehnte und Vierzehnte Handreichung ergänzend zusammenfinden.

Führungstypen zur Auswahl

Dieses Buch ist somit in starkem Maße ein Spiegel meiner persönlichen Sicht, meiner eigenen Anschauung, meines individuellen Weltbildes – allerdings auf das intensivste angeregt, beeinflußt und geprägt durch die Gedanken der philosophischen *Paten*.

Das Ergebnis, schlagwortartig verkürzt, sind sechzehn verschiedene Manager-Prototypen, beginnend mit dem *Heraklitischen Manager* (Erste Handreichung) und endend mit dem *Jonasschen Manager* (Sechzehnte Handreichung).

Passen die sechzehn Prototypen zusammen, oder stehen sie im Gegensatz zueinander? Steht der *Hessesche Manager* im Gegensatz zum *Hegelschen Manager*, der *Berkeleysche Manager* im Widerspruch zum *Aristotelischen Manager*? Sind die drei Typen des *Kantischen Managers* gar unvereinbar miteinander? Muß man sich nach der Lektüre dieses Buches für *einen* der sechzehn Prototypen als Leitfigur entscheiden?

Nein! Alle sechzehn Prototypen können gleichzeitig ein Leitbild für eine Führungskraft sein. Die sechzehn Handreichungen betreffen – nach sechs Themengruppen geordnet – sechs verschiedene *Ebenen* der Weltanschauung, des Verhaltens, des Denkens und Fühlens. *Zwischen* diesen Ebenen besteht keine Konkurrenz. Erst recht sind die Prototypen *innerhalb* einer jeden Ebene miteinander vereinbar, zumal die Handreichungen innerhalb jeder Themengruppe durch meine individuelle

Wahrnehmung in eine gewisse Nähe zueinander gerückt sind.

Fazit: Man kann ohne Schwierigkeiten alle sechzehn Idealtypen in sich vereinigen, je nach Neigung mit unterschiedlichem Gewicht. Man kann gleichzeitig die Eigenschaften des *Stoischen Managers*, des *Yin-Yang-Managers*, des *Sokratischen Informationsmanagers*, des *Kantischen Managers* (in allen drei Typen), des *Heraklitischen Managers*, des *Hesseschen Managers* etc. besitzen und ferner in seinen praktischen philosophischen Orientierungen noch weit über die sechzehn Prototypen dieses Buches hinausgehen.

Durch dieses Buch sollen keine Philosophen geschaffen werden, d.h. weder Manager zu Philosophen umgebogen noch Studenten irgendwelcher Anwendungswissenschaften in das Philosophie-Studium getrieben werden. Es geht mir um etwas viel Schlichteres, etwas praktisch Nützliches: Auf der Basis philosophischer Erkenntnisse, Ideen und Überzeugungen wollte ich Anregungen zur besseren Bewältigung des täglichen Lebens geben, Anregungen zur persönlichen Stärkung gegenüber zu lösenden Problemen, auch Handreichungen zu einer intensiver empfundenen Lebensfreude.

Literaturempfehlung zur Philosophie für Führungskräfte

Manche Leser mögen als Ökonom, Ingenieur, Jurist, Naturwissenschaftler etc. bisher kaum Zugang zur philosophischen Literatur gehabt haben. Jedoch mag bei ihnen ein Interesse an vertiefenden, fortführenden Werken entstanden sein. Ihnen seien die folgenden Bücher zum Aufbau einer kleinen philosophischen Privatbibliothek empfohlen.

Grundsätzlich sollte man von der *Sekundärliteratur* zur *Primärliteratur* fortschreiten, nicht umgekehrt, also zunächst etwas *über* die interessierenden Philosophen lesen, dann erst deren *eigene* Werke. Wörterbücher, Einführungen, systematisierende Übersichten und Transformationen für Nichtphilosophen stehen daher hier im Vordergrund.

Die Literatur zur Philosophie ist (ähnlich wie die zu den meisten anderen Fächern) in ihrer Fülle unübersehbar. Die folgenden Empfehlungen beziehen sich auf solche Werke, mit denen der Autor gute Erfahrungen gesammelt hat, und betreffen sechs verschiedene Kategorien. Die bibliographischen Details der genannten Werke sind im Quellenverzeichnis am Ende des Buches zusammengestellt.

Wörterbücher, Lexika, Nachschlagewerke

Wer in die Thematik *Philosophie und Führung* bzw. *Philosophie und Wirtschaft* eindringen will, sollte zwei oder mehr Wörterbücher, Lexika und Nachschlagewerke der Philosophie im Zugriff haben, von allgemeinen Gesamtsichten bis zu Spezialsammlungen über bestimmte Epochen. Deutlich unterscheidbar sind *Begriffslexika* (in denen die Philosophen als Personen in keinen eigenen Stichwörtern behandelt sind, nicht einmal Kant) und *umfassenden Lexika* (mit Stichwörtern sowohl zu den philosophischen Begriffen als auch zu den Namen der Philosophen):

- Als *umfassendes Lexikon* bietet das traditionsreiche, von Schischkoff neu bearbeitete einbändige *Wörterbuch der Philosophie* mit weit über 2.000 Stichwörtern eine erste Basis. Die einzelnen Stichwörter betreffen philosophische Grundbegriffe, philosophische Lehrmeinungen und Schulen sowie die Philosophen selbst.
- *Meyers Kleines Lexikon Philosophie* ist ein reines Begriffslexikon und umfaßt rund 1.100 Stichwörter.
- Auch Bruggers *Philosophisches Wörterbuch* ist ein Begriffslexikon. Zusätzlich enthält es auf 80 Seiten einen Abriß der Geschichte der Philosophie.
- Ebenfalls als Begriffslexikon hat Hoffmeister sein *Wörterbuch der philosophischen Begriffe* (vergriffen) konzipiert.

Neben diesen und anderen einbändigen Wörterbüchern gibt es eine Reihe von mehrbändigen und breiter angelegten Enzyklopädien.

- Zweibändig ist das *Philosophische Wörterbuch* von Buhr und Klaus, ebenfalls ein Begriffslexikon (vergriffen). Es wurde in der ehemaligen DDR herausgegeben und ist laut Vorwort „das erste seiner Art, das auf marxistisch-leninistischer Grundlage aufbaut".

- Auch das dreibändige *Wörterbuch der Philosophie* von Mauthner (vergriffen) ist ein Begriffslexikon.

- Ein umfassendes, auch die Philosophen in eigenen Stichwörtern beschreibendes Lexikon ist die dreibändige *Enzyklopädie Philosophie und Wissenschaftstheorie* von Jürgen Mittelstraß (von der allerdings erst zwei Bände erschienen sind).

- Durch noch größere Ausführlichkeit zeichnet sich das von Ritter herausgegebene achtbändige *Historische Wörterbuch der Philosophie* aus.

- Über die Antike, also die griechische und römische Philosophie des Altertums, enthält *Der kleine Pauly* in fünf Bänden, herausgegeben von Ziegler und Sontheimer, eine detaillierte Sammlung von Namen, Begriffen, philosophischen Richtungen und Lehrmeinungen sowie von bedeutenden Orten, an denen Philosophiegeschichte geschrieben worden ist.

Einführungen in die Philosophie

Über die lexikalischen Werke hinaus vermitteln spezifische Einführungswerke den allgemeinen Zugang zum philosophischen Denken:

- Karl Jaspers hat 1953 zwölf Radiovorträge zur *Einführung in die Philosophie* in einem kleinen Einführungsband veröffentlicht. Er ist leicht verständlich und immer noch aktuell.
- Einprägsam und durch klare Strukturierung besonders leserfreundlich ist der *Schlüssel zur Philosophie* von Wuketits aus dem Jahr 1987. Man erhält durch ihn ein anschauliches Verständnis von den Problemen, mit denen sich die Philosophen befassen, und von den Lösungen, die sie anbieten.
- Übersichtlich und lehrreich ist das *Lehrbuch der Philosophie* von Wuchterl.

Systematisierende Übersichten

Ergänzend zu den *lexikalischen Werken* und den *Einführungen* sind *systematisierende Übersichten* unerläßlich. Sie vermitteln eine umfassende Orientierung über die Entwicklung der Philosophie im historischen Ablauf, teilweise global, teilweise auf Kulturkreise beschränkt, teilweise auf Epochen konzentriert:

- Störig gibt mit seiner *Kleinen Weltgeschichte der Philosophie* einen umfassenden Überblick über alle bedeutenden philosophischen Richtungen der Welt, ein leicht zu handhabbares Nachschlagewerk.

- Kürzlich erschien die *Kleine Geschichte der Philosophie* von Spierling mit Portraits von 50 Philosophen, eine leserfreundliche erste Hinführung zu den prägenden Köpfen.
- Russell, dessen *History of Western Philosophy* auch in englischer Sprache gut zu verstehen ist, beschränkt sich auf die Philosophien des Abendlandes, ein Standardwerk seit Jahrzehnten.
- Höffe hat das zweibändige Werk *Klassiker der Philosophie* mit über 40 Beiträgen verschiedener Autoren herausgegeben. In jedem Beitrag wird ein Philosoph bzw. eine philosophische Richtung behandelt, beginnend bei den Vorsokratikern, endend bei Horkheimer, Adorno und Sartre.
- In der zwölfbändigen, von Röd herausgegebenen *Geschichte der Philosophie* sind die Epochen der abendländischen Philosophie in sorgfältiger Detaillierung dargestellt, eine wichtige Quelle für alle, die tiefer in einzelne Epochen eindringen wollen.
- Sandvoss gibt in seinem zweibändigen Werk *Geschichte der Philosophie* einen komprimierten historischen Überblick, der zum Nachschlagen gleichermaßen wie zum leichtverständlichen Lesen besonders geeignet ist.
- Kranz beschränkt sich auf die *griechische Philosphie*, die er in ihrer Gesamtheit sowie in ihren Details verständlich vermittelt.

- Nestle stellt in noch höherer Spezialisierung die *Vorsokratiker* vor und ergänzt seine Übersicht um Sammlungen mit Originalzitaten der Philosophen vor Sokrates, vgl. auch die Erste Handreichung dieses Buches. Ebenfalls auf die Vorsokratiker richten sich die Werke von Capelle und Mansfeld.
- Pohlenz konzentriert sich demgegenüber auf eine bedeutende philosophische Richtung *nach* Sokrates: Die *Stoa*, vgl. die Elfte Handreichung.
- Auf das entgegengesetzte Ende der Zeitachse zielt Stegmüller mit seiner zweibändigen Darstellung der *Gegenwartsphilosophie* ab.

Transformationen im gelockerten Stil

Einige Autoren vermitteln philosophisches Wissen in lockerer Ungezwungenheit. Sie verbinden fachliche Kompetenz mit einem journalistisch-fröhlichen Stil, teilweise zur Entrüstung professioneller Philosophen.

- Beispielsweise hat sich der Italiener De Crescenzo in verschiedenen Bänden über die prägenden Köpfe der *griechischen Philosophie* ausgelassen. Die Lektüre bereitet Vergnügen, wenn auch die Dichte des vermittelten Stoffes geringer als bei den Fachbüchern ist.
- Etwas Besonderes hat sich Weischedel ausgedacht. In seiner *Philosophischen Hintertreppe* stellt er für 34 Philosophen des Abendlandes nicht nur die wichtigsten Teile ihrer Lehre, sondern darüber hinaus charak-

teristische Aspekte ihres persönlichen Lebens vor, eine vergnügliche Hinführung zu Philosophie und Geistesgeschichte.

- Eine *Einführung in die Jokologische Philosophie* nennt Lenk seine *Kritik der kleinen Vernunft*, eine fröhliche Lektüre.

Philosophie für Manager und Ratschläge zur praktischen Lebensbewältigung

In den letzten Jahren sind einige Philosophiebücher mit Ratschlägen zur praktischen Lebensbewältigung geschrieben worden, darunter auch philosophische Anleitungen für Manager:

- An die Lehren der römischen Epoche der *Stoa* mit Seneca, Epiktet und Marc Aurel knüpft *Der Stoische Manager* von Müller-Merbach an. Er systematisiert das stoische Gedankengut und entwickelt daraus eine aus zwölf Leitsätzen bestehende Führungslehre, vgl. auch die Elfte Handreichung dieses Buches.
- Die zweisprachige Zitatensammlung (in Lateinisch und Deutsch) *Seneca für Manager* von Schoeck enthält zahlreiche nützliche Lebensweisheiten dieses römischen Stoikers.
- Mit *Seneca - Der Lebensmeister* richtet sich Schmidt nicht nur an Manager, sondern gibt allgemein nutzbare Ratschläge zur Lebensbewältigung, wobei er die Stoiker Seneca, Epiktet und Marc Aurel ausgiebig selbst zu Worte kommen läßt.

Die römischen Stoiker lassen sich auch in ihren Originalausgaben gut lesen, rasch verstehen und leicht internalisieren. Sie faszinieren durch ihre Lebensklugheit, die uns aus jeder Buchseite entgegenströmt, insbesondere bei:

- Epiktet mit seinem *Handbüchlein,*
- Marc Aurel mit seinen *Selbstbetrachtungen* und
- Seneca mit seinem *Glückseligen Leben.*

Die Lebensklugheit steht auch bei vielen anderen Werken im Mittelpunkt:

- Mit Lebensweisheiten aus einer viel späteren Epoche bereichert uns auch Gracian (1601 bis 1658) durch sein *Handorakel*, eine *Kunst der Weltklugheit.*
- Auf die Aktualität von Kant im Hinblick auf die Lösung der Probleme von heute weist Hinske hin, der mit *Kant als Herausforderung an die Gegenwart* Pate gestanden hat für die Fünfte und Zehnte Handreichung dieses Buches.
- Mit seiner *Philosophie für Manager* richtet sich Lay an Führungskräfte der Wirtschaft und vermittelt ihnen einen weltoffenen Zugang zu philosophischen Grundgedanken.

Wirtschaftsethik, Unternehmungsethik, Führungsethik

Eines der zentralen Themen der Philosophie ist von altersher die *Ethik* als Morallehre oder Sittenlehre. Seit Kant (1724 bis 1804) bildet der *kategorische Imperativ* den Orientierungspunkt der modernen Ethik: *„Handle so, daß die Maxime deines Willens jederzeit zugleich als Prinzip einer allgemeinen Gesetzgebung gelten könne"* (Kant: Kritik der praktischen Vernunft, 1788, vgl. auch die Fünfte und Sechzehnte Handreichung).

Einen Schlüssel zur Ethik bieten zahlreiche kleine Nachschlagewerke und Lexika:

- Im *Lexikon der Ethik* stellt Höffe die wichtigsten Begriffe zusammen.
- Mit seinen *Sittlich-politischen Diskursen* gibt Höffe eine systematische Einführung in die Ethik.
- Etwas umfassender ist die Einführung *Ethik und Moral* von Pieper.
- Einen knappen und kurzweiligen Einblick in über zwanzig Ethiklehren gibt Gfeller. Er skizziert die einzelnen Lehren und läßt dabei die Autoren selbst ausführlich zu Worte kommen.
- Inzwischen ist die Ethikdiskussion durch Hans Jonas und sein *Prinzip Verantwortung* um die *zeitliche* Dimension erweitert worden, von Jonas als *Fernethik* bezeichnet, vgl. auch die Sechzehnte Handreichung dieses Buches.

In jüngster Zeit ist die Diskussion um die ethischen Aspekte des *Wirtschaftslebens* neu entfacht. Sie betrifft die Ebene des *Wirtschaftssystems* (Wirtschaftsethik), die Verantwortung der *Unternehmungen* (Unternehmungsethik) und die persönliche Rolle von *Führungskräften* (Führungsethik). Es sind zahlreiche Organisationen entstanden, in denen Wirtschaft und Ethik intensiv diskutiert werden. Die Vielfalt der unterschiedlichen Sichten spiegelt sich in den Beiträgen zu Sammelwerken, etwa denen von Enderle, Helmut Hesse, Lattmann, Steinmann und Löhr sowie von Wörz, Dingwerth und Öhlschläger. Erste Monographien erschienen von Brantl, Koslowski, Lay, Molitor und Rich; eine Monographie von Staffelbach wird demnächst erscheinen.

Über den Autor

Die meisten Bücher sind insofern unpersönlich, als der Leser nichts über den Autor erfährt. Was ist der Autor für ein Mensch, woher kommt er, wie verlief sein beruflicher und privater Lebensweg, wie sieht er die Welt?

Den Lesern, die ähnlich empfinden und etwas über den Autor dieses Buches erfahren wollen, versuche ich hiermit, ein Bild von mir zu vermitteln.

Bis zum Studienabschluß

In Hamburg stand 1936 meine Wiege, ich wuchs in Othmarschen auf, einem damals noch etwas ländlich geprägten Vorort Hamburgs, und überstand dort die schwierigen Jahre des Zweiten Weltkriegs und der Nachkriegszeit. Am dortigen *Christianeum* bestand ich 1955 das Abitur.

Im gleichen Jahr begann ich an der *Technischen Hochschule Darmstadt* mit dem Studium des *Wirtschaftsingenieurwesens*, eine Kombination von *Maschinenbau* und *Wirtschaftswissenschaften*, das ich im Sommer 1960 als Diplom-Wirtschaftsingenieur abschloß. Während dieser Jahre war ich studentische Hilfskraft am *Institut für Praktische Mathematik* (IPM), später am *Institut für Wärmetechnik*. Meine Diplomarbeit betraf die *Neutronenflußverteilung in Siedewasserreaktoren*, ein physikalisch-nukleartechnisches Thema.

Gleich nachdem im Frühjahr 1957 am IPM der erste kommerzielle Hochschulcomputer Deutschlands installiert worden war, begann ich mit dem *Programmieren von Elektronenrechnern*, eine mir seitdem zum ständigen Hilfsmittel gewordene Arbeitspraxis.

Von der Promotion zur Professur

Nach dem Studium wurde ich wissenschaftlicher Mitarbeiter bei Prof. Dr. Alwin Walther, dem Leiter des IPM, und beschäftigte mich dort vor allem mit dem neuen Gebiet *Operations Research*, insbesondere dem computergestützten Einsatz mathematischer Modelle und Verfahren zur betrieblichen Planung. Mit einer Dissertation aus diesem Gebiet wurde ich 1962 zum Dr.rer.pol. promoviert. Anschließend verbrachte ich ein Jahr am *Operations Research Center* der *University of California, Berkeley*, das damals von Prof. George Dantzig geleitet wurde. Nach der Rückkehr habilitierte ich mich 1967 in Darmstadt für *Betriebswirtschaftslehre.*

In demselben Jahr wurde ich nach einer Lehrstuhlvertretung an der Universität Erlangen-Nürnberg auf eine ordentliche Professur für Betriebswirtschaftslehre an der *Universität Mainz* berufen. Von dort wechselte ich 1972 auf eine Professur für Operations Research an der *TH Darmstadt.* Im Jahre 1983 nahm ich einen Ruf an die *Universität Kaiserslautern* an, wo ich einen Lehrstuhl für *Betriebswirtschaftslehre, insbesondere Betriebsinformatik und Operations Research* leite. Die Jahre in Mainz bildeten die schönste Zeit, die in Darmstadt die längste Zeit, die in Kaiserslautern die produktivste Zeit meiner bisherigen Hochschullehrerpraxis.

Wandel der Interessen

Im Laufe dieser Jahre haben sich meine Interessenfelder gewandelt.

- Als Student waren die Mathematik (einschließlich des Computerprogrammierens) und die Ingenieurwissenschaften, insbesondere die Thermodynamik und die Reaktortechnik, für mich von besonderem Reiz.
- Während meiner Assistentenzeit und als junger Hochschullehrer faszinierten mich vor allem die Theorie und Praxis der betrieblichen Planung mit mathematischen Modellen und Verfahren, also *Operations Research* als interdisziplinärer Schnittpunkt von Wirtschaft, Technik, Informatik und Mathematik.
- Mit dem Wechsel an die Universität Kaiserslautern kam ein besonderes Interesse für Fragen der technologischen Wettbewerbsfähigkeit aus volks- und betriebswirtschaftlicher Sicht hinzu, auch Fragen des Managements von Innovationen und von Forschung und Entwicklung (FuE).
- Neben die bisherigen Arbeitsschwerpunkte trat seit Mitte der 70er Jahre ein zunehmendes Interesse an Fragen der Menschenführung und an den philosophischen Ideen hinter dem Wirkungsverbund von technischem Fortschritt, wirtschaftlichem Wachstum und gesellschaftlichem Wandel. Die Lehren der *Stoiker* (Elfte Handrei-

chung) übten auf mich eine besondere Faszination aus, die auch zu meinem Buch *„Der Stoische Manager"* führte. Kant gab mir mit seiner Dreiteilung des Handelns (Fünfte Handreichung) die Anregung, eine dreigeteilte Betriebswirtschaftslehre zu empfehlen, auf *Dinge*, auf *Menschen* und auf *ethische Werte* bezogen. Was ich auch an philosophischen Werken las, immer spürte ich die Aktualität der – oft über 2.000 Jahre alten – Ideen.

Diese Aktualität philosophischer Weisheiten weckte in mir den Plan, die Rubrik *Philosophie-Splitter für das Management* in der vom *Verband Deutscher Wirtschaftsingenieure e. V.* (VWI) herausgegebenen Zeitschrift *technologie & management* einzurichten. Die Arbeit an dieser Rubrik hat mir viel Freude und innere Befriedigung gebracht. Das gleiche gilt für die Aufarbeitung der ersten sechzehn *Splitter* zu den sechzehn *Handreichungen* dieses Buches.

Drei Arbeitsbereiche

Aus den genannten Interessenfeldern haben sich drei Arbeitsbereiche entwickelt, in denen ich schwerpunktmäßig tätig bin, *Betriebsinformatik und Operations Research, technologische Wettbewerbsfähigkeit im internationalen Vergleich* und *Führungsphilosophie.*

- *Betriebsinformatik und Operations Research* sind wegen des schnellen Fortschritts der Informations- und Kommunikationstechnologie mein *aufregendstes,* wegen der hohen Nachfrage der Industrie nach Nachwuchskräften mein *dringlichstes* und wegen der hohen Studentenzahlen mein *arbeitsintensivstes* der drei Gebiete.

- Die *technologische Wettbewerbsfähigkeit* ist wegen der raschen Positionsveränderungen in der Welt mein *spannendstes,* wegen ihrer Bedeutung für die Zukunft Deutschlands und Europas mein *wichtigstes* und wegen zahlreicher Versäumnisse der Vergangenheit mein *bedrückendstes* der drei Gebiete.
- Die *Führungsphilosophie,* d.h. die Nutzung philosophischer Lehren zur Bewältigung aktueller Führungsaufgaben, ist wegen der geistigen Tiefe der philosophischen Lehren mein *faszinierendstes,* wegen ihres unermeßlichen Kräftepotentials mein für mich *bedeutsamstes* und wegen ihrer inneren Schönheit mein *erbaulichstes* der drei Gebiete.

Lieblingsphilosophen?

Ob ich Lieblingsphilosophen hätte, mögen einige Leser fragen. Ja, aber auch das wandelt sich. Jeder Philosoph, mit dem man sich gerade besonders intensiv beschäftigt, übt eine starke Anziehungskraft aus. Doch zeigt die Auswahl der philosophischen *Paten* der sechzehn Handreichungen schon einige ausgeprägte Schwerpunkte innerer Zuneigung.

Die drei mehrfach zitierten *Titanen des Geistes,* Platon, Aristoteles und Kant, scheiden als Lieblingsphilosophen aus. Sie sind zu groß, und ihre Werke sind zu gewaltig. Man kann sie nicht lieben, sondern nur verehren. Man kann mit ihren Werken keine intime Freundschaft schließen, sondern sie nur bewundern. Vielleicht hatte Kant unter ihnen den größten Einfluß auf mich (Fünfte, Neunte und Zehnte Handreichung), vielleicht war Platon (Dritte und Fünfzehnte Handreichung) für mich am anregendsten und Aristoteles (Vierte und Zwölfte Handreichung) am hilfreichsten.

Mit besonderer Intensität liebe ich die Stoiker, vor allem ihre drei Römer (Elfte Handreichung), unter ihnen den Sklaven Epiktet am meisten, dann den Staatsmann Seneca und den Kaiser Marc Aurel. Sie haben mein Leben verändert und standen mir in schwierigen Situationen stets mit ihrem Rat zur Verfügung. Das *Handbüchlein* von Epiktet hat mich auf den meisten Reisen begleitet. Jetzt kenne ich es fast auswendig.

Fasziniert hat mich Hermann Hesse (Sechste Handreichung), vor allem durch den immer wiederkehrenden Gedanken der *Einheit hinter den Gegensätzen.* Manchmal war es mir, als würde ich durch seine Lektüre mit Energie aufgeladen werden wie eine Batterie.

Lao-Tse, der Begründer des Taoismus, und das asiatische Yin-Yang-Denken (Siebte Handreichung), auch der Zen-Buddhismus haben mich hingeführt zur Kunst der Kontemplation und Meditation. Manche meinen, die asiatischen Lehren hätten mich tiefer geprägt, als ich es selbst empfinden kann.

Eine mir unerklärliche Zuneigung habe ich zu Heraklit (Erste Handreichung). Vielleicht liegt es mit daran, daß er der erste Vorsokratiker war, mit dem ich mich enger befaßt habe. Vermutlich ist es aber eher ein Gleichklang des Denkens, die gemeinsame Orientierung am *Wandel* der Welt, an der Dynamik des ewigen Werdens.

Nicht sehr viel habe ich von Leibniz gelesen, aber was ich las, hat mich tief beeindruckt. Seine Begeisterung für die eigene Erkenntnis überträgt sich aus seinen Texten auf den Leser. Mit seiner Auffassung von einer göttlichen Harmonie, die *prästabiliert* ist (Achte Handreichung), hat er meine eigenen Vorstellungen von Harmonie mit reicher Substanz angefüllt.

Warum ich den philosophischen *Außenseiter* Berkeley (Vierzehnte Handreichung) so schätze, wird sicher nicht an meinem einjährigen Forschungsaufenthalt an der *University of California* in der nach ihm benannten Stadt Berkeley liegen, obwohl das ein Auslöser für mein Interesse an ihm gewesen sein kann. Es hängt wohl mehr mit meinem Arbeitsgebiet *Operations Research* zusammen, in dem mathematische Modelle der Realität eine zentrale Rolle spielen. Modelle bilden aber nur diejenigen Aspekte der Realität ab, die man beim Modellentwurf wahrgenommen hat - wiederum eine freie Interpretation von *esse est percipi.*

Bei Hobbes (Zweite Handreichung) mag es neben seiner überzeugenden Schreibweise die Faszination der Idee gewesen sein, daß sich der *Krieg aller gegen alle* durch menschliche Vernunft überwinden lasse. Ist das nicht immer wieder eine neue Herausforderung, wenn Zwietracht, Streit oder Krieg auszubrechen drohen zwischen Einzelpersonen oder sozialen Systemen?

An eine ganz andere Vernunft appelliert Jonas (Sechzehnte Handreichung), an die in die Zukunft gerichtete Vernunft der *Fernethik*. Sein *Prinzip Verantwortung* hat mich nachdenklicher gemacht gegenüber einigen technischen Entwicklungen.

Sie alle (und noch einige mehr) haben Einfluß auf mein Weltbild gehabt, haben mir beim Meistern vieler Probleme unmittelbar geholfen und haben – in mich hineindringend – mein Leben bereichert und meine Lebensfreude vergrößert.

Quellenverzeichnis

- *Ackoff, Russell L.: Science in the Systems Age: Beyond IE, OR, and MS, in: Operations Research, vol. 21, 1973, no. 3, pp. 661-671.*
- *Aristoteles: Physikalische Vorlesung, hrsg. von Paul Gohlke. Paderborn: Schöningh 1956.*
- *Blanchard, Kenneth, und Johnson, Spencer: Der Minuten-Manager (Übersetzung aus dem Amerikanischen). Reinbek: Rowohlt 1983.*
- *Brantl, Stefan: Management und Ethik (Dissertation). München: Planungs- und Organisationswissenschaftliche Schriften 1985.*
- *Brugger, Walter (Hrsg.) : Philosophisches Wörterbuch (17. Auflage). Freiburg, Basel, Wien: Herder 1976.*
- *Buhr, Manfred, und Klaus, Georg (Hrsg.): Philosophisches Wörterbuch, 2 Bände (7. Auflage). Leipzig: VEB Enzyklopädie 1970.*
- *Capelle, Wilhelm (Hrsg.) : Die Vorsokratiker. Stuttgart: Kröner 1968.*
- *Colegrave, Sukie: Yin und Yang (Übersetzung aus dem Englischen). Frankfurt/Main: Fischer 1984.*
- *Dahrendorf, Ralf: Die Funktionen sozialer Konflikte, ferner: Elemente einer Theorie des sozialen Konflikts, in: Gesellschaft und Freiheit - Zur soziologischen Analyse der Gegenwart. München: Piper 1961, S. 112-128 und S. 197-235.*
- *De Bono, Edward: The Use of Lateral Thinking. Harmondsworth: Penguin 1971.*
- *De Crescenzo, Luciano: Geschichte der griechischen Philosophie - Die Vorsokratiker (Übersetzung aus dem Italienischen). Zürich: Diogenes 1985.*
- *De Crescenzo, Luciano: Geschichte der griechischen Philosophie - Von Sokrates bis Plotin (Übersetzung aus dem Italienischen). Zürich: Diogenes 1988.*
- *Delius, Rudolf von: Kurzer Umriß der Philosophie. Stuttgart, Heilbronn: Seifert 1922.*
- *Der kleine Pauly, vgl. Ziegler.*
- *Dreyfus, Hubert L., und Dreyfus, Stuart E.: Künstliche Intelligenz - Von den Grenzen der Denkmaschine und dem Wert der Intuition (Übersetzung aus dem Amerikanischen). Reinbek: Rowohlt 1987.*
- *Enderle, Georges (Hrsg.): Ethik und Wirtschaftswissenschaft. Berlin: Duncker & Humblot 1985.*

- *Epiktet: Handbüchlein der Moral und Unterredungen, hrsg. von Heinrich Schmidt. Stuttgart: Kröner 1978 (auch in anderen deutschen Ausgaben).*
- *Esslinger, Wilhelm: Das Methodenproblem in der Betriebswirtschaftslehre (Dissertation). Tübingen 1949.*
- *Expertenkommission „Wettbewerbsfähigkeit und Beschäftigung" der Landesregierung von Rheinland-Pfalz: Bericht und Empfehlungen. Mainz: Wirtschaftsministerium 1985.*
- *Gfeller, Nicolas: „Du sollst ... " - Eine kleine Geschichte der Ethik. Zürich: Diogenes 1986.*
- *Gohlke, vgl. Aristoteles.*
- *Gracian, Baltasar: Handorakel und Kunst der Weltklugheit (Deutsch von Arthur Schopenhauer, mit einer Einleitung von Karl Voßler). Stuttgart: Kröner 1973.*
- *Haffner, Sebastian: Zur Zeitgeschichte. München: Kindler 1982.*
- *Heisenberg, Werner: Der Teil und das Ganze. München: Piper 1969 (als Taschenbuch: München: dtv 1973).*
- *Herrigel, Eugen: Zen in der Kunst des Bogenschießens (15. Auflage). Weilheim: Barth 1972.*
- *Hesse, Helmut (Hrsg.): Wirtschaftswissenschaft und Ethik. Berlin: Duncker & Humblot 1988.*
- *Hesse, Hermann: Die Einheit hinter den Gegensätzen, zusammengestellt von Volker Michels. Frankfurt/Main: Suhrkamp 1986.*
- *Hinske, Norbert: Kant als Herausforderung an die Gegenwart. Freiburg, München: Alber 1980.*
- *Hinske, Norbert: Erinnerungen an Gesprächskultur, in: technologie & management, 38. Jg., 1989, Heft 4, S. 9-10.*
- *Hobbes, Thomas: Leviathan. 1651 (in mehreren deutschen Fassungen, u.a. als Taschenbuch: Stuttgart: Reclam 1980).*
- *Höffe, Otfried: Sittlich-politische Diskurse. Frankfurt/Main: Suhrkamp 1981.*
- *Höffe, Otfried (Hrsg.): Klassiker der Philosophie, Band I und II (2. Auflage). München: Beck 1985*
- *Höffe, Otfried: Lexikon der Ethik (3. Auflage). München: Beck 1986.*
- *Hoellen, Burkhard: Stoizismus und rational-emotive Therapie (RET). Pfaffenweiler: Centaurus 1986.*

- *Hoellen, Burkhard: Individualisierungen: Der Mensch als Einzelwesen – Lehren aus der stoischen Philosophie, in: technologie & management, 39. Jg., 1990, Heft 4, S. 31-35.*
- *Hoffmeister, Johannes: Wörterbuch der philosophischen Begriffe (2. Auflage). Hamburg: Meiner 1955.*
- *Jaspers, Karl: Einführung in die Philosophie. München: Piper 1953.*
- *Jonas, Hans: Das Prinzip Verantwortung. Frankfurt/Main: Insel 1979.*
- *Kant, Immanuel: Beantwortung der Frage: Was ist Aufklärung? In: Berlinische Monatsschrift, Dezember 1784, S. 481-494 (heute in vielen Sammlungen nachgedruckt).*
- *Kant, Immanuel: Kritik der reinen Vernunft (2. Auflage). 1787.*
- *Kant, Immanuel: Kritik der praktischen Vernunft. 1788.*
- *Kant, Immanuel: Kritik der Urteilskraft. 1790.*
- *Koslowski, Peter: Prinzipien der Ethischen Ökonomie. Tübingen: Mohr 1988.*
- *Kranz, Walther: Die griechische Philosophie. Birsfelden-Basel: Schibli-Doppler 1955.*
- *Kusenberg, Kurt: Geteiltes Wissen, Kurzgeschichte in dem Sammelband: Mal was andres. Reinbek: Rowohlt 1954 (nachgedruckt in dem Beitrag: Geteiltes Wissen und interdisziplinär orientiertes Management, in: Der Technologie-Manager, 35. Jg., 1986, Heft 4, S. 2-4).*
- *Lash, John: Reise zum Tao. T'ai Chi und die Weisheit des Tao Te King (Übersetzung aus dem Englischen). Basel: Sphinx 1990.*
- *Lattmann, Charles (Hrsg.): Ethik und Unternehmensführung. Heidelberg: Physica 1988.*
- *Lay, Rupert: Philosophie für Manager (2. Auflage). Düsseldorf, Wien, New York: ECON 1989.*
- *Lay, Rupert: Ethik für Manager. Düsseldorf, Wien, New York: ECON 1989.*
- *Leibniz, Gottfried Wilhelm: Hauptschriften zur Grundlegung der Philosophie, Band I und II, hrsg. von Ernst Cassirer. Hamburg: Meiner 1966.*
- *Lenk, Hans: Kritik der kleinen Vernunft – Einführung in die Jokologische Philosophie. Frankfurt/Main: Suhrkamp 1987.*
- *Lin Yutang: Die Weisheit des Laotse (Übersetzung aus dem Amerikanischen). Frankfurt/Main: Fischer 1955.*
- *Lynn, Harvey jr.: How to be a Project Leader - Nine Helpful Hints, in: Operations Research, vol. 4, 1956, no. 4, pp. 484-488.*

- *Mansfeld, Jaap: Die Vorsokratiker, Band I und II. Stuttgart: Reclam 1983 bzw. 1986.*
- *Marc Aurel: Selbstbetrachtungen, hrsg. von Wilhelm Capelle. Stuttgart: Kröner 1973 (auch in anderen deutschen Ausgaben).*
- *Marx, Karl: Zur Kritik der Hegelschen Rechtsphilosophie, in: Karl Marx und Friedrich Engels: Werke, hrsg. vom Institut für Marxismus-Leninismus beim ZK der SED, Band I, Berlin 1964, S. 378-391.*
- *Mauthner, Fritz: Wörterbuch der Philosophie, 3 Bände (Neuauflage). Zürich: Diogenes 1980.*
- *Meyers Kleines Lexikon: Philosophie. Mannheim, Wien, Zürich: Bibliographisches Institut 1987.*
- *Mittelstraß, Jürgen (Hrsg.): Enzyklopädie Philosophie und Wissenschaftstheorie. Mannheim, Wien, Zürich: Bibliographisches Institut, Band 1: A-G, 1980; Band 2: H-O, 1984; Band 3: P-Z, noch nicht erschienen.*
- *Mittelstraß, Jürgen: Das ethische Maß der Wissenschaft, in: Rechtshistorisches Journal, 7. Jg., 1988, S. 193-210.*
- *Mittelstraß, Jürgen: Der Flug der Eule - 15 Thesen über Bildung, Wissenschaft und Universität, in: Nicht Vielwissen sättigt die Seele, hrsg. von W. Böhm und M. Lindauer. Stuttgart: Klett 1988, S. 129-146.*
- *Möhrle, Martin G.: Künstliche Intelligenz, in: technologie & management, 36. Jg., 1987, Heft 4, S. 56-57.*
- *Molitor, Bruno: Wirtschaftsethik. München: Vahlen 1989.*
- *Müller-Merbach, Heiner: Interdisciplinarity in Operational Research - in the Past and in the Future, in: Journal of the Operational Research Society, vol. 25, 1984, no. 2, pp. 83-89.*
- *Müller-Merbach, Heiner: Arroganz versus Ignoranz - Ein Plädoyer für interdisziplinäre Verständigung, in: Der Technologie-Manager (später: technologie & management), 34. Jg., 1985, Heft 3, S. 6-7.*
- *Müller-Merbach, Heiner: Künstliche Intelligenz - eine Sackgasse? Plädoyer für Mensch-Maschine-Tandems, in: technologie & management, 36. Jg., 1987, Heft 4, S. 6-8.*
- *Müller-Merbach, Heiner: Ethik ökonomischen Verhaltens, in: Wirtschaftswissenschaft und Ethik, hrsg. von Helmut Hesse. Berlin: Duncker & Humblot 1988, S. 305-323.*
- *Müller-Merbach, Heiner: Zur Ethik ökonomischen Handelns, in: Geldwirtschaft und Rechnungswesen, hrsg. von Hans-Dieter Deppe. Göttingen: Schwartz 1989, S. 3-25.*

- *Müller-Merbach, Heiner: Der Generalist als Manager der technischen Entwicklung - Plädoyer für eine interdisziplinäre Ausbildung, in: Die Betriebswirtschaftslehre im Spannungsfeld zwischen Generalisierung und Spezialisierung, hrsg. von Werner Kirsch und Arnold Picot. Wiesbaden: Gabler 1989, S. 25-40.*
- *Müller-Merbach, Heiner: Ziel: innere Mündigkeit - Das Zeitalter der Aufklärung, in: INNOVATIO, 5. Jg., 1989, Heft 9-10, S. 14-16.*
- *Müller-Merbach, Heiner: Komprehensive Informationssysteme und Allgemeine Betriebswirtschaftslehre, in: Zeitschrift für Betriebswirtschaft, 59. Jg., 1989, Heft 10, S. 1023-1045.*
- *Müller-Merbach, Heiner: Die Betriebswirtschaftslehre als Wissenschaft, Führungskunst und Führungsethik, in: Wirtschaftswissenschaftliches Studium, 18. Jg., 1989, Heft 3, S. 105.*
- *Müller-Merbach, Heiner: Philosophie und Führung, in: Wirtschaftswissenschaftliches Studium, 19. Jg., 1990, Heft 1, S. 1.*
- *Müller-Merbach, Heiner: Gedanken über die Bestgestaltung eines Universitätsstudiums, in: Wider die „Zwei Kulturen", hrsg. von Walther Ch. Zimmerli. Berlin, Heidelberg, New York: Springer 1990, S. 171-195.*
- *Müller-Merbach, Heiner: Der Stoische Manager. München: Beck 1991.*
- *Nestle, Wilhelm (Hrsg.): Die Vorsokratiker. Wiesbaden: VMA 1978.*
- *Noelle-Neumann, Elisabeth: Öffentliche Meinung - Die Entdeckung der Schweigespirale. Frankfurt/Main, Berlin: Ullstein 1989.*
- *Pauly, Der Kleine, vgl. Ziegler.*
- *Pieper, Annemarie: Ethik und Moral - Eine Einführung in die praktische Philosophie. München: Beck 1985.*
- *Platon: Der Staat - Politeia (in mehreren deutschen Fassungen und Ausgaben).*
- *Platon: Phaidros (in mehreren deutschen Fassungen und Ausgaben).*
- *Pohlenz, Max: Die Stoa - Geschichte einer geistigen Bewegung (6. Auflage). Göttingen: Vandenhoeck & Ruprecht 1984.*
- *Pohlenz, Max: Stoa und Stoiker - Die Gründer, Panaitios, Poseidonios. Zürich, Stuttgart: Artemis 1950.*
- *Rich, Arthur: Wirtschaftsethik. Gütersloh: Mohn 1984 (Band 1) und 1990 (Band 2).*
- *Ritter, Joachim (Hrsg.): Historisches Wörterbuch der Philosophie, 8 Bände. Basel, Stuttgart: Schwabe, Band 1, 1971; Band 2, 1972; Band*

3, 1974; Band 4, 1976; Band 5, 1980; Band 6, 1984; Band 7, 1989; Band 8 noch nicht erschienen.

- *Röd, Wolfgang (Hrsg.): Geschichte der Philosophie, München: Beck, mit den 12 Bänden:*
  I - Wolfgang Röd: Die Philosophie der Antike 1: Von Thales bis Demokrit, 1976.
  II - Andreas Graeser: Die Philosophie der Antike 2: Sophistik und Sokratik, Plato und Aristoteles, 1983.
  III - Malte Hossenfelder: Die Philosophie der Antike 3: Stoa, Epikureismus und Skepsis, 1985.
  IV - Wolfgang Gombocz: Die Philosophie der ausgehenden Antike und des frühen Mittelalters, noch nicht erschienen.
  V - Theo Kobusch: Die Philosophie des Hoch- und Spätmittelalters, noch nicht erschienen.
  VI - Eckhard Keßler: Die Philosophie des Humanismus und der Renaissance, noch nicht erschienen.
  VII - Wolfgang Röd: Die Philosophie der Neuzeit 1: Von Francis Bacon bis Spinoza, 1978.
  VIII - Wolfgang Röd: Die Philosophie der Neuzeit 2: Von Newton bis Rousseau, 1984.
  IX - Peter Baumanns: Die Philosophie der Neuzeit 3: Kant und der deutsche Idealismus, noch nicht erschienen.
  X - Stefano Poggi und Wolfgang Röd: Die Philosophie der Neuzeit 4: Positivismus, Sozialismus und Spiritualismus im 19. Jahrhundert, 1989.
  XI - Rudolf Haller und Heiner Rutte: Die Philosophie der neuesten Zeit 1: Positivismus, Pragmatismus, Phänomenologie und Analytische Philosophie, noch nicht erschienen.
  XII - Wolfgang Röd und Rainer Thurnher: Die Philosophie der neuesten Zeit 2: Lebensphilosophie, Historismus, Neuidealismus, Existentialismus, noch nicht erschienen.

- *Russell, Bertrand: A History of Western Philosophy. London: Unwin Hyman (Paperback) 1988 (1. Auflage 1946).*

- *Sandvoss, Ernst R.: Geschichte der Philosophie, 2 Bände. München: dtv 1989.*

- *Schilling, Kurt: Geschichte der sozialen Ideen (2. Auflage). Stuttgart: Kröner 1966.*

- *Schischkoff, Georgi (Hrsg.): Philosophisches Wörterbuch, begründet von Heinrich Schmidt, neubearbeitet von Georgi Schischkoff (19. Auflage). Stuttgart: Kröner 1974.*
- *Schmidt, Karl O.: Seneca, der Lebensmeister (4. Auflage). München: Drei-Eichen 1984.*
- *Schmid, Carl Christian Erhard: Wörterbuch zum leichtern Gebrauch der Kantischen Schriften, neu hrsg. von Norbert Hinske. Darmstadt: Wissenschaftliche Buchgesellschaft 1984.*
- *Schoeck, Georg (Hrsg.): Seneca für Manager (9. Auflage). Zürich, München: Artemis 1985.*
- *Schopenhauer, Arthur: Ueber die vierfache Wurzel des Satzes vom zureichenden Grunde. Frankfurt/Main 1847 (u.a. nachgedruckt in: Sämtliche Werke, hrsg. von Arthur Hübscher, 3. Auflage. Wiesbaden: Brockhaus 1972).*
- *Seneca: Vom glückseligen Leben, hrsg. von Heinrich Schmidt. Stuttgart: Kröner 1978 (auch in anderen deutschen Ausgaben).*
- *Snow, C.P.: The Two Cultures (2. Auflage). Cambridge: Cambridge University Press 1964.*
- *Spierling, Volker: Kleine Geschichte der Philosophie. München: Piper 1990.*
- *Stegmüller, Wolfgang: Hauptströmungen der Gegenwartsphilosophie. Stuttgart: Kröner 1976 (Band I, 6. Auflage), 1975 (Band II).*
- *Steinmann, Horst, und Löhr, Albert (Hrsg.): Unternehmensethik. Stuttgart: Poeschel 1989.*
- *Störig, Hans Joachim: Kleine Weltgeschichte der Philosophie (14. Auflage). Stuttgart, Berlin, Köln, Mainz: Kohlhammer 1988.*
- *Ulrich, Hans: Die Unternehmung als produktives soziales System (2. Auflage). Bern, Stuttgart: Haupt 1970.*
- *Ulrich, Hans, und Probst, Gilbert J.B.: Anleitung zum ganzheitlichen Denken und Handeln - Ein Brevier für Führungskräfte. Bern, Stuttgart: Haupt 1988.*
- *Watts, Alan: Der Lauf des Wassers - Eine Einführung in den Taoismus (Übersetzung aus dem Amerikanischen). Bern, München, Wien: Barth 1976 (Suhrkamp-Taschenbuch 878, 1983).*
- *Webber, Irma E.: So sieht's aus - Ein Buch über Gesichtspunkte (3. Auflage). Darmstadt: Verlag Darmstädter Blätter 1980 (in Kurzfassung in: technologie & management, 38. Jg., 1989, Heft 4, S. 37-39).*

- *Weischedel, Wilhelm: Die philosophische Hintertreppe - 34 große Philosophen in Alltag und Denken. München: dtv 1975.*
- *Wöhe, Günter: Methodologische Grundprobleme der Betriebswirtschaftslehre. Meisenheim am Glan: Hain 1959.*
- *Wörz, Michael, Dingwerth, Paul, und Öhlschläger, Rainer (Hrsg.): Moral als Kapital - Perspektiven des Dialogs zwischen Wirtschaft und Ethik. Wiesbaden: Kath. Akademie Rabanus Maurus 1990.*
- *Wuchterl, Kurt: Lehrbuch der Philosophie (2. Auflage). Bern, Stuttgart: Haupt 1986.*
- *Wuketits, Franz: Schlüssel zur Philosophie. Düsseldorf, Wien, New York: Econ 1987.*
- *Ziegler, Konrat, und Sontheimer, Walther (Hrsg.): Der Kleine Pauly - Lexikon der Antike in fünf Bänden. München: dtv 1979.*
- *Zimmerli, Walther Ch.: Zur kulturverändernden Kraft der Computertechnologie, in: Aus Politik und Zeitgeschichte (Beilage zu: Das Parlament), B27/89 vom 30. Juni 1989, S. 26-33.*
- *Zwicky, Fritz: Entdecken, Erfinden, Forschen im Morphologischen Weltbild. München, Zürich: Droemer Knaur 1966.*